赵匡胤传奇

ZHAOKUANGYIN CHUANQI

典藏版

「黄袍加身」开创大宋

「袭占荆湖」攻灭后蜀 平定

南汉、江南 统一天下

「斧声烛影」中悄然谢幕

马文戈 —— 著

中国文史出版社

图书在版编目（CIP）数据

赵匡胤传奇 / 马文戈著. — 北京：中国文史出版
社，2022.11

ISBN 978-7-5205-3619-6

Ⅰ. ①赵… Ⅱ. ①马… Ⅲ. ①赵匡胤(927-976)-
传记 Ⅳ. ①K827＝441

中国版本图书馆 CIP 数据核字（2022）第 163391 号

责任编辑：方云虎
封面设计：三味图书

出版发行：**中国文史出版社**

社　　址：北京市海淀区西八里庄路 69 号　　邮编：100142

电　　话：010-81136630

印　　装：廊坊市海涛印刷有限公司

经　　销：全国新华书店

开　　本：710 毫米×1000 毫米　　1/16

印　　张：18.5

字　　数：215 千字

版　　次：2023 年 1 月北京第 1 版

印　　次：2023 年 1 月第 1 次印刷

定　　价：68.00 元

序

公元 907 年，风雨飘摇的大唐帝国终于落下了帷幕。在此之前，是"安史之乱"后的藩镇割据，国将不国；在此之后，是战火不断、雪上加霜的五代十国。

公元 927 年，赵匡胤出生于洛阳夹马营。至此，动荡迷乱的历史，已无情地碾过了 170 年。许多年来，历史仿佛在不停地绕着圈子，更加地离乱纷扰，找不到前进的方向；生于斯、长于斯的黎民，除了水深火热，生灵涂炭，看不清未来生活的模样。

公元 960 年，兵变陈桥驿，赵匡胤黄袍加身，一段没有头绪的历史，开始转向另一个方向。无疑，在两千余年的中国古代史上，宋朝是最为美好的黄金时代之一，它的开创者，就是赵匡胤。

无论有着怎样的传奇和玄机，大宋开国，是人心所向、大势所趋。赵匡胤由此结束的，不仅仅是一个乱世；赵匡胤结束了一个时代，也因此开启了另一个时代。

英雄造时势，还是时势造英雄？或许，对于纷纷扰扰的历史，争论这些并无太多意义。机会，总是等待那些有准备的人，留给那些有梦想、敢担当的人。抛却有关帝王的那些所谓传说和附会，赵匡胤首先是一个活生生的人，是一个成长于乱世且不甘平庸的英雄。

如果没有走出夹马营，生于官宦之家的赵匡胤没有自己的人生梦想，没有为梦想成真所付出的一切努力，或许就不会有历史上的宋太祖，也不会有大宋历史上的美好时代。

赵匡胤一生最大的贡献和成就在于，重新恢复了华夏主要地区的统一，结束了"安史之乱"以来长达二百余年的诸侯割据和军阀战乱局面。不仅使饱经战火之苦的民众终于有了一个和平安宁的生产生活环境，也为社会的进步、经济的发展、文化的繁荣创造了良好的条件。

这是不朽的历史功勋，历史，将不断证明赵匡胤的伟大。

在中国历史上有两次名副其实的大分裂：一次是南北朝，另一次就是五代十国。作为五代十国的终结者和大宋王朝的开拓者，赵匡胤是中国历史上一个承前启后的重要人物。

除安邦定国之外，宋太祖还极具完美的人格魅力，如心地清正、疾恶如仇、宽仁大度、虚怀若谷、好学不倦、勤政爱民，严于律己、崇尚节俭、以身作则等等，不仅对改变五代以来的奢靡风气具有极大的示范效应，而且深为后世史家所津津乐道。

马上得天下，安能马上治之？赵匡胤励精图治、尊孔崇儒、完善科举、创设殿试、知人善任、厚禄养廉等一系列重大举措，彻底扭转了唐末以来武夫专权的黑暗局面，宋代的经济文化空前繁盛。

或许，这才是赵匡胤对于中国历史的最大意义。正如中国历史学家陈寅恪说："华夏民族文化历千年之演变，造极于赵宋之世。"也正如清朝启蒙思想家严复说："中国所以成为今日现象者，为宋人所造就十八九。"无论如何，大宋开国，赵匡胤功不可没。

赵匡胤登基后，曾有诗对自己的宏图伟业做了总结：

> 天下攘攘百岁间，英雄出世笑华山。
> 南唐北汉归一统，朗月残星逐满天。
> 文治彬彬开盛世，武功赫赫震幽燕。
> 席间杯酒销王气，汴水流年咽露盘。

文字之中，虽不乏自得和骄傲，但这正是赵匡胤一生的抱负和梦想，应该说，他实现了。

一海内，定江山，盛世繁华，文煌武烈。无疑，赵匡胤的历史功绩和人格魅力，会永远垂范后世。正如明代开国皇帝朱元璋所言："唯宋太祖皇帝顺天应人，统一海宇，祚延三百，天下文明。有君天下之德而安万世之功者也。"大宋，堪称一个了不起的时代；赵匡胤，堪称历史的一代传奇。

或许，我们应该痛惜的是，赵匡胤的生年真的有些太短。

公元 976 年，赵匡胤卒于北征途中，年 50 岁。天命之年，正值一个开国帝王励精图治的大有为之年。如果，赵匡胤没有突然离世，以他的雄才大略，还会给大宋带来怎样的文治武功？

是天妒英才，还是事出有因？那一夜的烛影玉声，究竟发生了什么？或许，这是赵匡胤留给历史的最后迷局。

赵匡胤的一生，是奋斗与变革的一生，也是毁誉参半的一生。对于赵匡胤的功过是非，后人也颇多微词，诸如重文轻武、积贫积弱等，有人甚至因此定性他为历史的罪人。我们要说的是，大宋三百年兴衰史，如此加罪于赵匡胤，是否有失公允？

无论如何，大宋立国，赵匡胤的开创之功不可磨灭；无论如何，历史选择了赵匡胤，赵匡胤也未辜负历史。

大浪淘沙，一时多少豪杰。从愤青到皇帝，赵匡胤的一生，不仅仅是一部精彩的帝王史，更是一部励志的奋斗史。归根结底，抛却帝王之身，赵匡胤的一生，就是怀揣梦想的人，勇敢担当的人，充满传奇的人。

"未离海底千山黑，才到天中万国明。"赵匡胤，留给了历史诸多传奇和迷局，也留给了世人诸多思考和启迪。但愿，本书里的内容能够再现那一段历史风云，还原赵匡胤的真实人生。

目　　录

第一章　天下大乱 ……………………………………… 1

一、历史的玄机? ……………………………………… 3

二、"香孩儿"出于军营 ……………………………… 7

三、乱世之中有净土 ………………………………… 11

四、兴亡都是百姓苦 ………………………………… 17

五、漂泊于江湖 ……………………………………… 22

六、终于找对了方向 ………………………………… 26

七、千里送京娘 ……………………………………… 30

第二章　初出茅庐 …………………………………… 33

一、勇者郭威 ………………………………………… 35

二、原来仗也可以这样打 …………………………… 39

三、不得不反了 ……………………………………… 42

四、英雄惺惺相惜 …………………………………… 47

五、高平之战,一战而名 …………………………… 52

六、"兵者,国之大事也!" ………………………… 57

七、赵匡胤的班底 …………………………………… 61

第三章　急流勇进 ……………………………… 65

一、百年大计《平边策》 …………………………… 67

二、南唐攻坚战 …………………………………… 71

三、初识赵普 ……………………………………… 77

四、出师未捷身先死 ……………………………… 81

五、柴荣托孤 ……………………………………… 84

六、天降大任 ……………………………………… 89

七、"点检做天子" ………………………………… 93

第四章　黄袍加身 ……………………………… 97

一、占尽先机 ……………………………………… 99

二、突然到来的军情 ……………………………… 103

三、谁能一锤定音? ……………………………… 107

四、箭在弦上 ……………………………………… 111

五、兵变陈桥驿 …………………………………… 115

六、木已成舟 ……………………………………… 121

七、可能的拷问 …………………………………… 125

第五章　国家保卫战 …………………………… 131

一、论功行赏,盛德之举 ………………………… 133

二、牛人李筠:我是老大我怕谁 ………………… 139

三、不自量力,玩火自焚 ………………………… 143

四、李重进:又一个挑战者 ……………………… 148

五、一意孤行,自食其果 ………………………… 152

六、长江军演:下一个就是你 …………………… 157

第六章　杯酒释兵权 ·················· 161

　　一、攘外必先安内 ·················· 163

　　二、恩威并举，王者仁心 ············ 167

　　三、建一个新班子 ·················· 173

　　四、造一个新体制 ·················· 177

　　五、最后的节度使 ·················· 182

第七章　南征北战 ···················· 185

　　一、雪夜定策 ······················ 187

　　二、一箭双雕 ······················ 191

　　三、孟昶失国 ······················ 195

　　四、蜀中大乱 ······················ 201

　　五、欲速则不达 ···················· 206

　　六、南汉：巫宦之国的覆灭 ·········· 212

　　七、李煜：落花流水春去也 ·········· 217

第八章　励精图治 ···················· 223

　　一、以法治国 ······················ 225

　　二、我的江山我做主 ················ 230

　　三、知人善任 ······················ 235

　　四、民生才是硬道理 ················ 240

　　五、反腐倡廉，重典治吏 ············ 244

　　六、"宰相须用读书人！" ············ 248

　　七、将科举进行到底 ················ 253

第九章　烛影斧声 ······························· 259

　一、迁都风波 ······························ 261

　二、功亏一篑 ······························ 265

　三、最后的谜局 ·························· 270

　四、何去何从? ·························· 274

附：赵匡胤生平大事记 ······················ 280

第一章　天下大乱

由唐末的"安史之乱"开始，历经五代十国之际，至赵匡胤再度一统天下，历时二百年之久。

这二百年，可谓真真正正的乱世，民不聊生，生灵涂炭，曾经的盛世辉煌风光不再；这二百年里，败者为寇，胜者为王，你方唱罢我登场。

正是在这样的乱世之下，赵匡胤挺身而出，终结了一个昏暗无序的时代，也开启了一个富庶美好的时代。

一、历史的玄机？

话说天下大势，分久必合，合久必分。

大概，这是一句令无数国人耳熟能详的话语。

千百年来，这是历史的定数，还是历史的变数？

无论这一句著名的历史断语正确与否，在我们的叙述即将开始的时候，又一个乱世赫然来到了人间。

应该说，这一场纷纷扰扰的乱世，肇始于大唐天子李隆基。

不求天长地久，只求曾经拥有。盛世之下，风流浪漫的唐玄宗李隆基和多情多姿的杨玉环演绎了一场历史大剧，一场地老天荒的爱情。只可惜，这样的情怀和誓愿，最后却要以一个泱泱大国无可挽回的衰亡为代价。

渔阳鼙鼓动地来，惊破霓裳羽衣曲。

公元755年，一度忠心耿耿的安禄山突然起兵，所有人如梦方醒。

唐军节节败退，叛敌步步紧逼。堂堂天子无奈出逃，一路向西，狼狈至极，大国威仪，瞬间丧失殆尽！

马嵬驿，六军不发，李隆基忍痛割舍了这一段恩爱深情。

这一场旷世大乱，长达八年，史称"安史之乱"。

兵戈不息，生灵涂炭，战乱的破坏力无以复加；朝野上下，再也

没有人能够力挽狂澜，大唐帝国从此一蹶不振。无论遗憾还是痛惜，我们只能说，唐玄宗李隆基成就了一个大国的崛起梦想，然后又亲手把它毁掉了。盛世还是末世，真的只在一念之间。

玄宗之玄，历史之玄，庶几在此？

无论如何，悠悠乱世，由此开启。

公元907年，朱温废唐哀帝李柷，自行称帝，建都开封，国号为大梁，史称后梁。至此，享国近三百年之久的泱泱大唐落下了帷幕；从此，华夏大地更加战祸连年，乱不堪言，如此漫长难挨，如此让人触目惊心。

这是一个十足的乱世，乱得连个名字都没有。直到140多年后的公元1053年，欧阳修冒着杀头的危险，私修了一部国史《新五代史》，给这个时代取名为五代十国。

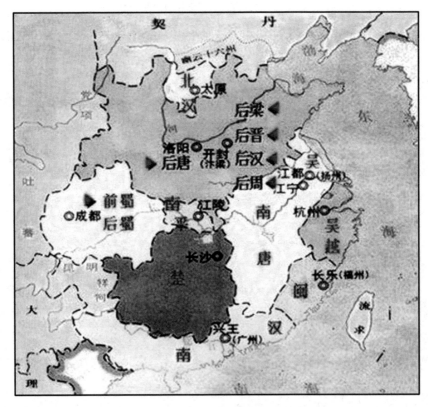

五代十国形势图

所谓五代，是指唐朝灭亡后中原地区先后出现的五个政权：后梁、后唐、后晋、后汉与后周。五代变换之频，更替之快，让人目不暇接：

公元907年，朱温篡唐建立后梁；十七年后，公元923年，李存勖灭大梁建立后唐；十四年后，公元936年，石敬瑭灭后唐建立后晋；十二年后，公元947年，刘知远建立后汉；四年后，公元951年，郭威灭后汉，建立后周。

所谓十国，是指这一时期存在于中原地区之外的十个割据政权：前蜀、后蜀、吴、南唐、吴越、闽、楚、南汉、荆南（南平）、北汉。

五代嬗递，十国并立，短暂而又漫长的一段历史岁月，一个空前绝后的大混乱、大破坏时期。《五代史记·序》如是描摹这一时代：

> 方是时，上之人以惨烈自任，刑戮相高，兵革不休，夷灭构祸，置君犹易吏，变国若传舍，生民膏血涂草野，骸骼暴原隰，君民相视如髦蛮草木，几何其不胥为夷也！

由唐末的"安史之乱"开始，历经五代十国之际，至赵匡胤再度一统天下，历时二百年之久。

这二百年，可谓真真正正的乱世，民不聊生，生灵涂炭，曾经的盛世辉煌风光不再；这二百年里，败者为寇，胜者为王，你方唱罢我登场。

正是在这样的乱世之下，赵匡胤挺身而出，终结了一个昏暗无序的时代，也开启了一个富庶美好的时代。

> 华夏民族之文化，历数千载之演进，造极于赵宋之世……

这是著名史学家陈寅恪的评价，历来被认为是客观中肯之论。类似的评议还有许多，如南宋大儒程颐：

太祖之有天下，救五代之乱，不戮一人，自古无之，非汉、唐可比……

元人脱脱编的《宋史》：

三代而降，考论声明文物之治，道德仁义之风，宋于汉、唐，盖无让焉。

明代开国皇帝朱元璋：

惟宋太祖皇帝顺天应人，统一海宇，祚延三百，天下文明。有君天下之德而安万世之功者……

或许，这才是我们认识宋朝的真谛，才是宋朝的开国君主赵匡胤对于中国历史的最大意义。

当然，宋朝的深远影响远不止于此，对于当时的世界，大宋的存在，依然有着重大的意义。诸如，北宋被 20 世纪末的美国人誉为人类第二个千年的"领头羊"；被法国人认为是现代社会的拂晓时辰；英国史学家汤因比曾说："如果让我选择，我愿意活在中国的宋朝。"相关赞誉，不赘列举。

无论如何，在华夏民族的历史上，以至于在人类文明的进程上，大宋的肇立，其贡献可谓大矣。

正是在这个意义上，赵匡胤功不可没。

大宋，堪称一个伟大无比的时代；赵匡胤，堪称历史的传奇。

大乱迎来了大治，这或许也正是历史的玄机。

时逢乱世，赵匡胤可谓生逢其时。

二、"香孩儿"出于军营

应该说，赵匡胤是名副其实的官宦世家，尽管到他父亲这一代，赵家已经无可挽回地没落了。

如果我们有兴趣追根究底，可以由此上溯到周代的赵国。赵国虽为秦国所灭，但这一支赵氏家族的后人，辗转迁徙，一代代却都很争气，在官场尤其打拼得风生水起，直到——赵匡胤坐上了大宋王朝的第一把交椅。

史载赵氏一脉"累代仕官"且世代忠良，为民请命或为国捐躯者大有人在，比如，西汉名臣，"华夏第一京兆尹"赵广汉。在宋朝的奏章与宋版史书之中，"不当名赵广汉"，其原因是宋朝宗室认为，"本朝广汉后也"。

我们的叙述，就从赵匡胤的父亲赵弘殷开始。

赵弘殷，涿郡（今河北省涿州市）人，后迁居洛阳。赵弘殷曾祖父赵朓是唐朝官员，历任永清、文安、幽都县令；祖父赵珽，历任藩镇从事，累官兼任御史中丞；父亲赵敬，历任营州、蓟州、涿州三州刺史。

据《梁书·宝志》记载，赵弘殷出生时，曾出现种种异象：黄河风涨浪高，大浪数十丈，大浪从河底翻起一块锃亮的古铜牌，上刻三行古字：有一真人在冀州，闭口张弓左右边，子子孙孙万万年！这些古字无人能懂，更没有人领会其真意。一位道士破解了其中天机：

赵弘殷

冀州出了一位弘字辈真人，其子孙将登上皇位，君临天下。

无疑，铜牌上的文字正契合了之后的历史。

铜牌的来历及其预言是否靠谱，我们且不去管它，我们只是知道，赵氏一脉虽系官宦名门之后，但到了赵匡胤父亲这一代，赵家基本上就没落了。赵弘殷当年所有的功名成就，应该主要来自他个人在战场上的奋斗，正如《宋史》所言：

宣祖少骁勇，善骑射。

宣祖，是赵匡胤称帝后追谥给赵弘殷的庙号。赵弘殷年轻时十分骁勇，擅长骑马射箭，他能出人头地，主要依靠他过人的军功。

乱世之中，每个人都身不由己，年轻的赵弘殷成了背井离乡的流民。18岁时，他流浪路过定州的杜家庄，遭遇大雪天气，只好在一家大户的屋檐下避雪。衣食无着，饥寒交迫之际，杜家家丁看他可怜，偷偷收留了他几天，总算没饿死。家丁发现这个人仪表堂堂，人很勤快，就告诉了庄主杜爽。杜爽见他忠厚老实，于是留他在家中做事，后来还和夫人范氏商量，把15岁的女儿"杜三娘子"许配给了他，招赵弘殷做了上门女婿。

杜家是当地的大族，乱世之中也拉起了百十人的队伍。庄主杜爽让赵弘殷率领这支武装，加入了后唐李存勖的军队。

赵弘殷从军后表现出惊人的骁勇善战，初事镇州赵王王镕，担任其部下将领。一次，王镕派他带领五百骑兵到黄河边去支援李存勖，赵弘殷身先士卒，所向披靡，给李存勖留下了深刻的印象，于是将他留在洛阳掌管禁军。

公元927年二月二十六日，赵弘殷时任后唐禁军飞捷指挥使，他的太太杜夫人在洛阳夹马营产下了一名男婴。

这个乱世军营里出生的婴儿，就是赵匡胤。

在此之前，赵匡胤有一个姐姐，一个哥哥，不过他们都不幸早夭。这一年，赵弘殷28岁，杜氏25岁，他们成婚已经10年。对这个呱呱坠地的婴孩，他们怀着极大的希冀。他们希望这个孩子能够在乱世里长大成人，因此给他取名匡胤：胤，是后代的意思，匡胤，就是延续香火。

这一年，距离大唐帝国的正式结束整整20年，身处水深火热的百姓，已经在浴血乱世中浸泡了许多年。

天将降大任于斯人，大约其出生必然要跟常人不一样。既是帝王之身，有关赵匡胤的出生，当然会有异于常人的异象显现的记载。所谓一代圣主诞生，天象必有吉兆。据说，赵匡胤诞生的那天夜里，赤光绕室，异香经宿不散，但后来经好事者调查，这可能完全是一个巧合。

夹马营，也作甲马营，是后唐禁军骑兵的驻屯军营。夹马营位于洛阳市瀍河回族区内瀍河桥东边不远处。五代时期，此地作为拱卫首都洛阳的军事重镇，常年有军队驻扎，故名夹马营。

　　夹马营后面有一座大寺院，名叫应天禅院，院里种植着素有"国色天香"之称的牡丹上千株，往年谷雨前后才开花的牡丹，这一年却提前了二十来天。就在赵匡胤出生的那天夜里，满院牡丹突然开放，香飘数里。禅院众僧认为这是丰年吉兆，于是红烛高烧，香烟缭绕，敲钟击磬，大做法事，一时满院香火烛光，把夹马营的夜空都映红了，赵匡胤出生的地方从此就叫作"香孩儿营"。

　　附会，还是真实的历史？这些逸闻奇事每每都被相隔百年的后人如亲眼所见般记录在案，流转至今，没有人会去真正修正质疑。对此异象，《宋史·太祖本纪》记载如下：

　　太祖……生于洛阳夹马营。赤光绕室，异香经宿不散，体有金色，三日不变。

　　赵匡胤出生时，赵弘殷刚好从前方回来，一进家门，便见一个丫鬟匆匆上前给他报喜，说是夫人生下一位公子。赵弘殷高兴得连盔甲都没卸，命产娘抱孩子给他看。当产娘把婴儿抱来，赵弘殷伸手接过，见儿子面有金色，同时一股香气扑面，赵弘殷大叫："好香，好香！真乃香孩儿也！"赵弘殷这时闻到的香味，应该是从应天禅院飘过来的牡丹花香，不过，"香孩儿"从此就成了赵匡胤的乳名了。

　　赵匡胤生日这一天，也恰好是这一年的春分日。大宋开国后，这一天就定为"长春节"。宋初诗人刘兼因此写有一首《长春节》：

　　　　圣朝佳节遇长春，跪捧金炉祝又焚。
　　　　宝藏发来天地秀，兵戈销后帝皇尊。
　　　　太平基址千年永，混一车书万古存。
　　　　更有馨香满芳槛，和风迟日在兰荪。

　　唯有牡丹真国色，花开时节动京城！无论如何，乱世里的阳春三月，花香满城，"香孩儿"赵匡胤出生了。

三、乱世之中有净土

　　乱世之下，兴亡之间，多少黎民大众因此流离失所，无所归依。整体而言，五代大环境比较糟糕，但赵匡胤出生的小环境却相当优越。

　　首先，赵匡胤出生的地点选对了。

　　五代时期，洛阳是最早从战争破坏中恢复过来的大都市，后梁定都东京开封，同时以洛阳为西京陪都，到后唐定都的时候，洛阳已然一派太平都市的繁华景致。洛阳牡丹甲天下，春夏之交，牡丹花四处绽放，花团锦簇；城中香烟袅袅的寺庙，随处可见，人们手持牡丹花，献花礼佛，行走在整齐的大道上。童年的赵匡胤，呼朋唤友，也时常穿梭在洛阳的花丛中，个中欢乐，可想而知。

　　悠悠乱世，多少人在苦难中奔波煎熬，此处可谓人间天堂。

　　其次，赵匡胤降临人间的时机选对了。

　　当其时，中原的皇帝是后唐明宗李嗣源，明宗时代，正是历史上著名的五代小康时代。

　　明宗即位时，已经 60 岁高龄。他饱经战争沧桑，深谙民间疾苦，在位的时候，采取了一系列休养生息的措施。李嗣源当政七年，基本没有战事之患，社会生产一度恢复，百姓安居乐业，开创了让后世津津乐道的“明宗之治”。

　　那一段峥嵘坎坷里相对静好的历史岁月，让李嗣源在后世留下了

不错的口碑，政局稳定，经济发展，连一向对古人很苛刻的欧阳修也对此赞叹有加：

> 三代之王有天下者，皆数百年，其可道者，数君而已，况于后世邪！况于五代邪！予闻长老为予言："明宗虽出夷狄，而为人纯质，宽仁爱人。"于五代之君，有足称也。

赵匡胤出生这一年，正是五代小康的开局之年。虽然，这个小康时代仅持续七年，但对于大战连绵、兵连祸结的百姓而言，这个七年是非常珍贵的。至少，他们可以喘口气，然后接着活下去。

生于乱世中的盛世，赵匡胤是幸运的，与苦大仇深的朱元璋相比，他的童年是幸福的。对于当时大多数人家的孩子而言，赵匡胤吃穿有保障，私塾也读得起，虽然赵家的日子过得依然十分简朴。

当然，尽管赵匡胤出生时间比较好，但父亲毕竟仅仅是个下级军官，在当时的首都洛阳米贵、居大不易的背景下，衣食住行都不可太任性。难能可贵的是，当年简朴无华的生活影响了赵匡胤的一生，当了皇帝后，赵匡胤还是坚持简朴的生活作风。衣着华美的赵光义难免不时寒碜他，赵匡胤感慨地说，你难道忘了我们在洛阳夹马营过的什么日子吗？

父亲赵弘殷积极勤勉，尽职尽责，母亲杜氏知书达理，相夫教子，乱世里的赵家人生活得宁静安详，知足快乐。在明宗时代相对清明的治世中，赵匡胤度过了无忧无虑的童年时光。

然而好景不长，后唐宫廷发生了惨烈的夺位之争，河东节度使石敬瑭趁机勾结契丹，认契丹皇帝耶律德光为父，并以燕云十六州为代价，在契丹扶持下于太原登基称帝，不久攻入洛阳，灭掉后唐，建立后晋。

公元938年，后晋高祖石敬瑭迁都东京汴梁（今河南省开封市），洛阳复为西京陪都，赵匡胤跟随父母也来到了开封，但他一直对洛阳眷恋有加。大宋开国，定开封为东都，同时定洛阳为西京，居

石敬瑭

于陪都的地位。直到晚年，赵匡胤愈加怀念洛阳的壮丽山河，怀念洛阳的民风淳厚，怀念洛阳的牡丹盛开、花香鸟语，有意将大宋的都城从开封迁回洛阳，专门命人重修了洛阳的宫殿，甚至自己的陵墓永昌陵，他也亲自选在了离洛阳城不太远的巩县。

无论如何，五代十国，多事之秋，每个人都在乱世里讨生活。因为乱世，每个人都仿佛朝不保夕，但身在官宦之家的赵匡胤，无论是衣食还是教育都是有些保障的。赵匡胤七八岁时，开始接受系统的儒家文化的启蒙教育，赵弘殷因此请来了一位姓辛名文悦的同乡，给赵匡胤当业师，讲习"五经"。辛老先生是饱学宿儒，勤于治学，对学业抓得很紧，和大多数同时代的目不识丁武将相比，赵匡胤无疑就高出了一大头。赵匡胤当了皇帝之后，就恭恭敬敬地把自己的老师请到了都城开封，还破格让他出任了很尊贵的官职。

赵匡胤生于军人之家，当然不是一心只读圣贤书的书呆子，舞枪

13

弄棒、行军打仗才是他的最爱。当一听先生说放学，他就像离弦的箭，拔腿而出，伙同孩子们玩起操练打仗的游戏，并很快就成了孩子王，只要他一声令下，没有一个不听话的。

每天放学回家，他都要把小伙伴们排成整齐的队列，他自己在旁边喊着行军号子，颇有几分大将军的威风。大人们看到赵匡胤麾下的"孩儿兵"们走过来了，都要退让三分。至于痴迷骑马射箭，更是军人子弟的本能，赵匡胤很早就是一个百发百中的神射手，在马上射倒飞奔的狡兔，射中摇摆的柳树枝，都是他的拿手好戏。到了晚年，赵匡胤还把自己射箭的心得，写成了一部《射诀》，在宋军中普及推广，据说其威力惊人，能够做到"搠折弓弝，绝力断弦，踏翻地面，射倒箭垛"。

这些骑兵的后代，对马永远有特殊的感情，少年赵匡胤尤其爱骑烈马，为此他也曾惹过不少麻烦。赵弘殷因此给儿子立了个规矩：无事不得擅自出府，天天在前厅读书，后院练武，若要出府必先报他知晓，外人来访，一概回绝。如此安排，当然让天性好动的少年赵匡胤心里很不痛快，但是父命难违，只有服从，天天在府内习文练武，不敢稍有懈怠。

可是，有一天，他实在管不住自己，还是闯祸了。

这一天，赵匡胤正在后花园练他的乌油棍，两个发小来了。这两个小伙伴，一个叫赵彦徽，一个叫张光翰。他们神秘兮兮地告诉他，外面有一匹烈马，敢不敢试一下？

刚刚练完棍术的赵匡胤听到有马骑，立刻又来了精神。他和两个小伙伴偷偷溜出后花园，开始满大街找那匹烈马。很快，赵匡胤发现一匹马正迎面跑来，身上笼头和缰绳都没有。初生牛犊不怕虎，赵匡胤二话不说，一跃而起，跳上马就走。

烈马开始顺着城墙下面奔跑，跑着跑着就上了马道。马道是城墙里面的一道斜坡，供防御者牵马上城墙，马道尽头有门，门不高，人骑在马上不能通过。赵匡胤骑快马过马道的结果可想而知，那就是马过去了，人却和门楣撞上了。

赵彦徽和张光翰面面相觑,心知大事不好,以为他的脑袋一定会被撞碎。不料,赵匡胤却成功躲过一劫,从地上慢慢起身,拍了拍身上的土,继续追赶并跃上马背,神气十足地向前跑远了。有惊无险的一幕,《宋史·太祖本纪》对此有明确记载:

> (赵匡胤)学骑射,辄出人上。尝试恶马,不施衔勒,马逸上城斜道,额触门楣坠地,人以为首必碎,太祖徐起,更追马腾上,一无所伤。

赵彦徽和张光翰,这两个与赵匡胤一块长大的小伙伴,乱世里一路走来,后来都成为北宋初期的著名将领,是赵匡胤的开国功臣。

小时候的赵匡胤,还有一个好伙伴,叫韩令坤。有一次两人在一家破土房子里玩一种赌博的游戏,正玩得兴起,忽然听见门外有一群麻雀在不停地叫,叽叽喳喳的很是讨厌,轰也轰不走。轰不走就去抓,赵匡胤和韩令坤前脚刚刚走出房子,身后就传来一声巨响,霎时间尘土飞扬。等尘埃落定,两人面面相觑,终于明白,房屋突然坍塌,正是那一群讨厌的麻雀救了他们!韩令坤后来也成为赵匡胤开创帝业的得力助手,是大宋王朝的开国功臣。

在一些零散的史书记载中我们发现,赵匡胤在少年时代就具有一种"孩子王"的特质,虽然记叙不多,但可以断定赵匡胤并不是家长眼中的"好孩子"。由于赵匡胤自小就非常喜欢骑马射箭,练习武艺,长大之后,十八般武艺样样精通,尤其擅长棍法,且天生神力,将一根三十六斤的铜棍舞得出神入化,据说少林棍法即为赵匡胤所创。

好玩是每个少年的天性,传奇总归是传奇,身为禁军首领的赵弘殷,并没有因此放松对少年赵匡胤的教导。赵匡胤的母亲杜氏出身于书香世家,她看到赵匡胤喜欢武艺,非常担心他重武轻文,将来难成大器,多次劝说他要多读圣贤书。少年赵匡胤虽然任性好动,对于父母的教诲却也言听计从,从不会逾越底线。

乱世之中有净土，在相对安宁有序的生活环境下，"香孩儿"赵匡胤渐渐长大了。成人后的赵匡胤不仅摔打出一身的好武艺，同时他还养成了勤学读书的好习惯，打下了扎实的文化基础。可以说，长大后的赵匡胤，一方面继承了父亲赵弘殷骁勇善战、果敢忠良的禀赋，另一方面又具有母亲杜夫人稳重儒雅、知书达礼的潜质。修身，齐家，治国，平天下，自古及今，古老的训诫自有它的深刻道理。

其实，所谓成就一番事业，需要方方面面的合力才可以完成，内在的和外在的、必然的和偶然的，都不可或缺。自古以来，没有谁可以随随便便成功，即使看过再多的励志书也没用，知行合一，才是成功的不二法宝。

比如赵匡胤，如果不是生于乱世，如果没有良好家世传统，如果没有骁勇善战的本领，如果没有踏实的心态和敏捷的身手，之后的"黄袍加身"，大概无论如何也轮不到他。

所谓历史的定数，也许就是看似虚无的变数；所谓未知的变数，也许最终可以演化为既定的结局。

这一切，大概也可以叫作历史的玄机。

四、兴亡都是百姓苦

细读宋史，其中不乏赵匡胤早年的传奇信息，除了出生时的神奇异象，类似的相关记载还有不少。

比如，某一年兵荒马乱，杜氏带着赵匡胤和赵光义兄弟俩外出避难，途中遇隐士陈搏。陈搏见匡胤、匡义（光义）兄弟俩坐于箩筐之中，详观片刻后，仰天长歌曰："莫道当今无天子，都将天子上担挑。"

陈搏即陈抟老祖，字图南，号扶摇子，亳州真源（今河南省鹿邑县）人，中国道教思想家、内丹学家，太极文化传人，学术成就非凡，充满传奇色彩。陈搏生于唐末，逝于宋太宗端拱二年，享年118岁，一生淡泊功名，以山水为乐，初隐武当山，后高卧华山，世称"睡仙"，赐号"白云先生""希夷先生"。

比如，当时有人说，赵匡胤和他的弟弟赵光义之所以都当了皇帝，是因为他母亲杜氏的老家杜家庄的风水好，家门口有个水洼，且名为"双龙潭"。

如此传闻，是野史还是正史？附会，还是真实的历史？

或许，我们只能说，传闻总归是传闻，无论如何，当年的赵匡胤还不是天子，乱世依旧在，每个人的生活还是要继续往前走。

在某种相对安宁自足的小天地里，渐渐长大的赵匡胤与年幼时的自己早已经判若两人。赵家人忽然发现，曾经的"孩子王"变得安分了，曾经的"拼命大郎"变得颇为深沉了。

儿子的改变，母亲杜氏看在了眼里，于是跟赵弘殷商量，该给儿子选个好姑娘成婚了。

赵弘殷的同僚，右千牛卫率府贺景思将军，两家关系亲密，平日经常走动，也算门当户对。右千牛卫率府是东宫六率府之一，千牛，佩刀名，据说锐利可屠千牛。贺家长女，不仅人长得漂亮，温柔恭顺，而且深受儒家思想的教育，选她做儿媳，最合适不过了。

于是，公元945年，赵匡胤与贺家小姐成婚。这一年，赵匡胤正好18岁。婚礼那天，赵家热闹非凡，与赵匡胤从小一起玩大的好哥们韩令坤、石守信、张光翰、赵彦徽等，也都到了。

新婚的喜悦过后，赵家人发现，赵匡胤还是郁郁寡欢，时做沉思状。妻子柔情似水，乱世里赵家人的生活还算过得去，此时此刻，血气方刚的赵匡胤正在想些什么呢？

显而易见，从稍后他决然离家出走，外出闯荡江湖的行为来看，赵匡胤所有的不愉快和沉默寡言，应该都源于他此际对于中原时局的高度关注。他虽然喜欢舞刀弄枪，却并不是真正满足做一介武夫；他虽然曾经在私塾里管不住自己，却也接受了中原传统的儒家教育，尤其喜欢看史书和兵书。目睹满目疮痍，生灵涂炭，赵匡胤开始对国家的未来和自己的人生进行思考。

而就在赵匡胤成婚的前一年，中原战事再起。战事爆发的起源，在于后晋政权的新老对接。

"称臣呼父古所无，石郎至今有遗臭。"对于石敬瑭，历史和后人似乎早有定论，自认"儿皇帝"，割让燕云十六州给契丹人，成了石敬瑭人生里永远的罪。

诚然，石敬瑭割让燕云十六州给契丹的做法，对后世带来的影响极为深远，直接导致以后黄河以北、以东地区的北方土地几乎无险可守，袒露于外族的威胁之下，为后来四百余年间契丹、女真、蒙古族南下入侵中原创造了极为有利的条件。但实事求是地讲，对于五代乱世，后晋皇帝石敬瑭还是留下了相当的政绩，其在位期间，安抚藩镇，发展农商，礼贤下士，从谏如流，生活简朴，百姓安居，堪称五代史上第二个"小康"时代。

如何评价石敬瑭？或许，司马光《资治通鉴》里的一段文字写得更为客观、公允：

推诚弃怨以抚藩镇，卑辞厚礼以奉契丹，训卒缮兵以修武备，务农桑以实仓廪，通商贾以丰货财。数年之间，中国稍安。

可惜的是，这样的好光景，前后恰好也只维持了七年左右。

后晋开国皇帝石敬瑭死后，其养子石重贵即位。石重贵能力一般，但是很有骨气。面对北方虎视眈眈的契丹，在中原大臣的鼓动下，石重贵重申：他石敬瑭可以做"儿皇帝"，我却不能再做"孙皇帝"。言外之意，我乃堂堂后晋天子，岂能再低三下四，苟活于乱世？

面对气势汹汹的北方入侵者，后晋新任皇帝石重贵慷慨激昂地表示，从此不再纳贡称臣。

古往今来，侵略者都是毫无底线的。石重贵的不合作惹恼了契丹首领耶律德光，也让他因此找到了进一步出兵中原的最好借口。公元944年契丹开始大举入侵，公元945年再度入侵，石重贵坚决反击，耶律德光两度被挫败。

不达目的不罢休，公元946年，契丹大军再度南下，公元947年一月十日开封城破，石重贵被俘，后晋灭亡。公元947年一月二十五日，耶律德光依中原皇帝的礼仪入主开封，宣布自己成为中原之主，改契丹国为大辽，同时改元大同，希望建立一个大同社会。

契丹大批人马进驻中原之后，首要解决的就是吃饭问题。于是，为了解决粮草危机，他下令军队去"打谷草"。

所谓"打谷草"，就是公开抢劫。开封和洛阳因此成为一座鬼城，附近数百里被掠为白地，中原大地一时饿殍遍野，民不聊生。

覆巢之下安有完卵。耶律德光乘势追击，抢完百姓，又来抢劫官僚，还以犒军为名，要求所有的官员括钱，交出钱帛保命。一时，中原大小各级衙门人人自危，倾家荡产者不计其数。

耶律德光

一番掳掠下来，耶律德光斩获很多钱物，他准备把这些钱物运回老家，然后好好享受生活。可是，面对如此劫掠，一无所有的中原人民自发地组织起来，对契丹强盗进行了有力反击。遍地都是英勇抗击契丹人的义军，契丹人死伤惨重，厌战心切。

耶律德光虽然贪恋汴京的繁华，但是不想自己的人马全部折在这里。于是，四月初一，耶律德光满载着抢劫的钱物，率军北返，带着一统天下的梦想，依依不舍地离开了。

耶律德光被赶走了，但是他不甘心，也很生气。他需要泄愤，走到相州（邺郡）的时候，疯狂下令屠城。

于是，古老的相州城因此遭遇了一场空前浩劫，死伤十余万人。

多行不义必自毙，半途之上，耶律德光得了热疾。20天后，大军到达河北栾城，耶律德光在气恼和纵欲中死去。途中为防尸体腐败，辽人以盐渍腌其尸，以保证尸体完好运回草原安葬。耶律德光因此成了第一个木乃伊皇帝，时人还给他起了个绰号叫"肉干皇帝"。

得人心者得天下。时逢乱世，许多人都想一逞英豪，但耶律德光杀戮心太重，罪孽太深，如此暴虐掳掠，其下场可谓罪有应得。对于耶律德光的强盗兼刽子手行径，王夫之在《读通鉴论》如此评论道：

天亡之在眉睫矣，不知乘时者，犹以为莫可如何，而以前日之覆败为惩。悲夫！

是的，耶律德光的失败，是上天一刻都容不下他，他却如此不识时务，失败了还要杀人泄愤，真是悲哀。

后晋灭亡后，等待已久的后晋军阀兼权臣刘知远看准时机在太原称帝，建立了后汉政权。耶律德光惨淡北归后，刘知远又乘机进入开封，堂而皇之做起了皇帝。

兴，百姓苦；亡，百姓苦。乱世之中，每个人都饱受战争的洗礼，赵家人也未能幸免，父亲赵弘殷因此陷入半失业状态，同时，赵匡胤又多了三弟光义、四弟光美，赵家生活开始陷入困顿。

中原大地，狼烟四起，兵荒马乱的时代，风华正茂的年纪，赵匡胤寝食难安，苦闷不已。

看天下苍生，何以为堪？问苍茫大地，谁主沉浮？

五、漂泊于江湖

乱世依旧继续，军阀们还在你争我夺。成家后的赵匡胤，却空有一身本事，莽莽撞撞看不到未来的方向。

大丈夫当四海为家，与其苟活于乱世，何如去外面闯荡一番。两年后，在苦闷忧愤之中，赵匡胤决定离家外出找寻出路。

戎马一生的赵弘殷对儿子的决定十分支持。临行前，给了他两封书信，一封写给随州刺史董宗本，一封写给复州防御使王彦超，两位都曾经是自己的老战友。赵弘殷认为，让儿子投奔他们，比跟随自己漂泊不定地随军打仗要有前途。

关于赵匡胤离家的原因，还流传有一种说法。传说赵匡胤性如烈火，为人耿直，好打抱不平，时常闯出祸来。有一次竟然在汴京城打了御勾栏，闹了御花园，触犯了汉末帝，没办法，赵匡胤只好跑路。

无论如何，赵匡胤终于要走了，他不会永远留在家里，外面才是他的天下。公元947年，21岁的赵匡胤毅然告别妻子，开始四方游历，浪迹天涯，寻找属于自己的事业。

世界很大，赵匡胤要出去看看；可是世界也很乱，赵匡胤不知哪儿才是自己驻足的地方，他只能且走且看。

修得文武艺，卖与帝王家。为寻求出路，赵匡胤一路沿着黄河西行，先后浪迹到今陕西省、甘肃省一带。一路上，却一无所获，"未逢明主"，三下两下就把身上银钱花完了，结果和叫花子无异，很是狼狈不堪。

乱世苟活尚且不易，建功立业更需从长计议。无奈之下，赵匡胤想到了父亲的两封推荐信。于是，转而往东折向汉水，到湖北投靠复州（今湖北省天门市）防御使（由刺史兼任的州军事长官）王彦超。

五代时期，王彦超应该算是个人物。

王彦超的父亲王重霸，唐末曾跟随黄巢起义，后归附于唐，授通奉大夫。后梁时，王重霸官居太子少傅，加尚书，后以光禄卿致仕。

公元914年，王彦超出生于大名府临清。因受到家庭影响，自幼就胸怀大志，器度不凡，立行卓越，时以匡济天下为己任。

公元925年，年仅12岁的王彦超随后唐魏王李继岌西征前蜀，只用了75天时间就大获全胜。次年，李继岌班师回朝时，部将李嗣源谋反建立后唐，李继岌成了无国可投的流亡者，其亲信皆置主帅于不顾四散逃命，只有王彦超始终紧跟不离，直至李继岌遇害。

此后，少年王彦超至陕西凤翔县重云山拜晖道人为师，出家修行。晖道人觉得王彦超并非凡夫俗子，就对王彦超说："你是富贵之人，怎么能屈居于此？"于是赠送银两衣帛劝王彦超还俗离山。王彦超深感晖道人的真心善意，不久即还俗，流落到当时相对安定的吴越一带。

后来，后晋高祖石敬瑭见王彦超为人正直忠贞，在出兵讨伐陕西时，召他至帐下，委以军机大权。后汉时，王彦超被任命为复州（今湖北省仙桃市）防御使。

王彦超见赵匡胤一副落魄相，利落而礼貌地拒绝了他，不过出于交情，还是接济了赵匡胤10贯钱，要他另寻出路。临走的时候，让送行的管家说了下面一番话：

"年轻人，若真有本领，建功立业须靠自己。老爷说，你爹和他确是旧识，但老爷一生为官清正，公私分明，莫说你爹与大人只是有些交情，便是亲手足，又岂能因私废公，将公职给自己的熟识？待到秋日招兵之时，若真是有本领，无须大人引荐，一样可以功成名就！"

　　一席话，赵匡胤听得真切，每句都说到痛处。仔细琢磨，自己身怀绝艺，却还要求人办事，受人脸色，羞愧之中，胸中陡然而生一股无名怒气，遂一言不发，径直离去。

　　后赵匡胤做了皇帝，始终念念不忘这段不尽如人意的往事。一次设宴围猎，在酒酣时赵匡胤问王彦超："当年在复州，我去投奔你，你为什么不收留我？"王彦超听了立即降阶顿首道："浅水岂能藏神龙耶，当日陛下不留滞于小郡，实乃天意也！"赵匡胤听完哈哈大笑，也就不再追究过去之事了。

　　当然，这是后来的故事，当年谁也不会想到，就在十年之后，落魄公子赵匡胤竟然当了皇帝。

　　辞别王彦超后，衣食无着的赵匡胤继续他的漂泊之旅。路过一个县城的时候，赵匡胤看见街上的人在赌博，一时兴起，决定用那10贯钱赌一把。

　　认赌服输，这是赌场上的规矩，不过赵匡胤这次没有输，不仅没有输，而且是大赢，落魄中的赵匡胤大喜过望。只是这一份喜悦并没有持续多久，当地人看他是个外地人，于是一哄而上，群起而殴之，然后钱也被抢走了。

　　一无所有的赵匡胤，不得不又转而投奔随州（今湖北省随县）刺史董宗本麾下。董宗本碍于曾同赵弘殷同殿当臣的面子，收留了他，结果董宗本的儿子董遵海不高兴了。

　　董遵海见赵匡胤谈吐不凡，马术超人，遂大为嫉妒，仗势凌人，百般刁难，要赶他走。赵匡胤生性耿直，不愿过寄人篱下、忍气吞声的生活，便告别董宗本，又长途跋涉，来到汉水边的重镇襄阳（今湖北省襄阳市）。

　　赵匡胤做了皇帝后，董遵海正好是宋军中的一个中级军官，相当惶恐，只等一死。宽仁大度的赵匡胤不但没有收拾他，反而费了不少心思，帮助他将失散多年的母亲从辽国接回来，送到他的防地。董遵海非常感动，从此誓死效忠赵匡胤，成为当时边防的一员猛将。

　　先吃闭门羹，又遭恶人妒，无亲无友，为了填饱肚子，赵匡胤不得不乞食于僧舍。寺里的住持和尚虽是方外之人，却和一般的出家人不同。他见赵匡胤虽然满面风尘、衣着平常，却面方耳大，仪表堂堂，声音洪亮，谈吐不凡，惊奇地说："赵公子有福相，往北走，一定会有知遇，我送你盘缠。"

从懂事起，赵匡胤就常听人夸他方面大耳，眉清目秀，仪表堂堂，必有洪福，他从不当一回事。但眼下一路漂泊，落难日久，忽听夸赞，倍觉感动和温暖。

住持不仅给赵匡胤指点了行动的方向，还给了他足够的盘缠。第二天，赵匡胤向住持拱手告别，一路向北，满怀信心，再次踏上了征途。赵匡胤相信，在那里，英雄一定会找到用武之地。

六、终于找对了方向

　　一路奔波，赵匡胤来到了商丘。一日，正当他忙着寻食填肚之时，见路旁有一高辛庙，不由眼前放亮，再一次跨进庙门。

　　翻阅历史，我们可以发现，有太多的英雄人物和庙宇有着千丝万缕的关系，每逢落难之时，庙宇中就会出现他们的身影。相对于人间的炎凉饥寒，庙宇中似乎有着更多的温暖，或许，乱世之中，只有来到这里，他们才可以得到心灵的安慰和指引。

　　高辛是远古的一位帝王，黄帝的曾孙。来到庙里，失魂落魄的赵匡胤忽然想到，既然来了，何不在神灵面前卜问一下自己的未来？

　　当时占卜的方法很简单，就是投掷杯珓。杯珓是唐宋时求神问卜之具，最早的杯珓占卜使用两个蚌壳，后来逐渐改用木质或者竹质，做成蚌壳的形状，从中间一分为二，也有玉质的。

　　使用杯珓占卜，通常需要在寺庙之中进行，从本质上看，算是一种神灵告示。占卜时，占卜者先在神灵面前说出心中的愿望或者祈求，杯珓显示的结果便是神灵对这个愿望和祈求的态度，整个过程简洁而且针对性很强。

　　两个杯珓投掷出去，呈现的状态有俯有仰，组合起来，一共是三种形态：双仰、双俯、一仰一俯。其中，双仰称为"阳珓"，双俯称为"阴珓"，一仰一俯称为"圣珓"，又称"胜珓"。其中最吉利的是圣珓，代表神灵答允了占卜者的意愿，其次是阳珓，最差的结果是阴玟，表示神灵的否决态度。

赵匡胤的身份是军人，因此在高辛庙的神灵面前，把军中的职位按照从低到高的顺序，逐一报出，然后投掷杯玟，乞求神灵明示，如果掷出来的是一个圣玟，说明自己将来就能达到所报出的职位。

很奇怪，赵匡胤从小校开始，一直报到了军中地位最高的节度使，掷出的杯玟要么是全俯的阴玟，要么是全仰的阳玟，显示这些都不是他将来的位置。

比节度使更高的位置，就是皇帝了。正常状态下，一个普通人的职业梦想中不会包括皇帝。然而，赵匡胤就敢于这么想，并且把自己的疑问说出口来："难道我会成为天子？"

随后的一掷，两只杯玟一俯一仰，终于出现了赵匡胤期待中的圣玟。日后真的要当天子？！卜问的最终结果让赵匡胤高兴得几乎跳起来，肚子好像也不饿了，人也一时精神了许多。

当初赵匡胤是否真的在高辛庙里掷过圣玟，我们不得而知；我们能够知道的事实是，赵匡胤当上皇帝后曾下诏，对高辛庙、尧庙、舜庙等历代开国帝王庙，每三年祭祀一次。用现代科学的观点看，圣玟未足凭信，然而赵匡胤在愁困潦倒心灰意懒之时，求神问卜，测试自己的命运，也在情理之中。"天命"的出现，让落难之际的赵匡胤，再次坚定了去北方寻觅知遇的道路。

跨进庙门，是为填饱肚皮而来；走出庙门，是为实现梦想而去。这一次北上之旅，赵匡胤还遇到了他生命里极为关键的一个人：苗训。

苗训，字光义，潞城宋村人，少年时很有抱负，西上华山，拜当时著名道士陈抟为师。由于他聪颖好学，才智过人，深得恩师喜爱，对他倾心教诲。数年的刻苦努力，苗光义已学得文韬武略，满腹经纶。老祖陈抟曾说："我一生教了众多弟子，将来成大器者，唯光义也。"苗光义出师后，周游天下寻师访友，虚心求教，使自己的学识更加渊博，胸怀更加宽阔，看问题的眼光更加敏锐独到。他目睹国家分裂，人民遭受战乱，饥寒交迫，哀鸿遍野的凄惨景象后，决心为江

山社稷的一统建功立业，造福于黎民百姓。

苗训塑像

他回乡后，在柳叶镇耍金桥搭一简棚，算卦相面，坐诊看病，不分远近贫富，一视同仁，岐黄济世，药到病愈，吉凶祸福，推断如神。一时间人来人往，棚门如市。

一路北上的赵匡胤路经柳叶镇，见卦棚前人头挤攘，便翻身下马，将马拴在桥旁柳树上，分开众人走进卦棚探视究竟。苗光义见赵匡胤紫面丰颐，气宇轩昂，有帝王之相，忙起身相迎。待一交谈，更觉其胸怀博大，志存高远。二人交谈很是投机，相见恨晚，都有重建伟业，救民于水火的鸿鹄之志。于是，苗光义收摊，领赵匡胤回村，设酒席招待。苗光义分析了天下大势，认为目前汉水以南局势比较稳定，而北方却战乱不止，应趁机在北方广结天下英雄豪杰，扩展势力。一番分析之后，苗训告诉他，现在河北邺都任后汉最高军事长官的郭威是位英雄人物，可前去投靠，见机行事。临别时苗训赠送了金钱做盘缠路费，赵匡胤感激不尽，他和苗训约定，待时机成熟，定与其共谋大业。据说，临别之际，苗训还送给了赵匡胤一句谶语：

遇郭乃安，历周始显，两日重光，囊木应谶。

所谓"郭"，指的是郭威，后周开国皇帝；所谓"周"，指的是后周，赵匡胤取而代之，正是因为后周而显赫；所谓"两日重光"，是说后来陈桥驿兵变时天上出现了两个太阳的异象；所谓"囊木"，即把木包起来，上面加个盖子，就是一个宋字。

是虚构，还是真实的历史？是先创性的预言，还是之后好事者的附会？无论如何，这一段偈语却高度概括了此后赵匡胤的主要行动。

这一番相见，绝不逊于刘备和诸葛亮的隆中对。应该说，走出夹马营，是正确的，此行北上，赵匡胤真的找对了方向，未来的帝王大业，就在不远的地方等着他。

七、千里送京娘

　　在赵匡胤早年传奇中，还流传有一段英雄救美的动人经历。

　　一路漂泊，赵匡胤来到太原地面，与在太原清油观出家的叔父赵景清不期而遇，暂时居住下来。一天，他偶然发现观中一座紧闭的殿房里关着一位美丽的姑娘，赵匡胤误认为是他的叔父所为，正要强行打开殿门之际，赵景清外出归来。赵匡胤含怒相迎，气愤愤地问道："你老人家出家在此，干的如此好事！"赵景清劝他莫管闲事，赵匡胤暴跳如雷，大声道："出家人红尘不染，为何殿内锁着个妇女，必是非礼不法之事！你老人家要给我说个明白！"疾恶如仇的赵匡胤坚持要追究到底，表示绝对不会坐视不管。

　　经询问知道，该女子也姓赵，叫京娘，山西蒲州人，年方一十七岁，因为随父亲到曲阳烧香许愿，路上遇到一群强盗，见京娘长得漂亮，竟然因此放过了她的父亲，将京娘掳掠而去。两个强盗头目争着要娶亲，不肯相让，又恐伤了和气，于是商定将京娘暂时寄托于清油观内，逼迫道士小心看守，等从别处再抢个美貌女子，凑成一双，然后同日成亲。那伙强盗去了一月，至今未回，道士们自然惹不起这伙强盗，只得老老实实替他们看管。

　　得知清油观藏匿女子的原委之后，赵匡胤决定将其放出，并计划送其回蒲州老家。他的叔父赵景清担心以后强盗前来要人，连累自己以及寺庙，赵匡胤说："俺赵某一生见义必为，何惧之有！既然你们出家人怕事，俺留个记号在此，你们好回复那响马。"说着，抢起浑铁齐眉棍，将藏匿京娘的殿宇门窗砸破，说："强人若再来时，只说赵某打开殿门抢去了。冤各有头，债各有主，若来寻俺时，教他打蒲州一路来。"

赵匡胤侠肝义胆，不远千里，护送京娘踏上了回家的路程。其间，赵匡胤除邪斩恶，将追上来的两个强盗一一铲除，永绝后患；一路之上，他们以兄妹相称，赵匡胤的救命之恩，侠义之举，深深打动了赵京娘，决定以身相许。途经武安门道川，京娘晨起，临渊梳妆，向赵匡胤诉说了爱慕之情。

谁料，赵匡胤不愿做施恩图报的小人，对赵京娘的表白严词拒绝。他愤然说道："赵某是顶天立地的男子，一生正直，并无邪佞，你把我看作施恩望报的小辈，假公济私的奸人，是何道理？"息怒以后，赵匡胤又说："本为义气千里相送，今日若就私情，与那两个响马何异？徒惹天下豪杰笑话！"这时，一轮朝阳喷薄欲出，赵匡胤踌躇满志，于是作《咏日》诗题于壁上：

> 欲出未出光辣挞，千山万山如火发。
>
> 须臾走向天上来，赶却残星赶却月。

一路风尘，赵匡胤将京娘安全护送到家，京娘父母喜出望外。除感恩不尽之外，京娘的父母、兄长私下认为，赵匡胤与赵京娘二人，孤男寡女，路行千里，不可能不发生点什么，遂决意将京娘许配给赵匡胤。酒桌之上，京娘父亲提及此事，赵匡胤深感侮辱，一盆烈火从心头掇起，大声道："俺为义气而来，反把此言来侮辱俺。俺若贪女色，路上也就成亲了，何必千里相送。你这般不明事理，枉费俺一片热心。"一怒之下，赵匡胤骑马而去，再度踏上北上投军的征途。

一对青年男女伴行千里，怎会没有亲密的关系？如若最终不成夫妇，女儿的清白和贞节怎么办？父母的怀疑和盘问使京娘感到绝望和悲愤。为了证明二人清白，更是为了保护赵匡胤的清名，京娘深夜题诗于壁云："天付红颜不遇时，受人凌辱被人欺。今宵一死酬公子，

彼此清名天地知。"遂悬梁自尽。

赵匡胤当上皇帝以后，派人到蒲州寻访京娘的消息，使者抄录回了京娘临死之前的四句诗。赵匡胤看后，甚是感叹，敕封京娘为"贞义夫人"，并下令在她的家乡为其设立祠庙。

自古英雄难过美人关，赵匡胤千里送京娘，却不贪恋女色，当然难能可贵，对此千古佳话，后人有诗赞道：

> 不恋私情不畏强，独行千里送京娘。
>
> 汉唐吕武纷多事，谁及英雄赵大郎。

当然，赵匡胤并非不懂怜香惜玉，更不是不解风情的莽汉，他之所以如此坚决地拒绝这一婚事，因为他千里相送，出于一个"义"字，讲的是江湖豪侠的"义气"。更何况，此时的赵匡胤，耳闻目睹了民间太多的苦难，像他多次往返的关中地区，就一直是白骨山积，后汉三镇联合叛乱制造了骇人听闻的血腥事件，仅当地一个和尚就掩埋了二十万具之多的遗骸！赵匡胤连一个弱女子受人欺凌，尚且于心不忍，毅然千里相送，面对百姓如此惨剧，如何能安享温柔乡？此时的赵匡胤，已然是胸怀大志，以"扫荡烟尘""救民于涂炭""救一方百姓"为己任，自然无意于过多地纠缠于儿女情长。

"为国为民，侠之大者。"此时的赵匡胤，已然是一位真正的"大侠"。对京娘这个多情的女子来说，这可能是个悲剧，但对战乱中挣扎的百姓来说，这却是个天大的福音。

正是这一段风尘豪侠的精彩传奇，正是这三年坦荡无畏的浪迹天涯，凭一双拳头和一根铁杆棒行侠仗义的经历，赵匡胤走遍了南北名山大川，开阔了眼界和胸襟，也见惯了世态炎凉，增长了人生的阅历，彻底脱去了开封城里公子哥儿的骄、娇二气，由一个毛头小伙子，历练为铁骨铮铮、直道而行、稳重老练、顶天立地的男子汉；正是这种豪侠仗义性格，使他能风风火火闯九州，凝聚了天下英雄好汉，成就了将来的帝王大业。

第二章　初出茅庐

　　高平之战，是五代史上的著名战役，也是决定五代命运的关键性一战。

　　赵匡胤因表现出色，立下奇功，被破格提升为殿前都虞候、领严州刺史，一举成为后周禁军最耀眼的少壮派将星。从此，赵匡胤得以迅速崛起，成为柴荣日益倚重的大将，更为以后的发展奠定了根基。

　　这一年，赵匡胤刚刚二十八岁。

一、勇者郭威

身无分文，风餐露宿，一人，一骑，一棍。虽颠沛流离，却也豪情满怀，赵匡胤的江湖漂泊，充满了传奇和玄机。

无论赵匡胤的这些经历是源自神奇的传说还是真实的历史，其中的艰辛和快乐只有赵匡胤自己知道，如果我们考究其中的真意义，或许，下面一段文字可以说得清楚明白：

故天将降大任于是人也，必先苦其心志，劳其筋骨，饿其体肤，空乏其身，行拂乱其所为，所以动心忍性，曾益其所不能。

无疑，孟子这段古老的话语，曾经激励了无数人。千百年来，正是在此卑微坚强的理念之下，他们铿锵前行，直至抵达了自己人生的顶点。

是的，生于忧患，死于安乐。无疑，这就是梦想的力量，正是在此召唤之下，他们奋然前行，书写着只属于自己的人生传奇。

行侠仗义，慷慨激昂，虽颠沛流离，却不忘初心，一路向北的赵匡胤来到邺都，结束了江湖流浪的生活，加入了郭威的队伍。

无数事实证明，命运是一个非常奇怪的东西，捉摸不定，却又在冥冥之中左右着未来的路径。无论我们相信不相信，它都一定对世间每个人的生命之旅影响深远。

或许，乱世之中，更是如此。因为，乱世里安身立命，更需要机缘的降临和命运的垂青。

　　应当说，遇到郭威，是赵匡胤人生里一个至关重要的节点；因为遇到郭威，赵匡胤此后的人生内容和努力方向也因此全面改观。

　　郭威是谁？

　　郭威，邢州尧山人，父亲郭简，曾为晋顺州刺史。郭威几岁大时，父亲死于乱世兵难，不久母亲王氏亦死于流离途中。孤苦无依之下，郭威曾为村人放牛，幸得姨母韩氏提携抚育，郭威始得成人。长大后郭威在身上刺了一只飞雀，因此又被人称为"郭雀儿"。

郭威

　　18岁时，郭威长得彪悍魁梧，勇力过人，泽潞节度使李继韬招募兵士，他去应招，被收留做了"牙兵"（藩帅的亲兵）。李继韬很欣赏他，有什么小的过失也经常迁就他。郭威好斗，时而赌博喝酒，但也喜欢打抱不平。一天，郭威到街上闲逛，有一个屠户欺行霸市，非常跋扈，大家都很怕他。喝了点酒的郭威到了这个屠户面前，让他割肉，然后找茬骂他，屠户知道郭威不好惹，但最后终于忍不住了，就扯开衣服用手指着肚子说："有胆量你就照这儿捅一刀!"郭威二话不说，抄起刀子就捅进了他的肚子里，屠户一命呜呼。事后，郭威被抓进了监狱，李继韬佩服他的勇气和胆量，又将他放了。如此一来，军营是暂且不能待了，为了避祸，郭威只能到处流浪。而就在流浪的途中，郭威却因祸得福，命运开始出现转机。

因为，他遇到了柴氏。

二人的相遇，是因为一次政变。

后唐庄宗李存勖，虽武功显赫，国势强大，威镇天下，却骄恣荒淫，朝政紊乱，终酿成宫廷政变为伶人所杀，大将李嗣源率兵进入洛阳，平定叛乱自称皇帝。李嗣源即后唐明宗，开创了五代史上著名的"小康之治"。他在位期间，尽革庄宗批政，务从节俭，放出大批宫女及妃嫔，其中就有柴氏。

庄宗在位仅三年，柴氏虽入后宫，却未曾沾获雨露。遣送途中，一个暴风骤雨的夜晚，柴氏在黄河水畔偶遇外出的郭威，一眼认定这个气场强大的汉子是个大英雄，便不顾家人反对，以身相许，并带来大批嫁妆作为郭威的事业资金。从此，郭威在柴氏的劝导下，博览群书，才智顿开；又在她的指点下，投靠到石敬瑭的心腹、牙门都校刘知远门下。刘知远对郭威的重视始于一次与契丹人的战争，郭威以二千伏兵大败契丹，刘知远后来夺后晋建后汉，更多是倚重郭威。

当时，契丹人打进来了，石重贵投降，中原一时无主。在最高权力处于真空的情况下，刘知远表面上说他不想当皇帝，在将士们喊他"万岁"时还让人去制止，说："契丹势力还很强大，我军军威也没有扬名天下。"郭威说："现在远近之心，都不谋而同，将军称帝是天意。如果将军不趁势取之，只管谦逊，恐怕会使人心离散，万一有人先行称帝，那就很被动了。"于是，刘知远听从了郭威的建议，在公元947年二月称帝于太原。刘知远称帝后，郭威因有功被擢升为枢密副使、检校司徒，成为统率大军的将领。

刘知远果断采纳了皇后李氏的建议，一改过去靠刮民财犒军的惯

例，而是拿出宫中所有财物赏赐将士，果然深得人心，加上用人得当，进军中名将史弘肇为先锋，一时治军严整，所向无敌，俨然大有为于天下。

可惜的是，刘知远虽有幸取得帝位，却无福享受，在位不到一年，便因病去世了。郭威和宰相苏逢吉等一班老臣同时受命，立其子刘承祐继位，是为后汉隐帝。郭威被任命为枢密使，掌管全国的兵权。

正是在郭威事业如日中天的时候，走投无路的赵匡胤，结束了江湖漂泊的生活，来到了正在招兵买马的郭威帐下。

郭、赵二人相会的场景，史书上并没有太多的记载。郭威见了赵匡胤，心中很有几分好感，这小伙子身高八尺，气度非凡，谈吐中很有见识，在详细问过之后，才知道是自己同僚赵弘殷之后，加上他武艺非凡，于是郭威就答应赵匡胤留在自己身边，让他做了一名亲兵。

虽然亲兵地位低微，但是他受到的是将军言传身教的影响，比其他兵士更容易成长。因此，赵匡胤并不埋怨自己地位低下，他要的是学习，要在这位威名远播的将军身上学到各种可用的东西，他要在战争中学习战争，获得宝贵的克敌制胜的经验。

尤其让赵匡胤大开眼界的，是郭威平定李守贞叛乱之战。

二、原来仗也可以这样打

李守贞，后汉河中节度使，刘承祐即位之后，李守贞伙同永兴节度使赵思绾、凤翔节度使王景崇发起叛乱。刘承祐派数员大将平叛，李守贞退守河中城，闭门不战。

河中城城高墙厚，城里兵多粮广，后汉大军围城，从春天一直围到夏天，想尽了办法破城，却始终没有攻下。无奈之下，刘承祐请出了郭威。

郭威攻破河中城的方法很特别。

郭威到场后，停止了一切死拼硬打的军事行动，他先是让战士们稍事休整，然后带上了些人，若无其事地围着河中城转了几圈。之后，郭威下令大军各部在河中城南、西、东三面立栅筑寨，只留城北一地空缺，不设人马。与此同时，征调周边五县百姓近两万人，在三寨与河中城之间筑起了连接不断的小型堡垒。

命令一出，全军哗然。郭威这是要干什么？

河中城和李守贞早已是瓮中之鳖，只需不断地攻城，就算不能攻破，迟早也会耗尽城中的人力粮草，到时候自然灭亡，何必要大费周折，先干起泥瓦匠的玩意儿？在所有人看来，这仿佛完全没有意义。

面对质疑，郭威不动声色，他的沉默让所有人都闭上了嘴。

就这样，好多天之后，三个营寨都筑好了，寨前的堡垒也都筑好了，可郭威却不放周边五县的百姓回家，也没有再下达新的命令，全

军将士要做的事，就是各就各位，排号住进刚刚盖好的新家。

然后，郭威似乎把战争忘了，每天都是一副很平静的样子，谁也不知道他在想什么，也没有人敢问接下来要干什么。

好在现实并没有让他们等多久。一天夜里，久困城中的李守贞突然率军出击，没有准备的后汉军一片慌乱，只得放弃了新筑的营寨堡垒，不断向后撤退。奇怪的是，李守贞并没有乘胜追击，只是命令他的军队把城外那些新建的堡垒毁掉，然后撤回城里，再次开始坚守。

等后汉军重新集结，准备痛击敌人时，却只剩下了满地的断瓦残垣，他们辛苦了好几个月的成果就这么被人家轻而易举地毁掉了。

郁闷已久的后汉士兵们再也控制不住，他们要找郭威讨个说法！

就在这时，军营里传来了郭威的第二道命令：再次建寨筑垒，把那些毁掉的建筑物重新弄起来。

士兵们终于知道了那些征调来的百姓为什么没被遣散回家了，但不管怎样，军令如山，每个人都知道郭威的脾气。又过了些日子，大量营寨和堡垒再次出现在河中城和后汉军之间。

而接下来发生的事情依然是，看到城外冒出的营寨堡垒，李守贞再次带队出城，气急败坏地把它们夷为平地。

之后的事情，大家应该明白了，不知道是出于什么样的心理，只要堡垒出现，李守贞就会心急火燎地率队出城，一定要把那些堡垒营寨毁了，然后带着人马匆匆回城。

而郭威的应对措施是，只要你来毁，我就马上重建。如此周而复始，这种单调无聊的工作竟然持续了近一年之久！

在这一年的时间里，李守贞远比郭威忙碌。他时常出现在城墙上，带着越来越让人难以揣摩的神情向城下打量，随时随地关注郭威领导的建筑工程队的进度。久而久之，他的部下都掌握了规律，那就是只要城下的堡垒修到了一定的位置，他们就得出城了。

只不过，每次出城拆除这些建筑之后，他们回去时的人马都会少很多。其中有战死的，有拆墙累死的，还有借机逃跑的。

就这样，不断地拆，不断地建，每次李守贞能带得出来的人越来越少，拆不完的工程却越来越多。

不断量变的最后，必然引起不可逆转的质变。公元949年夏天，郭威终于下达了命令：攻城！

无疑，这是一道激动人心的命令，所有人忍耐了许久，也期待了许久，后汉军全体士兵激动地叫着冲向了河中城。

接下来，郭威攻城的方式也很特别：东、南、西三面强攻，北面放行，强攻却不攻破城门，只在城外虚张声势。

于是，在北汉军的强大攻势下，叛军纷纷逃往北城，企图从这里突围，以求一线生机。可是他们也许没有想到，就在城外不远的地方，郭威早已亲自率领一支部队，张开了大网在等待着他们。

结果，叛军虽然轻易地出了北门，却也只能乖乖地钻入郭威事先布置好的大网里。在拆墙游戏中被拖得筋疲力尽的逃军早已没了战斗力，只得束手就擒，郭威一下子就在城北收降了城内的近十万叛军。

结果，河中城成了一座空城，一攻即破，不愿意投降的李守贞看大势已去，自焚而死。

不多久，另外两处反叛，凤翔节度使王景崇和永兴节度使赵思绾很痛快地投降了，他们实在不想最后落个李守贞那样的下场。

一切搞定，大功告成。郭威用尽可能小的代价，得到了最圆满的战果。郭威只是用一些业务不熟练、用料不讲究、粗制滥造的豆腐渣工程，就达到了克敌制胜的目的。

现在大家都明白了，郭威为什么会在最初下达了那个莫名其妙的命令，又为什么要在攻城时三面强攻，一面放行。

上兵伐谋。疲劳战、消耗战、心理战，这就是郭威巧妙运用的战术。当这些事情发生时，赵匡胤都在现场。

在平定河东的战役里，赵匡胤第一次真正站在了战场上。郭威镇定若闲的状态，着实令赵匡胤感到惊讶，郭威麾下那种职业军队势如破竹的气势，连赵匡胤这个在军营中长大的人都感到震撼。

原来仗也可以这样打！郭威平叛的战略战术，真的让初出茅庐的赵匡胤受益匪浅，而接下来发生的大事件，更让他茅塞顿开。

三、不得不反了

叛乱被顺利平定，风雨飘摇的后汉政权转危为安。之后，郭威又移师北伐，大败契丹，以功晋封邺都留守、天雄军节度使，兼枢密使，河北诸州郡皆听郭威节制。

但乱世就是乱世，在郭威的努力下，叛乱刚刚平定，后汉高层政变又起，郭威的厄运也因此降临。

刘承祐即位后，内有顾命大臣杨芬、史弘肇和苏逢吉等专权，刘承祐因此颇不得意。他们除了互相攻讦，内政纷乱，对于这个年仅十几岁的小皇帝，也根本没有放在眼里。

有一次，杨芬、史弘肇在朝堂上议事。刘承祐说："你们再仔细推敲推敲，别有谬误，让别人说闲话。"杨芬竟说："有我们在，用不到你开口。"

可以想象，君臣之间，如此场景犹如家常便饭。面对如此场景，刘承祐终于忍不住了。

真的是太嚣张了，长此以往，皇家的威严何在？好吧，你们不让我开口，我要让你们永远都开不了口。

于是，在亲信的策划下，一场血腥的屠杀降临了。"厌为大臣所制"的刘承祐突然发动政变，措手不及的杨芬、史弘肇等人被除掉了，同时被杀掉的，还有他们的家人。郭威是史弘肇的死党，枢密使的头衔都是史弘肇逼着皇帝给的，所以郭威的家属也被全部杀掉。当然，柴氏也未能幸免。

刘承祐

一不做，二不休，解决掉这些傲慢无礼的老臣之后，刘承祐又密下诏书，派使者刺杀在外的大将郭威。不过，杀手还未到，密令就已经传到了郭威耳中。

郭威忍住家属死去的巨大悲痛，把手下几个将军找过来，对他们说："你们谁想要富贵，把我的脑袋砍下来交给天子就好了。"

大家面面相觑，纷纷表示不敢。因为，此时的郭威太强大了。

尤其让郭威不能容忍的是，自己生命中的贵人柴氏也被他们无情地杀掉了。自己忠心耿耿，战功无数，何以落得如此下场？

征战为了谁？面对此情此景，郭威一番犹豫之后，决定反了。

情急之下，郭威随即采用谋士魏仁浦之计，伪作诏书，宣称隐帝

令郭威诛杀诸位将领。于是群情激愤,推举郭威起兵讨伐,以"清君侧"为名,大军由邺都直指京师。

公元950年十一月,郭威抵达汴京城下,刘承祐派兵抵御并到城外刘子坡观战。结果后汉军一战即溃,第二天清晨刘承祐又匆忙要逃回城去,不料开封尹刘益已经据城反叛,投顺郭威,拒绝他进城,刘承祐只得带了苏逢吉和茶酒使郭允明等人向西北奔逃。

刚刚逃到一个村子,忽见后面尘埃大起,刘承祐以为是追兵,便仓皇下马,打算躲入村民屋中。郭允明见形势危急,想以刘承祐作为进见礼投降追兵,猛然赶上几步,狠命一刀,将刘承祐刺死。其实后面并不是追兵,而是刘承祐的亲兵赶来护驾。郭允明见自己弄巧成拙,也就横刀自刎而死。

郭威顺利入京,从容进谒李太后,为安定人心,郭威提议由宗室刘崇的儿子刘赟入继大统。

而就在此际,传闻契丹人入侵,太后命郭威率军出征,途经澶州,将士哗变,拥郭威称帝。仓促之间,无法制备黄袍,于是就撕裂黄旗披在郭威的身上权充黄袍加身,将士环跪,三呼万岁。郭威于是回军南行,入汴京后,李太后遂下诏郭威监国。第二年开春,郭威正式称帝,建立后周。称帝之前,郭威又派人杀死了还在半路上的刘崇的儿子刘赟,刘崇因此和后周结下冤仇。

有资料说,当时契丹人南下入侵,是郭威让人传布的假情报,而所谓黄袍加身,不过就是郭威精心设计的一个局。无论如何,当年的"郭雀儿"终于修得正果,当年的放牛娃终于登上了中原皇帝的宝座。

郭威称帝,无论是天意还是人意,在五代悠悠乱世中,还是做出了一些贡献。

郭威立国后,努力革除唐末以来的积弊,重用有才德的文臣,改变后梁以来武将把持政权的现象。他崇尚节俭,仁爱百姓,曾对宰相王峻说:"我是个穷苦人,得幸为帝,岂敢厚自俸养以病百姓乎!"他不但重视减轻人民的赋税负担,自己带头俭省,下诏禁止各地进奉美食珍宝，并让人把宫中珍玩宝器及豪华用具当众打碎，说："凡为帝王，安用此！"

难能可贵的是，郭威还曾去曲阜拜谒孔庙、孔子墓，并下令修缮孔庙，禁止在孔林打柴毁林，造访孔子后裔，提拔其为官，表示要尊崇圣人，以儒教治天下，为后周王朝治国奠定了思想基础。

在他的精心治理下，中国长期战乱的局面开始转向统一，显露出民富国强的迹象。对此，史学家范文澜在《中国通史》中写道：

他对沙陀人的野蛮性政治开始进行改革，使呻吟在战乱暴政下的民众感到有些希望了。

郭威之所以能在后汉政权的一群赳赳武夫中崭露头角，并作出了一定的历史贡献，在很大的程度上与柴氏当年的启导有关。正是由于遇到了慧眼识珠的柴氏，郭威才不再仅仅是一个勇敢鲁莽的武夫；正是在深明大义的柴氏的影响下，郭威才变得如此有勇有谋，敢担当，有作为。

郭威深爱柴氏，在其亡后，不再另娶皇后，郭威登基，而他的患难之妻柴氏却已是千里孤坟。荒山寂寂，无以为报，郭威力排众议，以死去的柴氏为皇后，同时由于自己的儿子被汉隐帝全部诛杀，郭威便收柴氏的侄儿柴荣为养子，以慰她的九泉之灵。

公元954年正月，周太祖郭威突然病重。一方面为了纪念亡妻，另一方面也看到柴荣的确有才，郭威便把帝位传给了没有血缘关系的其妻侄柴荣。

柴荣因此继位为帝，他就是后来的周世宗。

历史证明，郭威的选择是正确的。

赵匡胤抵达了郭威军中之后，据说善于望气看风水的术士就已经看出郭威大军中有"三天子"气。"三天子"是指后周太祖郭威、世宗柴荣和宋太祖赵匡胤。无论这是否是后人的杜撰，却一语言中了后来真实的历史。

当然，这依然是后话。政变之前，赵匡胤不过是郭威帐下的一个小兵，他要做的，就是老老实实给郭威站岗。郭威登上帝位时，赵匡胤依然默默无名，但郭威称帝的一幕却又真真切切给他上了一课：原来皇帝也可以这样当！

赵匡胤命运的真正改变，是从来到柴荣身边之后。

四、英雄惺惺相惜

公元 921 年十月，柴荣出生于邢州尧山柴家庄。柴家是当地望族，柴荣祖父柴翁、父亲柴守礼都是当地有名的富豪。乱世之中，柴家家道中落，尚未成年的柴荣于是前去投奔嫁给郭威的姑母柴氏。

柴荣

柴荣生性敦厚谨慎，少年老成，帮助郭威处理各种事务，深受郭威喜爱。当时郭威整天外出打仗，家境并不富裕，柴荣为资助家用，

便找了个合伙人颉跌氏外出经商，做茶货生意。几年之中，柴荣往返南北等地，把江陵的茶叶卖到北方，把河北的瓷器卖到南方，生意做得顺风顺水，积累了大量财富，为郭威的事业提供了一定的资本。

多年的江湖经商游历，柴荣不仅对社会积弊有所体验，其间还努力学习骑射，练就了一身武艺，又读了大量史书和黄老著作，史载其"器貌英奇，善骑射，略通书史黄老，性沉重寡言"。

商人柴荣对自己的前途并不乐观，因为当时商人地位不高，所以柴荣经常算命。一次在江陵见一卜者王处士，其术如神，便与颉跌氏同往问之。才布卦，忽有一蓍草跃地而出，卓然而立，卜者大惊，对柴荣说，我们家算命也有十几代人了，我的曾祖父曾有遗言，命签自己跳出来的，都是贵不可言的，何况您的命签不仅自己跳了出来，还卓然而立，难道说您是天子命吗？

柴荣装作很生气的样子，骂王处士不要胡说八道，以免引火烧身，但对于这个结果，柴荣心中窃喜。

柴荣跟颉跌氏喝酒时问道，王处士说我有天子命，要是真有这么一天，你想当什么官？颉跌氏却并没把柴荣玩笑般的话当玩笑，他很认真地说，我经商30多年，常常在京洛之间跑业务，很羡慕税务官，他们一天的收入是我3个月的利润，您要是当皇帝了，给我个京洛税院使当当就好。后来，柴荣当了皇帝，果然给了他这个官职。

此后不久，柴荣便弃商随郭威从军。

后汉建立，郭威以佐命功授为枢密副使，柴荣被任命为左监门卫大将军。郭威任邺都（今河北省大名县东北）留守、枢密使、天雄军节度使，柴荣被任命为天雄牙内指挥使、领贵州刺史、检校右仆射。赵匡胤抵达了郭威军中之后，只是应募当了一名小军校，在大军当中很不起眼。郭威南下夺位，赵匡胤至多充当了摇旗呐喊的马前卒，还轮不上他有什么表演的机会。赵匡胤真正的机遇，在于甚得柴荣的赏识，被选中到柴荣的身边，由卫士到卫士长，一直都跟随在柴荣的左右，从而与柴荣建立起了极其密切的主从关系。

公元951年，柴荣出任镇宁军节度使坐镇澶州，赵匡胤就在其节度使的幕府之中任职，还由此结识了后来的宋朝开国名将曹彬。两年后，柴荣由镇宁军节度使回京就任开封尹、晋王，赵匡胤也随之担任开封府马直军使。

近水楼台先得月。古今官场，最容易升官的，都是长官的"秘书"。军队当中，则是主将的亲兵卫士，总比其他将士有更多的晋升机会。按照唐代以来军中的惯例，节度使以上的高级军官，都要招募三五十名贴身亲兵卫士，主将平时提供给亲兵卫士远高于普通士兵的待遇，战时亲兵则跟从主将出征，"每出入敌阵，得以随身"，亲兵负责保卫主将的个人安全。在政治上，主将与亲兵之间也结成了一损俱损、一荣俱荣的胶固联系，亲兵卫士几乎都是主将的"腹心"、死党。亲兵效忠主将，被当时人视作军中美事，反过来，主将也都是优先提拔自己的亲兵卫士。赵匡胤跟随柴荣之后，就踏上了这么一条仕途的快车道。

赵匡胤比柴荣小六岁，在南征北战中，两人感情越来越深，成为义兄义弟的关系。郭威死后，柴荣登基，赵匡胤遂由开封府的马直军使，担任负责皇宫和皇帝本人安全的"宿卫将"，专门负责保卫周世宗个人的安全，并从此青云直上。许多资历比他深，战功不亚于他，甚至在他之上的将领，都不如赵匡胤晋升得快。

有资料说，赵匡胤和柴荣是在早年各自漂泊江湖的时候相识的，他们俩萍水相逢，却一见如故，从此，相随走南闯北，求贤访友，立志做一番轰轰烈烈的事业。一路之上，他们还遇到了一个神秘人物：郑恩。

郑恩自幼家贫，父亲早亡，孤儿寡母相依为命，靠卖油度日。郑恩常挑一对油篓到晋阳叫卖，他从小练得一身好功夫，喜打抱不平，母亲常担心他在外惹事。一天，柴荣扮作商贩与赵匡胤到晋阳，路经榆次，行至长凝河的桥头，恰巧遇上长凝村的恶霸董达父子拦桥收税，敲诈过往商旅。柴荣被拦在桥上，受到董家父子的奚落，赵匡胤勃然大怒，挥起盘龙棍与董家父子力战，适逢郑恩卖油回来，便拔刀帮助柴、赵二人，一举杀死董家父子。二人见郑恩侠肝义胆，武艺高

强，于是三人互通姓名，结为异姓兄弟，一起前往晋阳访友。

兄弟三人路经砖井村时，看见村外有一大片碧绿的瓜园，成熟的大西瓜让人看得嘴馋。此时，赤日炎炎，三人口渴难熬，郑恩便闯进园中摘西瓜。不巧被瓜园主人驼背陶洪发觉，双方发生口角。郑恩出言不逊，便与陶洪打在一处，双方争斗多时，不分胜负。正在这时，忽然从井台上蹿下来一个姑娘，直奔郑恩，仅几个回合，竟使郑恩手忙脚乱。柴、赵二人眼看兄弟要败下阵来，忙上前劝止，并向瓜园主人赔礼。

陶洪见他兄弟三人都是威风凛凛，气宇轩昂，知道他们确实是非常人，遂喝令女儿三春住手。赵匡胤兄弟三人见陶家父女落落大方，更佩服他父女俩的武功，彼此纵谈天下大事，更是英雄所见略同。

陶洪又详细询问了三人的来历，才知道郑恩尚未婚配，遂邀柴荣为媒，愿将三春与郑恩结为丝萝之好。郑恩自然乐意，双方约定，他日干出一番事业之后，再行成婚大礼。

有志者，事竟成。后来，柴荣偕赵匡胤和郑恩投靠了姑父郭威，南征北战，东打西杀，终于做了后周朝的皇帝。赵匡胤和郑恩辅佐他统一了大半个中国，他俩也被封王。

周世宗大业未竟，英年早逝，赵匡胤发动陈桥驿兵变，黄袍加身，夺了后周的天下。赵匡胤的行径，引起郑恩的反感，好在妻子陶三春一再规劝，晓以国家统一安定团结为重的大义，终使郑恩与宋太祖和好如初。随后郑恩与陶三春又辅佐宋太祖统一天下，立了赫赫战功，成了大宋的开国功臣。

然而，宋太祖担心郑恩和陶三春执掌兵权，也借机搞陈桥驿兵变，危及自己的皇帝宝座，于是借宴请御弟之机，佯装醉酒，斩了郑恩。

陶三春闻讯，悲恸欲绝，本想替夫报仇，但为了百姓不再受刀兵之苦，为了国家的安定，终于忍痛决定息兵，离开汴京，缟素还乡，孝亲抚孤，至老不再出山，种瓜度日以终。

或许是为尊者讳，这一段感人至深的情意，正史毫无记载，只在民间流传久远。其实，纵观两千余年的帝王史，可谓鲜血淋漓的争斗史；所谓正史，一定会有些许可想而知的虚伪与附会；所谓野史，也一定会有几分心心相印的正义和真实。

或许，我们只能说，是非成败转头空，浪花淘尽英雄。大约，这就是历史的深刻与玄机？

无论如何，似曾相识的遭遇，不甘平庸的志向，终于让两个乱世豪杰惺惺相惜，聚到了一起，从此各逞英勇，一展抱负，青史留名。

当然，良好的情谊有了，能不能在军中脱颖而出，还要看个人的能力和机遇。赵匡胤的能力没得说，机遇也很快就来临了。

五、高平之战，一战而名

机遇，来自一场危机，而危机的到来，起源于之前郭威亲手制造的一段冤仇。当年愤而起兵造反，郭威并没有马上称帝，为了安定人心，郭威提议让后汉宗室刘崇的儿子刘赟进京即位。不久郭威顺利称帝，建立大周，为了斩草除根，郭威派人将赴任的刘赟截杀。杀子之恨，不共戴天，刘崇遂以刘知远弟弟的身份在太原府称帝，史称北汉，与郭威的后周分庭抗礼。

刘崇

刘崇一即位，立刻派使者向契丹称臣求援。公元951年十月，契丹发兵五万和北汉联军南下，围攻晋州，后周守将顽强抵抗。年底，后周的援军逼近，契丹军先撤退，北汉军队撤退不及，遭到追击，损失惨重。这一战，使得北汉在很长一段时间内不敢南下。

得知郭威去世的消息，刘崇觉得机会来了，遂再与北方的契丹联合，向后周进军。

柴荣当时本不想过早与北汉和契丹直接抗衡，而是想先将南唐膏腴之地纳入版图，这样既能免除后顾之忧，又能给北伐大军提供充足粮秣。可是北汉一直视后周为仇国，郭威死了，后周国丧，刘崇岂肯错过良机？

公元954年二月，后周边关传来八百里加急军报：契丹派大将杨衮带领骑兵万余及步兵五六万人，号称十万，到达晋阳（今山西省太原市），北汉以张元徽为先锋，领兵三万，联合进逼泽、潞二州，后周泽潞节度使李筠以两千步骑抵御联军，在太平驿（今山西省襄垣县西北）被打败。联军除留少量部队围困潞州（今山西省长治市）外，大部队长驱南下泽州（今山西省晋城市），企图一举灭亡后周。

既然敌人来了，那就狠狠地打吧。不仅要打，柴荣还要御驾亲征。而对于周世宗柴荣的御驾亲征，更多的人表示了担忧并进行了劝阻。

周世宗柴荣之所以执意御驾亲征，除对后汉刘崇的满腔怒火之外，还在于准确预见到了当下时局的严峻性。

北汉控制区仅有十二个州，然而太原城池坚固，当地又兵源充足，多出精兵猛将，李存勖、石敬瑭、刘知远皆以此为根据地成就帝业。更何况刘崇又联络契丹，与后周势不两立，意在灭之而后快。

来者不善，善者不来，对于龙椅还未坐稳的柴荣而言，形势岌岌可危，万不可掉以轻心。

大战在即，这是一场你死我活的决斗，不成功便成仁，周世宗明白，已经没有了退路。

公元954年三月，柴荣下诏亲征河东。

对于此战，柴荣势在必得，他调集了全国精锐之兵，还没等大军集结完毕，柴荣就迫不及待地带着一万人马做了先锋官。

刘崇没有想到柴荣会御驾亲征，所以想要加快进度，不想在潞州纠缠过久，于是绕过潞州城，继续向南挺进，迅速来到泽州附近。泽州就是今天山西的晋城，再向南，就进入河南地界，那里是后周政权的中心所在地。

柴荣急于用一场胜利来建立威信，不断地催促大军加速前行，在泽州东北六七十里的高平县附近，双方军队遭遇了。

柴荣命李重进、白重赞为左翼，樊爱能、何徽为右翼，张永德率领御林军居中，而赵匡胤就在张永德帐下。北汉布阵完毕，刘崇看到后周不过万余人，心中大喜不已，当即让名将张元徽率左军攻击后周右翼。

战斗刚一打响，意外的情况就突然出现了，后周右翼主帅侍卫马军都指挥使樊爱能、步军都指挥使何徽心怀异志，竟然临阵脱逃，领着本部骑兵掉头就跑，其麾下的上千名步兵干脆就地倒戈，向北汉投降了。

刹那间，后周阵脚大乱，全军陷入危局。在这生死存亡的关头，周世宗没有丝毫犹豫，第一个跃马出阵，率五十余名亲兵卫士冲向敌阵。

此时的赵匡胤，正紧紧跟随在周世宗的身边，他一边拼死护卫周世宗，一边向其他将士大声喊喝："弟兄们！万岁爷都冲上去了，大家还等什么，都跟随我一起冲啊！"皇帝的神勇、赵匡胤的表率，让后周禁卫军们爆发出了空前强悍的战斗力，他们呐喊着向北汉军阵席卷而去。

赵匡胤头脑冷静，他向禁卫军统帅张永德建议，两人各自率领两千名精锐骑兵，分左、右两翼，居高临下，同时痛击敌军。张永德依计而行，布置妥当，赵匡胤高呼："国家兴亡，在此一举！"冲锋陷阵，所向披靡。他的部下也人人奋勇，以一当百，神射手马仁跃马引弓，箭无虚发，接连射死数十名敌兵；马全义也纵横驰骋，杀得北汉纷纷败退。赵匡胤从此与"二马"结下了深厚的战斗情谊，"二马"后来都成为赵匡胤的开国大将。

赵匡胤的凶猛攻势，本来就让北汉难以招架了，与此同时，李重进和白重赞的左翼也向北汉发动了猛攻。两军鏖战之际，忽然南风大起，黄沙飞扬，处在下风头的北汉军站都站不住，终于兵败如山倒，全线崩溃。柴荣站在高处，远远看见赵匡胤手持镔铁大棍驰骋冲杀，率军一路冲杀到河东城下，不料被汉军一箭射中左臂。赵匡胤血染战袍，依然带伤决战，杀得汉兵胆战心惊，枢密使王延嗣、主帅张元徽都死于乱军之中。

败局已定，除了逃跑还有第二个选择吗？刘崇只好套上普通士兵的服装，骑着契丹人送的千里良驹黄骝马，落荒而逃，回到太原清点人数，身边就只剩下十几个人了。

这一切，都发生在三月十九日一天之内，交战双方的命运就像过山车一样，摇摇摆摆，胜利女神终究还是青睐了周世宗，当然还有赵匡胤。

高平一战，北汉主力几乎被全歼。尤其愚蠢可笑的是，侥幸捡得一条性命的刘崇到家后，为了感谢黄骝马的救命之恩，马上为其建造了一个马舍，用金银装饰，享三品俸禄，并封为"自在将军"。

高平之战，是五代史上的著名战役，也是决定五代命运的关键性一战。如若契丹和北汉联军获胜，后周必然被颠覆，契丹扶植"儿皇帝"石敬瑭祸乱中原的历史就会再次重演，中原地区统一和太平的实现必定会遥遥无期。反之，后周夺取战役的胜利后，不仅北汉奄奄一息，从此龟缩自保，坐以待毙，强大的契丹辽国也一时对后周采取了守势，中原来自北方的威胁，由此大大减轻了。周世宗"致太平"的宏图大志，才有了最起码的客观条件，中原复归一统的进程就此开始。

战斗刚刚结束，周世宗大发雷霆，不仅将投降北汉的上千名步兵全部斩杀，又在一天之内处死了大将樊爱能、何徽以下七十多名中高级军官，由七十多名立功的将士填补空缺。赵匡胤因表现出色，立下

奇功，被破格提升为殿前都虞候、领严州刺史，一举成为后周禁军最耀眼的少壮派将星。从此，赵匡胤得以迅速崛起，成为柴荣日益倚重的大将，更为以后的发展奠定了根基。

这一年，赵匡胤刚刚二十八岁。

这是空前的机遇！此前担任这一职务的，都是李重进、张永德等位高权重的皇亲国戚。任命公布之后，一军皆惊！赵匡胤一夜之间所达到的位置，是绝大多数军人梦寐以求、毕生都无法达到的，但历史的事实就是如此。

命运之神之所以如此垂青赵匡胤，柴荣之所以如此青睐赵匡胤，是因为接下来他还有一系列的大动作。

六、"兵者，国之大事也！"

高平之战，周世宗柴荣因此名扬天下。经此大捷，柴荣雄心勃发，他想毕其功于一役，北向河东，活捉刘崇，一举解决掉北汉这个心腹之患。

于是，柴荣命天雄军节度符彦卿为北征军统帅，郭崇、向训、李重进、史彦超等人为副统帅，诏令河中节度使王彦超等人率军出阴地关，和符彦卿部合军，进军太原。

符彦卿一边向太原行进，一边派军攻取太原周边州县，但由于治军不力，导致进入北汉境内的周军多次发生剽掠百姓财物的事件，引发人民群众的不满，大都四散逃亡。柴荣得报，除了痛斥这些大兵油子的无耻行径，不得已急下诏抚慰河东百姓，免去北汉制定的苛捐杂税，当地民心才得以稍稍安定。

周军被皇帝狠批了一顿，老实了不少，接连拿下几个州县，从东、南、北三面将太原城围个水泄不通，刘崇成了"孤家寡人"，急向契丹求救。

这一年的五月，柴荣再次亲征，率大军北上，不日兵临太原城下，而此时契丹军已经来到忻州附近。柴荣决定围点打援，让符彦卿去收拾契丹人。可是，接下来，令柴荣想不到的一幕出现了。

一开始，周军先锋史彦超恃勇逞强，只率 20 个将士便冲进契丹阵中，危急之下，前来支援的潞州节度使李筠正好赶到，帮助这些好

汉杀退了契丹军，斩首二千余人。然后，感觉自己打了个大胜仗的史彦超，再度招呼了20个猛男去追杀契丹人。

契丹人再不济事，也不怕你这几个人，反过来将史彦超围住，一通乱砍，史将军呜呼毙命！契丹军又趁势回杀，周军乱了方寸，连死带伤好几千，最后李筠也逃掉了。

这哪里是在打仗，分明是在胡闹！

柴荣接到败报，气得直跺脚："史彦超有勇无谋，坏朕大事！"史彦超是周朝有名的猛将，他这一完，周军将士心中发毛，议论纷纷。柴荣不想再等，下令攻城。可是太原城实在太坚固，周军打了几天也没拿下来。两军胶着之际，偏偏天公也不作美，竟然下起了连旬大雨，周军大营里一下子又多出了许多病号，一时人心浮动。

无奈之下，大雨之中，周世宗柴荣只得回马收兵，太原之战就这样泡汤了。

撤退令一下，原本毫无斗志的周军，仿佛忽然来了精神，竟然边撤边抢百姓东西，军中一片乌烟瘴气。周军一撤，已经夺得的北汉州县复归北汉，北征大计只能再作计议。

再次亲征，柴荣算是真正领教了这些军人们的德行，也给他的心里带来了极大的触动，他原本不知道，后周的军队，竟是如此的庸劣无能。长此以往，大周何以自立于中原，何以一统天下？

将不用命、士不能战，五代之所以成为乱世，"兵骄将惰"是其原因之一。对此，王夫之有段精彩的评论：

朱友贞、李存勖、李从珂、石重贵、刘承祐之亡，皆非外寇之亡之也。骄帅挟不定之心，利人之亡，而因雠其不轨之志；其战不力，一败而溃，反戈内向，殪故主以迎仇雠，因以居功，擅兵拥土，尸位将相，立不拔之基以图度非分。

高平之战，赵匡胤一战成名，而对于北周政权，只能是险胜。无疑，赵匡胤在战斗中身先士卒、奋不顾身，从而振奋了士气，北周因此反败为胜，有惊无险。经此一战，周世宗柴荣看到了赵匡胤的大无畏的英勇，也看到了北周军队积习已久的弊端和由此引发的危机。

整军！眼下的军队必须来一番整肃，否则，外敌一旦入侵，谁也不能保证大周再度化险为夷，转危为安。

"兵者，国之大事也！"枪杆子里面出政权，兵荒马乱的时代，打造一支优良的军队尤为重要。这样的一支军队，必须英勇忠贞，召之即来，战之能胜。对于乱世里的大周政权，对于皇位未稳的周世宗柴荣，当务之急，就是整军！

可是，如何发起军制改革，从哪里入手，怎么改革，用什么人主持改革，怎样才能最大限度地减少阻力？

面对积重难返的一堆烂摊子，面对那些位高权重的皇亲国戚，真的要动手改革，柴荣还是举棋不定。殿前都指挥使张永德的一席话打消了他的顾虑："陛下要想一统四海，平定天下，如果不厉行军法，就算手下有大将千员、雄狮百万，又怎么能为您所用呢？"

张永德的话让柴荣感同身受，他手下的那些兵，经此几战，他也看出他们的本性了。这些人或者刚开打就跑路；或者毫无军纪，有勇无谋；或者阵前倒戈，认敌作父。

这是一个君臣义绝的时代，一个兵强马壮者当天子的时代，这样的军队，根本靠不住。五代之所以乱世绵延，根本原因之一是军队出了问题。

然后，张永德又开始大赞赵匡胤在战场上的智勇双全："假如我大周军人个个皆如此人，必能战无不胜，攻无不克，何愁他日霸业不成？"张永德的话句句说到了柴荣的心里，高兴地直连声说道："好！好！"

柴荣之所以兴奋成这样，不仅仅是因为张永德说中了他的心思，更重要的是，张永德能说出这番话，无疑是表明了自己的立场，而张永德的立场对柴荣的决定至关重要。因为，张永德非等闲之辈，他是郭威的女婿，柴荣的妹夫，后周禁军的掌权者，是正宗的皇亲国戚。

虽然，郭威力排众议把帝位传给了柴荣，可是除了赵匡胤，在朝

中他根本没有自己的心腹。虽然，郭威临终前特意让另一位禁军统领，侍卫马军都虞候李重进在百官面前向柴荣叩首，以示尊重，但谁都知道，李重进是郭威的亲侄子，血缘上比柴荣要近一层。柴荣最终得以即位，这些人的心里究竟在想些什么，也许只有天知道。风水轮流转，皇帝走马灯，类似场景柴荣见得太多了，说不准哪一天厄运会忽然降临到自己头上。

无论如何，柴荣虽然急于动手改革，却必须胆大心细，力求稳妥。在此之前，柴荣突然提拔了一大批青年将领，正是为即将开始的军制改革预设的铺垫。

张永德一针见血点评积弊，周世宗殚精竭虑励精图治，为了大周的未来，二人不谋而合，柴荣从此有了强大的后盾。我的军队我做主，他可以放手去做他想做的一切了。

当然，张永德不仅对柴荣十分重要，对赵匡胤也意义非凡。高平之战后，也正是在张永德的大力推荐下，赵匡胤的职位才得以迅速提升。

历史将继续证明，在未来的日子里，张永德将对赵匡胤的人生产生巨大影响。

七、赵匡胤的班底

后周政权掌握的军队，就是所谓的禁军。禁军其实就是侍卫亲军，其统帅机关为侍卫亲军司，以侍卫亲军马步军都、副指挥使、马步军都虞候、马军都指挥使和步军都指挥使为高级指挥员。侍卫亲军的总兵力在二十万上下，数量相当庞大，但其中的绝大多数都是从后汉、后晋和后唐继承过来的，充斥着大量职业的兵油子，不仅政治上很不稳定，动辄兵变，卖主求荣，而且战斗意志低下，非常容易失去控制。

但就是这样一支没有多少真正战斗力的军队，耗费的军费却高得惊人，用周世宗的话说，就是：“一百个农夫，还养不起一个士兵。何必空费民脂民膏，来养这些没用的东西！”为了强化朝廷直属军队，早在954年二月，周世宗就命令地方招募包括所谓“群盗”在内的山林亡命之徒，送到开封以充实禁军，称为“强人”。高平之战后，周世宗撤换了侍卫亲军大部分老朽的军官，提升少壮派军官，又裁撤老弱残兵，终于使得侍卫亲军的面貌有所改观，而接下来的太原之战中，侍卫亲军的马军和步军两个都指挥使依然不战而逃。

为了从根本上解决问题，周世宗下定决心，对禁军进行整顿，建立一支全新的禁军，在侍卫亲军之外，另行组建了一支新军——殿前军。设殿前司为统帅机关，先是以殿前都指挥使、殿前都虞候为正、副统帅，后来陆续增设，以殿前都点检、副都点检为统帅，下设殿前

都指挥使、副都指挥使和殿前都虞候。从此，后周禁军就有了侍卫亲军和殿前军两支部队。

殿前军以皇帝个人的禁卫军"殿前诸班直"为核心，辅以铁骑、控鹤等原本独立成军的禁军部队，地位在侍卫亲军之上，都点检位高权重，周世宗任命自己信得过的张永德充当。殿前军个个经过挑选，战斗力较强，但兵力毕竟有限，周世宗于是下令招募天下英雄、江湖豪杰，以充实殿前军，特别是殿前诸班直。这一举措，既加强了中央禁军的实力，又釜底抽薪，削弱了地方各藩镇的力量根基，是一项一石二鸟的英明决策。

公元954年十月十八日，开封城郊校场内，旌旗招展、刀枪耀目。侍卫亲军和殿前军系统在京的驻屯大军列阵森严，等待着后周君臣文武的检阅。校阅完毕，周世宗随之召开会议，与文武重臣集议军制改革，特别是殿前军的检验、选拔和扩编、训练等具体事宜。

几乎让所有人想不到的是，这一重大任务，周世宗指定由殿前都虞候赵匡胤全权负责。

如前所述，周世宗柴荣之所以再一次选择了赵匡胤，自有他自己的深谋远虑，而赵匡胤也因此再一次抓住了机遇。

赵匡胤武功高强，有勇有谋，之前多年浪迹江湖的传奇经历，更让他在江湖好汉中有着很强的号召力，在很短的时间里，赵匡胤就为殿前诸班直选拔到了一大批精兵猛将，并加以精心训练。殿前诸班直规模急剧扩大，全部由各地方来应募的豪杰组成，总兵力在万人以上，而且都是清一色的精锐铁骑。以殿前诸班直为骨干，加上兵力在三四万的铁骑和控鹤两军，殿前军迅速成为一支称雄天下的虎狼之师，不仅战斗力远远超过了侍卫亲军，更压倒了北汉、南唐等各地方政权的军队，与契丹铁骑抗衡也不落下风。殿前军悍勇善战，威名远播，周世宗南征北战，靠的就是这支最强悍、最有纪律性的王牌部队。宋太祖赵匡胤、宋太宗赵光义后来平定天下，统一各国，也主要依仗殿前军的力量。

赵匡胤作为殿前都虞候，具体负责殿前诸班直的招募、选拔、训练和成军，也当之无愧地成为这支部队最主要的实际指挥者，从而在殿前军中扎下了极为深厚的群众基础，奠定了赵匡胤的军中人脉和基干力量。如张琼、杨义、党进、李怀忠等一大批宋朝开国的战将，都是在这个时候归属于赵匡胤麾下的。不仅如此，殿前军中的多名中下级骨干军官，也都与殿前都虞候赵匡胤气味相投，互相支持，结拜为异姓兄弟，这就是著名的"义社十兄弟"。"十兄弟"当中，石守信、王审琦等后来都是陈桥驿兵变拥戴赵匡胤当皇帝的关键人物。

在高平之战前后，赵匡胤还有了一大收获，那就是与后周的皇亲国戚、殿前军的主帅张永德建立了密切的私人关系。他能够晋升殿前都虞候，除了周世宗的宠信，张永德的推荐也十分关键。张永德是周世宗在后周皇亲国戚之中最主要的支持者，因而得以执掌殿前军的帅印。

张永德的军事指挥能力很平常，很需要有军事上的干才辅佐，赵匡胤在高平之战中身先士卒的神勇和临危不乱的决断，都令张永德佩服得五体投地，所以张永德就放手重用赵匡胤。赵匡胤虽然一战成名，跃居殿前都虞候高位，又是周世宗的亲信，但他毕竟是"暴发户"，在后周禁军和政治高层上还没有什么根基。张永德贵为驸马爷，又是殿前军的顶头上司，对他的主动提携，赵匡胤当然是求之不得。于是，张、赵二人一拍即合，两人联手在殿前军当中组成了一个派系小圈子。

关于张永德和赵匡胤之间的亲密关系，宋人还流传着这样一种传说：张永德为人十分迷信，对道士的话言听计从，所以外号叫"张道人"。因为道士曾经对他说，他命中的贵人，是两位属猪的人，只要能遇到这两位贵人，他就能享有五十年的荣华富贵。赵匡胤、赵光义兄弟二人，都是属猪的，张永德于是大喜过望，"倾身事之"。大宋开国后，张永德果然受到了赵匡胤和赵光义的厚待和恩宠，以前朝驸马的身份，依然在新朝出将入相，一直活到了宋真宗咸平三年，享年七十三岁。从广顺元年郭威即位那年他二十四岁出任驸马都尉、殿前都虞候算起，前前后后果然是安享了荣华富贵五十年！适逢五代乱

世，在当时的政治人物当中，这是绝无仅有的。

从某种程度上讲，柴荣的殿前军，也就是赵匡胤的殿前军，就任殿前都虞候，具体主持编练殿前军，是赵匡胤开创帝业的起点。司马光因此在《资治通鉴》里说："太祖皇帝自此肇基皇业。"

无论如何，赵匡胤最后极其出色地完成了周世宗交给他的任务。

整军的效果很明显，赵匡胤为大周打造了一支精锐新军。对此，《旧五代史》有文字记载：

> 诸军士伍，无不精当，由是兵甲之盛，近代无比，且减冗食之费焉。

乱世之中，周世宗柴荣终于有了一支天下最为强大的军队，统一大业指日可待，柴荣很满意。

赵匡胤也很高兴，作为这次整军的直接负责人，所有的中下级军官都是他一手提拔的，这些人因此很感念赵匡胤。

不久的将来，这些被提拔的将军们，就是赵匡胤帝王大业的班底。

第三章　急流勇进

"兵强马壮者自为之，天子宁有种耶？"这是流行于当时的一句熟语。

面对大周如此不太确定的未来，何如把它安排妥当？无疑，在柴荣看来，赵匡胤才是最佳人选。

正是因为如此，柴荣才果断换掉了张永德，然后又秘密制造了一个神秘兮兮的"木牌事件"。

赵匡胤出任殿前都点检，由此掌握了殿前军的大权，迅速地把这支精锐的禁军王牌军变成了一支不折不扣的"赵家军"，成为他向皇位迈进的基干力量。

一、百年大计《平边策》

柴荣，被史家称为"五代第一明君"，堪称照耀黑暗时代的一颗璀璨明星。在位期间，其文治武功，诸多可圈可点，对后世影响深远。继成功的军制改革之后，公元955年，柴荣又广开言路，诚恳下诏向群臣征求治国之策，大臣王朴写下了著名的《平边策》，受到了周世宗的赏识。

王朴，字文伯，东平人。他从小聪明好学，善写文章，但直到四十几岁才中进士。初在后汉朝廷任校书郎，依附于枢密使杨邠。时朝政混乱，大臣不和，遂辞职回乡。他走后不久，后晋隐帝刘承祐诛杀功臣，杨邠、王章、史弘肇三家被灭，王朴因此逃过一劫。

后周建立以后，王朴重新出来做官，被任命为澶州节度使柴荣的掌书记，这个官职就是现在的秘书，和领导关系十分密切。柴荣调任开封尹，王朴也跟着进京，做了右拾遗、开封府推官，还是柴荣的亲信部下。柴荣做皇帝以后，又任王朴为比部郎中，这个官职并不高，但柴荣给他赐了紫袍，十分荣耀。

王朴一代大才，《平边策》可谓乱世妙文。此文不仅关系历史动向，也堪为千古鉴戒，下面摘要述之。

王朴生于五代乱世，目睹了朝代更迭，首先指出了其失地丧国的深刻原因：

王朴

臣闻唐失道而失吴、蜀，晋失道而失幽、并，观所以失之之由，知所以平之之术。当失之时，君暗政乱，兵骄民困，近者奸于内，远者叛于外，小不制而至于大，大不制而至于僭。天下离心，人不用命。吴、蜀乘其乱而窃其号，幽、并乘其间而据其地。

一个"君暗政乱，兵骄民困"的国家，其灭亡是注定了的，汲取他们亡国的教训，改过自新，事关国家生死存亡的大道。王朴因此又说："平之之术，在乎反唐、晋之失而已。"

得人心者得天下。如何治国理政？王朴提出了自己的见解：

必先进贤退不肖以清其时，用能去不能以审其材，恩信号令以结

68

其心，赏功罚罪以尽其力，恭俭节用以丰其财，时使薄敛以阜其民。俟其仓廪实，器用备，人可用而举之。彼方之民，知我政化大行，上下同心，力强财足，人安将和，有必取之势，则知彼情状者，愿为之间谍，知彼山川者，愿为之先导。彼民与此民之心同，是即与天意同。与天意同，则无不成之功矣。

王朴建议提拔重用贤能的人才，用恩信号令来团结人心，用赏功罚罪使人尽所能，另外提倡节约，发展经济，使国强民富，政通人和。如果搞好了内政，树立起形象，周边割据国家的民心就会被吸引过来，统一就成了民心所向，大势所趋。天时不如地利，地利不如人和，在此基础之上，王朴接着指出了具体的攻防战略：

凡攻取之道，从易者始。当今惟吴易图，东至海，南至江，可挠之地二千里。从少备处先挠之，备东则挠西，备西则挠东，彼必奔走以救其弊。奔走之间，可以知彼之虚实，众之强弱，攻虚击弱，则所向无前矣。攻虚击弱之法，不必大举，但以轻兵挠之。南人懦怯，知我师入其地，必大发以来应；数大发则民困而国竭，一不大发，则我可乘虚而取利。彼竭我利，则江北诸州，乃国家之所有也。既得江北，则用彼之民，扬我之兵，江之南亦不难平之也。如此则用力少而收功多。得吴则桂、广皆为内臣，岷、蜀可飞书而召之。若其不至，则四面并进，席卷而蜀平矣。吴、蜀平，幽州亦望风而至。惟并州为必死之寇，不可以恩信诱，必须以强兵攻之。然彼自高平之败，力已竭，气已丧，不足以为边患，可为后图。

方今兵力精练，器用具备，群下知法，诸将用命，一稔之后，可以平边。

王朴提出了"先易后难"的大战略，认为应该先攻南唐的江北地区，攻下江北之后，再依次征服南方的其他政权。南方平定之后，国家实力增强，再北伐进攻契丹的幽州地区。只有北汉政权是后周的死敌，不可能招降，只能用强兵进攻，但北汉实力不强，可以最后再

解决。在进攻南唐的方案上，王朴还提出了更具体的措施，南唐和后周的边境线长达二千里，可以派出少量部队骚扰其防守薄弱的地区，可以多处骚扰，反复骚扰。通过骚扰了解南唐的虚实，并逼迫南唐反复调动主力部队，浪费南唐的财力物力。一旦南唐疲于应付，后周就可以轻而易举地夺取江北诸州。

王朴认为，现在兵力精练，兵器具备，臣下懂法，诸将效命，今年丰收之后，就可以平定边境。志在天下的周世宗，欣然采纳了王朴《平边策》"先易后难"的主张，以此制定统一大计，付诸实践。

王朴笔下的这篇文章，不仅成就了后周，也成就了后来的北宋，柴荣和赵匡胤的征伐之路，都是利用了《平边策》提出的策略，并取得了一系列的胜利，可谓百年大计。

王朴本人，也因为这篇文章受到柴荣的空前器重，官职不断提升，最后做到了枢密使和检校太保，成了柴荣最重要的助手之一。柴荣每次出征，王朴都是留守开封的大臣。柴荣时代曾经大规模扩建开封城，这项具体工作就是王朴做的。

公元 959 年四月，王朴病逝。下葬之日，柴荣亲临祭奠，以王钺叩地，多次大哭，赏赐大量财物以助治丧，并召见王朴的几个儿子，授予其官职。其后追赠王朴为侍中，将其画像祀于宫中功臣阁。

三个月后，柴荣亦病逝于出征途中。

有人认为，王朴是一位天才人物，和三国时的诸葛亮几乎不相上下，而他的《平边策》也堪比诸葛亮的《隆中对》。只可惜王朴和柴荣都英年早逝，否则，赵匡胤能否坐上皇帝的位子只能是个未知数。

赵匡胤登基后，一日路过后周时代建立的功臣阁，狂风吹过，阁门半开，露出了王朴的画像。赵匡胤见状，急忙后退几步，整理衣服，恭恭敬敬地向王朴鞠躬施礼。身边人诧异地说："陛下贵为天子，王朴只是前朝一个臣子而已，用得着这样行礼吗？"赵匡胤用手指指自己的龙袍，说："如果这个人还活着，我哪能穿上这件袍子？"

二、南唐攻坚战

　　整军之后的第二年，周世宗柴荣看国内局势安定，国家经济实力大增，决然开启了他一统天下的第一步：征伐南唐。

　　淮南的地理位置非常重要，是长江一线的战略外围，不打掉淮南，进军江南就只能是空谈，柴荣早就看上了淮南这片千里沃土。之前，王朴提出了"先易后难，先南后北"的大战略，正和柴荣的想法一致。

　　淮河以南、长江以北的地区，因大唐设淮南节度使，多称之为淮南。又大致以濠州（今安徽省凤阳县）为界，以东称为淮东，以西称为淮西，合起来称为两淮。淮东的中心在寿州（今安徽省凤台县）和合肥（今安徽省合肥市），淮西的中心在扬州（今江苏省扬州市）。长江以南的南京，大致与扬州、合肥形成倒三角的态势。

　　自古以来，凡是建都南京的南方政权，都是要以江北的淮河流域为立国屏障，以扬州、合肥、寿州等地为战略据点，此所谓"守江必守淮"。淮南地区的得失，将直接关系到南北政权的命运。

　　周世宗志在天下，对淮南当然是志在必得。王朴的《平边策》，也是将首先夺取的目标选定淮南。偏偏当时的南唐，并不是任人宰割的软柿子。

　　南唐拥有三十五个州，地跨大江南北。这些地区多数本来就有良好的经济基础，而就在五代北方战乱不休的时候，南唐却难得地经历

71

了长达四五十年的太平环境，综合国力十分雄厚。

南唐当时在位的皇帝，是中主李璟。此人不但文采风流，是五代最为杰出的词人之一，而且和周世宗一样，李璟也胸怀天下，志在北伐中原，恢复当年大唐"天下一家"的盛世。

李璟

公元955年十月，后周大军在北起淮河、南迄长江、东至大海的辽阔战线上，向南唐发起了全面进攻。两强相遇，一场旷日持久的大战开始了。

后周挂帅南征的宰相李谷，据说与南唐的大臣韩熙载本来是同窗好友，在韩熙载投奔南唐的时候，李谷送行，韩熙载说："江淮若用我为宰相，当长驱以定中原。"李谷则说："中原若用我为宰相，取江淮如探囊取物！"事实上，南唐此时没用韩熙载为相，固然未能"长驱以定中原"，后周虽用李谷为宰相，但也未能做到"取江淮如探囊取物"。

公元956年，激战首先围绕着寿州展开。寿州北依淮河，东近泄水，南靠八公山，是一座山水相连的军事雄镇。中国古代战争史最为经典的战役之一"淝水之战"，就发生在这一地区。南唐守将清淮军节度使刘仁瞻是一员智勇兼备的名将，他坐镇寿州，防御严密，并伺机反击，把寿州城打造成了铁桶一般。后周数次猛攻，都无功而返。周世宗御驾亲征，虽然击败了前来增援的南唐援军一部，但对寿州城的刘仁瞻，仍然是一筹莫展。

为了早日拔掉这颗硬钉子，周世宗决定派兵绕过寿州城，直插到寿州后方的清流关（今安徽省滁州市西北），伺机夺取滁州（今安徽省滁州市），以截断寿州的后援通道，既彻底孤立寿州，又可以威胁南京。周世宗指定由护驾的殿前都虞候赵匡胤，统率本部五千精兵，前去完成这一任务。

无疑，这是一项非常艰巨的任务。

清流关，因附近的清流水而得名，一直都是江南与中原往来的必经之地，有"九省通衢"的美誉。由清流关向东南二十余里，就是滁州城，滁州再往南，就是江南的南京。所以，清流关又被形象地称之为"金陵锁钥"，在历史上始终是兵家的必争之地。

南唐建都南京，为了建立都城的屏障，就在清流关一带多年苦心经营，把关隘选在两座山峰之间，依山而建，堪称"一夫当关，万夫莫开"的雄关要隘。清流关不仅地势险要，南唐守关更兵力雄厚，至少在两万人上下，有赵匡胤的四五倍之多，守将皇甫晖也绝非等闲之辈。

如此雄关要隘，又有精兵猛将把守，正面强攻破关谈何容易！赵匡胤抵达清流关之后，经过几番试探，最后请到了当地的一位村民，他向赵匡胤指引了一条极其隐秘的小路，可以从清流关旁边清流关山的山涧之中，绕道到清流关的后面，置关隘于无用之地。

这正是曲径通幽处。赵匡胤立即依计而行，领兵悄然行进，疾速穿过了山间的小路，绕到了清流关的背后，并立即发起攻击。南唐守军腹背受敌，乱作一团，皇甫晖率败兵狂奔滁州，并破坏了清流河上的桥梁，怎奈赵匡胤紧追不舍，指挥骑兵从清流河上涉水而过。

皇甫晖没有喘息的机会，只好向身后的赵匡胤高喊："军人各为其主，你敢让我整顿好队伍，咱们再好好较量一番如何？背后偷袭算什么英雄！"

"兵者，诡道也。"皇甫晖竟然向对手要求给自己摆开阵势的机会，可谓完全昏了头。也许是想起了当年江湖侠客的做派，赵匡胤笑着答应要与他进行一场公平的决斗，命令部下在城外列阵。

皇甫晖倒也算一条好汉，没有食言，进城后略作休整，就率本部人马冲了出来，两军再度交锋。赵匡胤身为主将，却第一个抱着马头，冲入敌阵，并向南唐官兵断喝道："我今天只抓皇甫晖一人，其他人都不要找死。"皇甫晖措手不及，被赵匡胤挥剑砍下马来，当了俘虏。南唐官兵早已是惊弓之鸟，又被赵匡胤的神勇吓破了胆，纷纷作鸟兽散，赵匡胤唾手而得滁州城，清流关也顺利地攻下。

激战清流关，夺取滁州，歼灭了数万唐兵精锐，更截断了寿州后援的通道，寿州城就此成为一座苟延残喘的孤城。南唐的都城南京也为之大震，李璟被迫派遣使者以割让两淮六个州的条件向周世宗乞和，但周世宗志在两淮全境，当即予以拒绝。

这是赵匡胤第一次独立指挥大战，就取得了如此空前的大捷，尤其是敢于单挑敌将的神勇，使他更加威名大噪。

后来，赵匡胤的侄子宋真宗赵恒为了纪念清流关和滁州之战，专门命人在滁州修起了一座庙宇，将其大殿命名为"端命"。意思是说：赵匡胤的功业和帝业都从这里达到了一个新的高度。南宋诗人陆游也写了一首叫《送张野夫寺丞牧滁州》的诗，诗中歌颂赵匡胤清流关之战说：

> 皇天方忧九州裂，建隆真人仗黄钺。
>
> 阵云冷压清流关，贼垒咿嘤气如发。
>
> 逋诛猾虏入槛车，北风吹干草头血。
>
> 一龙上天三百年，旧事空闻遗老说。

"建隆真人"，指的就是赵匡胤，因为他的开国年号是建隆。一句"皇天方忧九州裂，建隆真人仗黄钺"，就把此战的意义，上升到了关系九州大同的高度，陆游不愧是大手笔。

公元956年四月，战争的重点东移到了扬州。扬州防守松懈，后周一次偷袭，就轻易得手。但是，扬州城与金陵仅一江之隔，南唐的反击十分频繁犀利，周军立足未稳，扬州城有得而复失的危险。

周世宗再度打出了赵匡胤这张王牌，命令他率精兵两千，出击六合（今江苏省南京市六合区），迎战由南京渡江前来反攻扬州的南唐部队。南唐此番是竭尽全力，出动了护卫南京城的两万余人马，但其主帅齐王、诸道兵马大元帅李景达，官衔虽高得吓人，却一直是养尊处优的王公贵族，监军的陈觉位至宰相，更是一个书呆子，他们哪里是赵匡胤的对手。一场激战下来，南唐战死五千余人，淹死上万人，其他的人也全部溃散，两万大军就这样全军覆灭了。六合一役，南唐的精锐主力基本上损失殆尽，南唐在两淮全线最终战败的命运也就此注定了。

公元956年十月，赵匡胤就凭借清流关和六合的战功，被晋升为同州（今陕西省大荔县）匡国军节度使兼殿前都指挥使。

赵匡胤拥有了节度使的头衔，不仅意味着他正式跻身大将的行列，地位和声望有了大幅度提升，而且开始有了一块基本上属于自己的地盘，也有权"开府"，可以名正言顺地把精兵强将招揽于自己的麾下，英雄豪杰也会前来投奔。更何况，赵匡胤本来就是禁军的殿前都虞候，此次老上级张永德晋升殿前都点检，他又接替了殿前都指挥使的要职，尽管还是禁军殿前军的第二把手，但官位提升了许多。

公元957年，寿州守将刘仁赡病重，不省人事，他的儿子和部下盗用他的名义，抬着他向后周投降。周世宗受降后，立即封刘仁赡为天平节度使兼中书令，这是位极人臣的高官，但此时的刘仁赡其实已经病死军中，这只是给予这员忠心事主的猛将哀荣而已。

寿州失守，南唐终于支持不下去了，经过一番讨价还价，第二年，南唐把约占国土三分之一以上的两淮十四个州、六十个县，拱手

割让给了后周，每年还要纳贡十万。南唐自动削去皇帝号，称江南"国主"，去年号，用后周的正朔。从此以后，南唐这个南方的头号强国，就降为后周藩属的一个小朝廷，苟延残喘。

菡萏香销翠叶残，西风愁起绿波间。
还与韶光共憔悴，不堪看。

细雨梦回鸡塞远，小楼吹彻玉笙寒。
多少泪珠何限恨，倚栏干。

"国家不幸诗家幸，赋到沧桑句便工。"南唐国主李璟是一个写词的高手，这是其中流传下来的一首，当写于兵败国颓之后，其愁思忧愤之情可见一斑。

南唐攻坚战，双方反复拉锯，前后持续了四个年头，仅周世宗本人的御驾亲征，就有三次之多。对比高平之战仅用一天就分出了胜负，可见其战争的惨烈。待战争在公元 958 年结束时，周世宗离去世已经只有一年的时间了。可以说，周世宗主要的心血都耗费在这了这场旷日持久的大战上。

三、初识赵普

　　柴荣三征南唐，在这场决定南北命运的大战中，赵匡胤和他的王牌军队，战绩卓著，立下了不世之功，而最大的受益者，也应该是赵匡胤。一方面，大战之后，赵匡胤再度加官进爵，位极人臣；另一方面，赵匡胤虽然是在为柴荣尽忠效力，其实也是在为自己打江山，正是在此基础之上，北宋立国后，一举荡平了江南。

　　征伐南唐期间，赵匡胤还结识了对他之后的人生道路至关重要的一个人：赵普。

　　赵普，字则平，祖籍幽州蓟县（今北京市）。后唐末，其父赵迥因不堪战乱，举族迁居常山（镇州郡名，今河北省正定县），后晋天福七年（942年），又迁至洛阳。赵普为人淳厚，沉默寡言，当地的豪门大户魏员外很欣赏他，将女儿许配给了赵普。

　　赵普的曾祖父，唐末任三河县令；祖父赵全宝，在唐末或五代初任澶州司马；父亲赵迥，五代时任相州（今河南省安阳市）司马，都是六品、七品官员，虽非世胄，但亦非小吏。唐末、五代虽然战乱不断，而科举不废，除个别年份外，仍然每年举行，但赵普祖先入官似均非由科举，祖父、父亲都是藩镇僚属。

　　赵普青少年时也曾读书，但无甚学识，科举之途无望，遂步先辈后尘投奔兖州，充当僚属。后周初年，郁郁不得志的赵普辞官前往京城。一天，赵普来到王勋的居处卜问运命，正好看到宰相范质的车马

由此经过，赵普因此感叹说："我如果能做到这一步，也就可以了啊。"王勋时为后周天官，以观天象究人事、占卜吉凶见长。看到赵普一派惆怅落魄模样，王勋说道："员外何足叹羡，他日富贵，当强似此人。"此后，赵普的仕途之路果然步步高升。

一开始，赵普被后周永兴军节度使刘词招聘为从事，与楚昭辅、王仁赡同为幕僚。刘词以勇悍闻名，曾随郭威平定李守贞叛乱。高平之战时，刘词的后军及时赶到，决定了最后的胜局。临终前，知人善任的刘词向朝廷推荐了他，被宰相范质安排到赵匡胤军前效力，任军事判官，成了赵匡胤的一名参谋。

参谋参谋，有事则参，无事不谋。对于有才能者，主人往往与他有商有量、倚为智囊；对于无能或还没表现出潜能者，那就只能做些备马扶鞍、打点家务的小事了。不过，是金子，总会发光的，有能力的人，做小事也能作出大出息来。

让赵匡胤对赵普刮目相看的，是下面这件小事。

赵匡胤攻下滁州之后，抓获了百余名盗贼，准备推出午门，就地正法。赵普怀疑这些抓获的盗贼中有无辜者，劝赵匡胤重新审讯一番，通过审讯，其中果然有许多无辜者。赵普此举，挽救了许多生命，参谋参到了关键处、点子上。这事说明他不仅有一定的观察能力，而且还有一定的分析能力，能对领导的工作做到查漏补缺、及时提醒，而这些特点，正是一个好参谋必备的素质。

赵普只是一个八品不到的小官，与赵匡胤当然是天地之差，但毕竟是避免了一场大冤案，赵匡胤当然十分高兴，就约见了这位芝麻官。

两人甫一会面，赵匡胤当即感到此人气宇轩昂，见识不凡，而且赵普与自己同宗同乡，不禁高看一眼。赵匡胤是禁军的名将，赵普自然也十分仰慕，两人一见如故，结下了非常好的交情。

巧合的是，赵匡胤的父亲赵弘殷领兵路过，却病倒在滁州。赵匡胤军务在身，自然无法照料，就委托赵普照看。

赵普善解人意，侍汤送药，极尽殷勤，使赵老太爷一家子都非常感动，赵老太爷还把赵普当成自己家里人看待。从此，他融入了赵氏家族，也以良好的印象进入了赵匡胤的视野。

　　不久，赵普就成了赵匡胤的掌书记，即机要秘书，进入了赵匡胤的核心决策层。

赵普

　　赵匡胤跟随周世宗，三十岁就当上了节度使，但他毕竟是武将出身。赵普比赵匡胤大五岁，有多年刀笔师爷的经历，精于权术，多谋善断，对官场之事有强于赵匡胤的地方。赵匡胤平时把他当大哥看，视为左右手，无论大事小情，都要咨询赵普的意见。赵匡胤的家人也不把赵普当外人，赵匡胤的母亲杜太后直到大宋开国之后，还多次对赵普说："我的儿子太年轻了，没经历过多少事情，还希望你一定要尽心竭力地辅佐他。"

　　赵普在关中一带节度使幕府中当小吏的时候，就专门搜集了唐太宗的遗骨，重新以礼安葬。赵普此举，虽出于他对唐太宗的崇拜，却也可以反映出他同样有重建太平盛世的愿望。赵普此前一直怀才不

遇，此次得到赵匡胤和赵家如此厚待，赵普当然也是感恩图报，对赵匡胤忠心耿耿，全力以赴地加以辅佐，以期共图大事。

自古帝王创业，固然是枪杆子里面出政权，但光有枪杆子还是不行，还要有舞文弄墨的笔杆子和出谋划策的军师，君臣际会，枪杆子和笔杆子相结合方能打天下，开创帝业。如刘邦得萧何、张良辅佐，刘备得诸葛亮，朱元璋得刘基，都是千古的佳话。反过来，项羽武力盖世，但仅有一范增而且不能用，落得霸王别姬的下场是必然的。赵匡胤有了赵普，自然如鱼得水，如虎添翼。

士为知己者死，英雄惺惺相惜。赵匡胤与赵普之间不平凡的情意，在《宋史》中有一段赞语：

自古创业之君，其居潜旧臣，定策佐命，树事建功，一代有一代之才，未尝乏也。求其始终一心，休戚同体，贵为国卿，亲若家相，若宋太祖之于赵普，可谓难矣。

古今多少事，浪花淘尽英雄。无论时势造英雄，还是英雄造时势，纵观二人相契相合的历史事迹，此语可谓一语破的。

四、出师未捷身先死

公元 959 年三月，南方的战事刚平息，周世宗柴荣又集结禁军主力，向契丹辽国发起了猛烈进攻，目标是夺回被"儿皇帝"石敬瑭割让的以幽州为中心的燕云十六州。赵匡胤征尘未洗，即刻护驾出征。

燕云十六州，指的是幽云地区的十六个州级行政单位，具体包括位于太行山西北的七个州：幽州、蓟州、瀛州、莫州、涿州、檀州、顺州；以及位于太行山东南的九个州：云州、儒州、妫州、武州、新州、蔚州、应州、寰州、朔州。其地理位置，大概包括今天的京津全部，河北、山西的北部。

幽云地区分布着长城，燕山、太行山，构成农耕文明和游牧文明的分水岭。自古以来，幽云地区都是中原王朝领土神圣不可分割的一部分，而且此处地处中原，如果不收回，失去了长城和山脉的防御功能，边界无险可守，北方的契丹随时可以长驱直入。

公元 936 年，石敬瑭反唐自立，为获取契丹的支持，石敬瑭把幽云地区割让给辽国。20 年后，柴荣准备收复燕云，彻底解决边患。

公元 959 年三月，柴荣命令各路大军向沧州集结，准备北伐。

而正当柴荣雄心勃勃地准备统一天下时，被柴荣深为倚重的后周第一重臣王朴突然病倒了，仅仅一夜，王朴去世。柴荣听闻噩耗，大惊失色，急急赶到王宅，前几天还在一起谈笑风生的王朴已经魂归西去。柴荣痛不欲生，放声痛哭："朕与尔，名称君臣，实则挚友，朕

为尔心，尔为朕臂，心臂如一，天下可致太平。尔奈何舍朕先行？独忍朕寥落于世间乎？"

王朴是柴荣的无价之宝，在后周的地位就像刘备的诸葛亮。一代奇才说没就没了，柴荣的心情又如何能平静下来？

天才陨落，好像为这次大征写好了注脚。悲愤忧思之中，三月十九日，柴荣毅然下诏出征北伐。

契丹辽国拥有铁骑二三十万，军力与南唐、北汉相比，自然是不可同日而语，一直是中原王朝最为强悍的劲敌。

不过，这时辽国镇守幽州的主将叫萧思温，此人通晓文史，颇有几分儒雅，在以骑马射箭为乐的契丹贵族当中，算是一个很难得的"书生"。但他也沾染上了书生的通病，纸上谈兵头头是道，却不擅长战场指挥，更缺乏打硬仗的经验，每遇到后周军队来攻，只会向后方请求增派援兵。

此次周世宗御驾亲征，他更是连连飞书报急，催促辽国皇帝也亲征迎敌，自己则固守在幽州城里，任由后周攻城略地。辽国用这样一个庸才出任南京留守，坐镇幽州，纯粹因为萧思温是辽太宗耶律德光的女婿，是辽国的皇亲国戚。他的女儿萧燕燕，就是契丹辽国历史上鼎鼎大名的萧太后。

当时辽国的皇帝辽穆宗，是耶律德光的长子，但和自己的父亲比起来，辽穆宗可差得太远了。耶律德光是辽国历史上有名的英主，有一统天下、实现天下大同的雄才大略，而辽穆宗却以酗酒嗜杀而著称，被公认为辽国历史上最昏庸的皇帝之一。因为他每天都要通宵达旦地饮酒作乐，大白天反而沉睡不起，人们都叫他"睡王"。

君是昏君，将是庸将，当然不是周世宗的对手。此时的周世宗，经过高平之战和征伐南唐的洗礼，已然是身经百战、百战百胜的战场老手。更何况，经过多年硬仗的锻炼，后周禁军，特别是殿前军，已然是一支不折不扣的铁军，完全有实力在野战中击败契丹铁骑，北伐因此进展得十分顺利。

二十九日，周世宗由开封出发，四月十六日驾临沧州，然后从沧州乘坐战船，由水路北上，直抵契丹边境。赵匡胤出任水路都部署，再度担当护驾重任。

北伐途中，首当其冲的就是宁州，宁州刺史看到大军围城，不做丝毫抵抗，宣布投降。四月十七日，大周兵不血刃，收复宁州。

四月二十日，柴荣命令赵匡胤和韩通分别率领水陆先锋大军北上。两天后，柴荣亲帅六军，从水路出发。楼船战舰，首尾数十里，规模相当宏大。一路顺风顺水，不久抵达益津关。二十六日，守将宣布投降。再度兵不血刃，大周收复益津关（今河北省霸县），并由此下船登陆。这天夜里，周世宗露宿在野外，身边仅有赵匡胤一支人马护卫，辽国骑兵频频在四周出没，但周世宗依然镇定自若。

二十八日，赵匡胤率兵攻打重镇瓦桥关（今河北省雄县），守将姚内斌是一员猛将，外号"姚大虫"，但他不愿为契丹卖命，赵匡胤兵马一到，他就投奔了赵匡胤，并从此成为赵匡胤手下的一员亲信大将。赵匡胤进驻瓦桥关后，发现城西北处有数千契丹骑兵活动，立即带百余名骑兵把他们驱逐出去。不久，大军包围莫州，守将投降。

随后，李重进大军赶到，兵临瀛州城下，瀛州守将投降。

从四月到五月，北征42天，大周顺利收复三州17县。周军所到之处，契丹望风披靡，可以说是兵不血刃。

北周王师数万，不亡一矢一卒。至此，关南平定。

五月初二，周世宗在瓦桥关大聚众将，提出乘胜要收复幽州。

诸将都表示反对，认为赶了42天的路，虽然一仗没打，但是收复三州，已经立下不世奇功，契丹大军在幽州集结，不适合硬碰。

柴荣很不高兴，坚决要求攻打幽州，下令李重进包围固安。

可是就在当天，柴荣忽然感觉身体严重不适，安排好镇守关南的军备之后，怅然退兵，下诏回京。

五月三十日，柴荣车驾抵达开封。六月十九日，一代英主溘然长逝，年仅39岁。

柴荣生有四子，当年汉隐帝诛杀大臣及其家属，前三子都被杀掉了。六月二十日，柴荣第四子、年仅7岁的梁王柴宗训即位。

五、柴荣托孤

"出师未捷身先死，长使英雄泪满襟。"关于柴荣的生病和死亡，历来众说纷纭。从各种野史的记载里，我们仿佛看到了柴荣冥冥之中的注定宿命。

有一种流行的说法是，柴荣的天命期限到了。

五年之前，准确地说，是在周世宗离世五年零六个月之前，刚刚即位，意欲大有所为的柴荣，让精于术数的王朴给自己算了一卦。

柴荣问："朕当得几年？"

王朴略一沉吟，答道："臣固陋，以所学推之，三十年外非臣所知也。"

柴荣道："如卿所言，朕当以十年开拓天下，十年养百姓，十年致太平，足矣。"

三十年的阳寿，雄心勃勃的柴荣很满意。实现自己心中的目标，三十年，足够了。

所有的问题在于，王朴算计里的三十年，不是柴荣预期的三十年。王朴的三十年，是个虚数，五六三十，准确地讲，是五年六个月，不是三十年。

当时，王朴已经准确预测到了柴荣还有五年零六个月的阳寿。但面对刚刚即位，年仅34岁，正值壮年的皇帝，王朴只能绕着弯说了三十年。

三十年，完全符合柴荣的皇位预期。或许，对于一个大有为的君主而言，三十年，足够了！

无论如何，壮志未酬的柴荣死了，收复燕云的功业没有最后完成，一统江山的大业没有完成。

出师未捷身先死，除了诸多不舍和无尽遗憾，在生命的最后20天，柴荣竭尽全力完成了托孤大事，这是他生命里最后的责任。他希望自己尚未成年的儿子能够在大臣的辅佐下健康成长，希望大周可以皇统永续。

柴宗训

柴荣是个好皇帝，也是个好父亲。如下，是他在生命的最后一刻，给7岁的儿子柴宗训安排的托孤班底。

其一，在地方上，拉拢符彦卿。

刚回到开封，柴荣突然下诏，立魏王符彦卿的二女儿为皇后。在此之前，郭威把符彦卿的大女儿许配给了柴荣。柴荣即位后，就册封

她为皇后，但是第二年符女就死了，两人感情很好，柴荣再也没有立过皇后。

再立符女之妹为皇后，柴荣的意图很明显，当然是拉拢符彦卿集团，为了给自己的儿子保驾护航。

魏王符彦卿，此时的职务是天雄军节度使。天雄军，前身是魏博，是著名的河朔三镇之一。

魏博是一个很有王气的地方。李存勖、李从厚、石敬瑭、石重贵、刘知远、郭威都在这里做过节度使。

这里出产皇帝，除了莫名其妙的王气外，更重要的区位因素是其独特的地理位置。

天雄军与契丹接壤，经常打仗，士兵的战斗力特别强，与内地那些不打仗的士兵相比，这里的兵员素质特别高。

五代是一个兵强马壮当天子的时代，这里的老大能够当皇帝，无疑是因为武力最强大。

五代历史上，符彦卿是个出名的猛将。后晋阳城之战，符彦卿打得契丹丢盔弃甲，契丹人得了恐符症，送给符彦卿一个外号：符王。

耶律德光被迫收兵北归，俘虏了皇帝石重贵，没有把符彦卿带来，耶律德光的母亲述律太后就说，怎么能把这个人留在中原？（"留此人中原，何失策之甚"）

因为符彦卿太厉害，所以柴荣再度立符彦卿的女儿为皇后。柴荣在临死时分，给了符彦卿极高的恩宠。现在，女儿是皇后，外孙是皇帝，自己是国丈，又是地方实力派、王爷、宰相、太师、太傅、太尉。

再往上，就只能当皇帝了。柴荣因此认为，符彦卿是再没有造反的理由了。

柴荣这个安排确实是巧妙，符彦卿拥有最厉害的地方势力集团，拉拢了符彦卿，地方没有谁再胆敢闹事儿了。

并且，人在地方的符彦卿也能对中央形成一种强大的震慑，中央的宰相班子如果要胡来，符彦卿会让他们好看。

其二，在中央，柴荣给儿子安排了文武两个班子。

文官方面，柴荣精心挑选，安排了四个宰相，但是实际上只有三个上任。上任的三位是范质、王溥、魏仁浦。

范质清正廉洁，乐善好施，但范质性子很急，他如果认为你做得不对，就会当面给你难堪，一点面子都不给。这样的一个人，一般是不会结党的，也就不会威胁到皇权，柴荣因此让他做了首席顾命大臣。

王溥与范质相反，为人吝啬，是个绝版的铁公鸡。但王溥相当有胆识，当年高平之战，就是只有他旗帜鲜明地支持皇帝御驾亲征。郭威当年提拔他做宰相，也给了一句评语：吾无忧矣。王溥还非常喜欢举荐人才。当年柴荣收复四州，王溥举荐了向拱为主帅，后来四州收复，在庆功会上，柴荣夸奖王溥知人善用。接下来，王溥这一优良品质将继续被发扬光大，并因此改变了赵匡胤的命运，历史的方向也因此改变。

魏仁浦从小家贫，外出闯荡时曾经发誓，如果不能富贵，就再也不回家了。魏仁浦后来从刀笔小吏一直做到宰相，并不是只靠志气，他还有一项超强的能力：记忆力。他能记住国家每个州郡的兵员数量和将校的名字，有了这么个人，地方上谁想吃空额，基本是不可能的。对于魏仁浦，郭威也有一个评语：天下事不足忧也。魏仁浦干得最大的一件事儿，就是支持郭威造反。在汉隐帝要除掉郭威的时候，正是魏仁浦提出矫诏，因此郭威造反得了天下。

柴荣在临死的时候，还对范质说："王著番邸故人，朕若不起，当相之。"范质等人一起商量，说道："王著终日游醉乡，怎么能当宰相？"

王著是柴荣的铁杆老乡，当然忠心耿耿，柴荣虽有心为之，却终因整日醉醺醺没能得到大家的认可，进入中央领导核心。

武将方面，除了在地方拉拢符彦卿，在中央，主要是平衡禁军。

首先，柴荣免除了张永德殿前都点检的职务，由赵匡胤顶替，李重进留任侍卫亲军马步军都指挥使，韩通为副都指挥使。中央禁军集

团，也分裂成三个阵营：赵匡胤集团、李重进集团和韩通集团。其中赵匡胤集团势力最强大，韩通集团势力最弱小。

其次，基于对制衡的考虑，柴荣让韩通掌握了调兵权。这个最大的权力，柴荣没有给殿前司的最高长官赵匡胤，也没有给侍卫司的最高长官李重进。

手握重兵的人没有调兵权，有调兵权的人手中无一兵一卒使唤。柴荣因此认为，这个制度设计很完美。

然而，接下来的历史将再一次证明，如此煞费苦心的设计，不过是柴荣不得已而为之的一厢情愿。

因为，柴荣不在了，没有谁知道这样的一种平衡能够持续多久。再完美的制度设计也会有致命漏洞，只需一个突发事件，足以打乱所有的秩序预设。

而随后的一切，只能重新布局。

六、天降大任

柴荣 15 岁从军，24 岁拜将，33 岁称帝，精明强干，励精图治。其在位短短数年，即政绩斐然，深得人心，因此被史家称为"五代第一明君"。

柴荣凡事率先垂范，事必躬亲。除了南征北战，开疆扩土，在位时，周世宗柴荣还采取了一系列的改革措施：清吏治、选人才、均田赋、整禁军、限佛教、奖农耕、治水利、定刑律、修历法、考雅乐、正科举、兴文教……在位不到六年，凡有作为，每项都是超越前人、启迪后世的非凡之举。只可惜天不假年，否则，大周的历史一定会被重写。

对于柴荣的英年早逝，史家一片叹息，薛居正的《梁唐晋汉周书》有文字记载：

江北燕南取之若草芥，神武雄略，及一代之英主也。……降年不永，美志不就，悲夫！

神武雄略，放眼中国历史数千年，大约没有几个人可以受之无愧。相比之下，柴荣的名气在历史上仿佛隐没不现，但柴荣在短短五年时间内所展现出来的雄才大略和魅力，丝毫不比任何人差。

大宋朝臣子司马光，也对柴荣厚加褒赞，并拿后唐庄宗李存勖和

柴荣做比较：

> 庄宗以弱晋胜强梁，既得之，曾不数年，外内离叛，置身无所。诚由知用兵之术，不知为天下之道故也。世宗以信令御群臣，以正义责诸国。江南未服，则亲犯矢石，期于必克，既服，则爱之如子，推诚尽言，为之远虑。其宏规大度，岂得与庄宗同日语哉！《书》曰："无偏无党，王道荡荡。"又曰："大邦畏其力，小邦怀其德。"世宗近之矣！

有人甚至认为，柴荣病死的那一天，应该是中国历史一个重大转折点。因为，如果柴荣不死，以他的能力、魄力和魅力，十余年间足以统一中国大部，十六州也可以收回来。在此基础之上，周世宗柴荣建立起来的大周帝国，也一定不比历史上任何一个统一王朝差。如此，则正好应验了柴荣当年的夙愿："十年开拓天下，十年养百姓，十年致太平。"而宋神宗赵顼就曾经说："世宗诚创业造功英主也。""若天假之年，功业可比汉高祖。"

如此，则中国历史将是另外一个样子，王夫之因此叹道：

> 世宗自将以伐契丹，其志乃大白于天下。而中国之威，因以大振，其有疾而竟不克者天也，其略则实足以天下而绍汉、唐者也。天假之年，中原其底定乎！

柴荣虽然未能如愿夺回幽州，但夺回了以三关为中心的关南地区，意义也非同小可。关南地区，北依白沟河。从白沟河向南，则是一片河泽纵横、湖泊众多的水网地带，都是防御契丹骑兵冲击的天然屏障。在失去了以幽州为中心的燕云十六州以后，这几乎是中原王朝能够在河北平原防御契丹的唯一屏障。如若这一地区控制在契丹手中，那么，中原王朝更是毫无天险依托，门户洞开。周世宗夺回三关，中原王朝的军事形势得以大大的改善，局面就完全不同了。

宋朝开国以后，就以白沟河为屏障，以雄州、霸州和高阳关（今河北省高阳县）为中心，构建了防御契丹的第一道防线，始终屯驻有重兵，由关南都部署统一当地的军事指挥。契丹曾经多次猛攻，都不能得手。契丹攻不下关南，就不敢轻易南下中原，即便南下中原，也会成为风险很大的军事冒险，往往进退两难，后来"澶渊之盟"时的情况就是如此。由此可见，这条防线对宋朝国防的巩固具有非常重要的战略意义，堪称生死攸关。宋朝享受着周世宗北伐的成果，才能争取到一个与契丹辽国对峙的局面。

在当时中原如此纷繁复杂的形势下，北宋仅用了 20 年便完成统一。这固然离不开赵匡胤的英明决断，但更重要的是他接手的后周政权国力强大，统一之势已不可阻挡。如果不是英年早逝，柴荣不仅有可能更早地实现国家统一，而且极有可能收回燕云十六州。可惜，历史没有给他这样的机会。

以兵变方式开创大宋的赵匡胤，只不过延续了柴荣的统一进程，延续了后周经济和文化的发展。宋朝对待商业的态度、优遇文人的政策，均与这位商人出身、勤勉务实的君主有着直接关系。柴荣处理宗教问题的策略、发展商业和城市等方面的作为，不仅深深影响了宋朝，而且开启了中国走向商业文明和市民文化的先声。

柴荣虽然未能实现为君 30 年、扫平天下的愿望，但他在位 5 年半的文治武功，已经决定了他必将成为结束中唐以来二百多年割据动荡的决定性人物。

神武雄略的一代英主周世宗柴荣做好了扫平天下、开创盛世的一切准备，却英年早逝、功败垂成。赵匡胤延续了柴荣制定的策略一统天下，结束了兵祸连年、饥馑遍地的乱世，迎来了文化灿烂的赵宋之世。

自古以来，没有谁可以随随便便成功，周世宗柴荣如此，赵匡胤也是如此。应该说，正是有幸站在了柴荣的肩膀上，赵匡胤才得以在近百年的乱世之后，一统天下，成就帝业，开创了一个繁荣太平的大宋。而且，也正是在跟随郭威，尤其是在跟随柴荣的奋斗历程里，赵

匡胤增长了见识，开阔了胸怀，磨炼了才干和意志。

那一段历史，选择了赵匡胤，也因此成就了赵匡胤。

水到渠成，瓜熟蒂落，这是历史的玄机，是赵匡胤的人生机遇，也应该是赵匡胤义不容辞的历史使命。

三代之王有其时而能为之，汉文有其时而不为，周世宗则无其时而为之者也。

这是来自明代开国君主朱元璋的评论。天行健，君子以自强不息；乘势而为，方显英雄本色。此际的赵匡胤，早已不再是一个乱世枭雄，而是一个有胸怀、肯担当、敢作为的历史风云人物。

或许，我们只能说，早逝的柴荣是不幸的，虽然他已经作出了如此卓越的贡献；而同一个时代的赵匡胤则一定是幸运的，因为，他已然站在了历史的肩膀之上。

而且，就在周世宗临终之前，一件令人匪夷所思的蹊跷事出现了，赵匡胤的幸运因此再度降临。

七、"点检做天子"

据说，北伐期间，柴荣批阅公文的时候，在一个皮囊中偶然发现了一块木牌，上面写道"点检做天子"五个大字。相关记载，《旧五代史》和《宋史》中都可以查到。

"点检"，指的是后周禁军殿前军的主帅殿前都点检，当时担任这一职务的将领是张永德；"做天子"，当然就是当皇帝了。

这是指张永德有当皇帝的天命，还是指他有夺取皇位的野心？无论如何，在"天无二日，地无二主"的君主专制时代，这都是最犯君主忌讳的事情。

不期而至的木牌，匪夷所思的文字，此中玄机，当作何解读？

无论如何，公元959年六月，病入膏肓的周世宗赶回开封后，匆匆立年仅七岁的儿子柴宗训为皇位的继承人之后，就以明升暗降的办法，让张永德担任同平章事，但外放为澶州节度使，解除了他殿前都点检的禁军职务和兵权。赵匡胤则由殿前都指挥使升任殿前都点检。

一块木牌，就令张永德下台，赵匡胤上台，对赵匡胤来说，真可谓福从天降。这一年，赵匡胤三十三岁。

当然，还有一个需要解决的问题是：这一块木牌，究竟是从何而来？

它肯定不会从天而降，必定有人从中做了手脚。

那么，这个人究竟是谁？

嫌疑人之一：李重进。

李重进是后周太祖郭威的亲外甥，和张永德一样，都是后周的皇亲国戚，时任侍卫亲军都指挥使，是侍卫亲军的主帅，在禁军中的地位还在张永德之上。而且，李重进是张永德的死对头，当年征伐南唐，张永德一再向周世宗诬告李重进要谋反，发动兵变。各握重兵的张、李两人，还差点儿上演了一出火拼的好戏。更何况，李重进任侍卫亲军都指挥使，是侍卫亲军的统帅，张永德任殿前都点检，是殿前军的统帅，殿前军和侍卫亲军作为后周禁军并列的两大山头，彼此之间的派系争斗一直十分激烈。

木牌事件，难道是李重进不忘旧怨，想寻机报复张永德？

很明显，李重进应该有作案动机，但他似乎没有作案时间。

据史籍记载，李重进五月初一来到周世宗北伐大营，初六那天就统兵前去攻打北汉，前后不到五天，时间十分仓促。而且，他是和众将们一起来到大营的，似乎也不容易找到下手的时机。

嫌疑人之二：赵匡胤。

赵匡胤有充足的作案时间。从周世宗出师北伐到班师回朝，赵匡胤自始至终都护卫在周世宗的身边，尤其是四月底一段时间，周世宗身边的大将只有赵匡胤一人，他若要动手脚，无疑是十分方便的。从这个角度上讲，赵匡胤的嫌疑也是最大的。

但是，他有作案的动机吗？

赵匡胤时任殿前都指挥使，是殿前军的二把手，张永德是其老上级，一直对他照顾有加，悉心栽培提拔，两人在殿前军一直密切合作，从未有不愉快的事情。赵匡胤为何突然要翻脸不认人，如此陷害张永德呢？难道赵匡胤见利忘义，觊觎殿前都点检的位置？

这种可能性当然不能排除。可是，赵匡胤即使是有心要扳倒张永德，怎么敢奢望殿前都点检的位子，就一定会落到他的手里？而且赵匡胤登基后，张永德依然荣华富贵，直至宋真宗时才得以寿终，宋太祖、太宗兄弟二人与他的融洽关系，也完全不像是装出来的样子。

嫌疑人之三：殿前都点检张永德。

按史书的记载，周世宗是在北伐途中突发重病的，但在这之前，他的身体状况肯定是已经出问题了，只不过没有对一般臣子言说而已。或许，正是因为知道自己身体不佳，周世宗才急于攻打幽州，希望在自己的有生之年能够解决这个最棘手的难题。对张永德、赵匡胤这样的心腹大将来说，周世宗的身体不好，应该是个公开的秘密，彼此心照不宣罢了。

张永德是郭威的女婿，后周的驸马爷，论血缘不比周世宗差太远，也完全有资格继承后周的皇位，得知周世宗的身体状况后，他产生更进一步的想法也属正常。据宋人徐度《却扫编》一书的记载，周世宗在回师开封的途中，也确实产生了干脆传位于张永德的考虑，只是斟酌再三，周世宗认为张永德能力有限，最终打消了这个念头。既然不打算传位，就只能是解除张永德的兵权。张永德最后搬起石头砸了自己的脚。

当然，木牌事件的主谋如果是张永德，直接动手脚的，还可能是赵匡胤。

因为赵匡胤毕竟是从殿前都点检的位子上当皇帝的，宋人也都把这块"点检做天子"的木牌，当作赵匡胤得"天命"的凭据来大加宣传。所以，目前主流的意见还是认为木牌事件是赵匡胤一手制造的，通过一块木牌，既扳倒了他的老上级张永德，又为自己从点检发动兵变准备了舆论，是一着一箭双雕的高棋。

还有一种可能，根本就没有这个木牌，柴荣自己设了一个局。

"兵强马壮者自为之，天子宁有种耶？"这是流行于当时的一句熟语。五代以来，胜者为王，强者为帝，早已成为一种常态，半生戎马的柴荣对此当了然在心。自己行将离世，年幼的儿子肯定担不起当下的军国大任，后周的危局即将来临。虽然，柴荣殚精竭虑组建了一个看似完美的托孤集团，但乱世之中，人心向背，谁又能说得清楚？

面对大周如此不太确定的未来，何如把它安排妥当？如果自己身后依然迎来一个乱世，何如把它交给一个能够力挽狂澜者？

无疑，在柴荣看来，赵匡胤才是最佳人选。

应该说，英明的周世宗已经预见到了自己身后的变局。正是因为如此，柴荣才果断换掉了张永德，然后又秘密制造了一个神秘兮兮的"木牌事件"。

赵匡胤出任殿前都点检，由此掌握了殿前军的大权，迅速地把这支精锐的禁军王牌军变成了一支不折不扣的"赵家军"，成为他向皇位迈进的基干力量。

周世宗不仅撤换了张永德，而且从平衡禁军力量的角度出发，又安排解除了侍卫亲军都指挥使李重进的禁军兵权。七月，李重进也被外放为淮南节度使，前往镇守扬州，虽然他还挂着侍卫亲军都指挥使的头衔，但这已经只是一个安慰性的空衔，他麾下仅仅不过几千老弱残兵。

如此一来，后周禁军位高权重、威信卓著的两大巨头李重进和张永德，几乎同时离开了禁军的指挥位置。赵匡胤一跃成为禁军最有实权和最有号召力的人物，可谓是一步登天，终于具有问鼎皇位的实力。可以说，只要李重进或张永德其中的任何一人留在禁军指挥的要害位置，赵匡胤无论如何也不可能成功地发动兵变，黄袍加身。

不管这块木牌是怎么来的，木牌事件最终的得利者毫无疑义是赵匡胤，这才是最重要的。无论有着怎样的猜测和推断，木牌事件对于赵匡胤都有着重大意义：

其一，赵匡胤因此得到了统率禁军的最高职位；

其二，"点检做天子"事件的出现，为即将到来的陈桥驿兵变作了舆论上的宣传。

无论如何，后来的历史已经证明，柴荣的选择是对的，这应该是他对那一段历史的又一不朽贡献。

第四章　黄袍加身

苗训向赵匡胤禀道："昨观天象，见日下复有一日。下日金光四射，上日暗淡无光。两日并出，上下摩荡，主取代之意。"

正月初四，清晨。积雪点点之上，一轮朝阳正冉冉升起。赵普、赵光义首先推门进去，其他将士也一拥而上，喊叫着："立赵点检为天子！"罗彦瑰抢上一步，突然把一件黄袍披在了赵匡胤的身上。

随着罗彦瑰这有力的一披，众将官一起跪地参拜，门外的数万将士也振臂高呼："万岁！万岁！"真正是惊天动地。

一、占尽先机

一个 7 岁的小皇帝柴宗训，一个 20 岁的符姑娘，三个垂垂老矣的宰相，这就是当下后周的朝廷格局。当然，他们的身旁，还有一个年富力强、异军突起的禁军老大赵匡胤。

柴宗训就是周恭帝，正值天真无邪的年纪，符姑娘就是符太后，对于政治可谓懵懂无知。朝堂之上，孤儿寡母，形单影只，国事无论大小，只能仰仗那些宰相和大将。

新旧交替，政局未稳，后周国运堪忧。虽然，周世宗柴荣尽力为小皇帝安排了一个看似完美的托孤集团，可是，这个集团的平衡性真的是太差，随时都可能被打破。几乎所有人都已经看到，这时的赵匡胤，已经成了整个大周最有力量的人。

天子，兵强马壮者为之，这是五代乱世屡屡发生的事实。面对赵匡胤的强大与可怕，还是有些人意识到了危机的来临。

柴荣还活着的时候，右拾遗杨徽之就看出了赵匡胤身上的杀机和王气。他与柴荣说，赵匡胤有人望，不宜典禁兵。但是很遗憾，柴荣没有相信他。柴荣死后，殿中侍御史郑起曾向宰相范质说过同样的话，范质也没有听。第三个发现此类相关问题的，是韩通的儿子韩微。韩微经常建议韩通早点除掉正在一步步坐大的赵匡胤，结果韩通每次都没有听进去。

无论如何，对于赵匡胤集团的一枝独大，整个大周王朝一时人心

浮动，谣言四起。一些忠于后周的官吏，还是敏锐地意识到了问题的严重性，他们指出赵匡胤不应再掌禁军。但最终的结果，周恭帝只是改任赵匡胤为归德军节度使、检校太尉，赵匡胤依然手握重兵。

相对于后周最高层对于时局的漠视和不作为，赵匡胤集团却加紧了活动。一个很明显的事实是，在周世宗去世后的半年里，禁军高级将领的安排，发生了对赵匡胤绝对有利的变动。

先来看殿前司系统。

除赵匡胤继续留任都点检外，原来一直空缺的殿前副都点检一职，由慕容延钊出任，慕容延钊是赵匡胤的少年好友，关系非同一般。原来空缺的殿前都虞候一职，则由王审琦担任，此人也是赵匡胤的"布衣故交"，与当时已经担任殿前都指挥使的石守信一样，都是赵匡胤势力圈子中的最核心人物。这样，整个殿前司系统的所有高级将领的职务，均由赵匡胤的人担任了。

再看侍卫司系统。

按照赵匡胤的安排，侍卫司排名第三位的韩令坤是赵匡胤的发小；掌管马军的高怀德曾常年在殿前司的铁骑军任职，与赵匡胤的关系非同一般；掌管步军的张令铎与赵匡胤、韩令坤关系密切。

而就在公元959年七月，侍卫司的最高长官李重进调任淮南节度使，对于侍卫司，已不能有效掌控。京城中实际上只剩下副都指挥使韩通，虽然不是赵匡胤的人，但势孤力单，几乎被架空。

禁军两司的最高长官，李重进在扬州，除韩通外，都是赵匡胤的人。禁军两司已然变成了名副其实的赵家司，赵匡胤几乎拥有了不受限制的权力。只要他愿意，大可以有一番作为。

可是，要想有一番更大的作为，在搞定了禁军之后，赵匡胤还必须搞掂一个棘手的问题：藩镇。

藩镇割据，豪雄并起，曾经强大威仪无比的大唐盛世即湮灭于此。从此，拥有雄厚武装力量的藩主们，次第为王为帝，五代的后梁、后唐以及当时大江南北并立的其他政权，莫不脱胎于藩镇。后周以来，随着朝廷禁军的日益强大，藩镇力量大为削弱，诸地大藩想只靠自己的力量称王称帝已不大可能，但他们却能有效阻止其他人做皇帝。

大周第一雄藩，无疑是天雄军节度使、魏王符彦卿。

对于赵匡胤，符彦卿现在有两重身份。其一，他是自己弟弟的岳父，在此之前，符家的又一位姑娘已经许配给了赵光义。其二，符彦卿同时也是大周皇帝柴宗训的姥爷。

如此境况之下，赵匡胤能对他寄多大厚望？如果他倒向周室，对自己将是毁灭一击。

为了多几分胜算，赵匡胤首先将驻扎河北邢州的安国军节度使王仁镐调走，改派李继勋出任。李继勋是赵匡胤当年"义社十兄弟"之一，自己的老大哥亲自坐镇，当然后顾无忧。至少，在发生非常之事时，可以使符彦卿有所牵制和顾忌。

赵匡胤的另一个部署，是将镇守澶州的驸马都尉张永德调往许州。虽然，之前的张永德对自己一直赏识有加，二人关系密切，但与符彦卿一样，张永德与周宗室也有姻亲关系。为确保万无一失，赵匡胤只好将他从开封北大门调离到南方的次要防线许州。如此安排，一方面张永德可以继续作为东京的外援，防范东南地区，尤其是他的老对头李重进发难；另一方面，又使他不会对开封构成过大的威胁。

当然，赵匡胤的对手也不是傻子。就在他暗于藩镇间调兵遣将时，朝廷也在不断加强自己的力量。针对这一形势，这年冬天，赵匡胤通过朝廷，命韩令坤率领所部，到镇州、定州等北方边境巡视，名为防范契丹，实为钳制驻扎于此的亲周力量，以防生变；同时，将侍卫亲军大量北调，韩通在京城中的势力因此有所削弱。

赵匡胤意图如此明显，但大多数人却没有觉察。因为柴荣当年北伐时，韩令坤曾驻守雄州，如果巡视北境真的是为防范契丹，那么两司大将也没有人比他更合适了。

韩令坤除了是侍卫司的高级长官，还是赵匡胤的发小，是赵匡胤集团在侍卫司的最高代表。他领兵北上时，不知道赵匡胤有没有与他面授机宜。不过，即便不沟通，他与赵匡胤也是心照不宣的。

在中国古代，得中原者得天下，但五代是个例外。

历史已经证明，在五代，得河北者得天下。

现在，河北就在韩令坤的控制下，而韩令坤是自己人。

仅仅六个月，周世宗柴荣临终前辛辛苦苦布下的棋局，就被赵匡胤搅和得面目全非。大局已定，赵匡胤占尽了先机。

二、突然到来的军情

欧阳修在他的《新五代史》里，留给小皇帝柴宗训的文字只有短短的几十字：

恭皇帝，世宗第四子宗训也。及北取三关，遇疾还京师，始封宗训梁王，时年七岁。显德六年六月甲午，皇帝即位于枢前。七年春正月甲辰，逊于位。宋兴。

七岁即位，半年后退位，对于一个只坐了六个月龙椅的小皇帝，实在没有什么可以写的。

当然，周恭帝柴宗训也并非啥也没干。其一，安排了老皇帝柴荣的葬礼；其二，走马灯似的处理了上上下下人事的升迁调动。当然，所有的一切，都一定是在那些老臣和猛将的授意下进行的。

当然，对于一个七岁的孩子而言，忙碌是他们的，一切的风吹草动仿佛都与他无关，虽然大周还是他的。

半年过去，一阵纷扰和不安之后，新年到了。

公元960年，正月初一，繁华的开封城洋溢着节日的喜庆。大雪纷飞之中，后周君臣互致佳节的问候。

瑞雪兆丰年。几乎令所有人都想不到的是，随着大雪和新年一块到来的，还有一份不期而至的敌情。美酒飘香、舞姿婆娑的宫廷盛宴

上，突然接到从河北传来大辽和北汉联合入侵的战报。

一切来得如此突然，喜气洋洋的节日气氛忽然凝住了，朝堂上下慌作一团。

契丹是蛮夷之国，自然不需要过新年，况且大辽和北汉一直是后周的死敌，他们也许还没有忘记，就在半年之前，周世宗柴荣的大军打得他们连连丢城失地，不战而降。现在大周举国迎新，正可以乘虚而入，打对方个措手不及。

后周建都于黄河以南的开封，河北是开封城最重要的战略屏障。河北的得失，关系到开封城的生死存亡，对大辽和北汉联军威胁河北的举动，绝对不能置之不理。

善者不来，来者不善。一阵慌乱之后，大臣们平静了下来，遂决定出动开封城的十余万禁军精锐主力，北上迎敌。

接下来的问题是，大敌当前，该派谁挂帅出征？

按照五代的传统，凡是禁军大部出动，事关国运存亡的大战役，通常都要由皇帝本人御驾亲征，各级武将，都在皇帝的直接指挥之下冲锋陷阵。这样做的目的，皇帝不仅可以因此建立君威，更重要的一点还在于，皇帝可以就近控制部队，防范发生兵变和叛乱。

时逢乱世，兵权易主，进而改朝换代的好戏可谓层出不穷。前事不忘，后事之师，周世宗在世的时候，每有大的战事，都坚持御驾亲征，故君威赫赫，三军用命，所向无敌。

眼下的问题在于，能征善战的周世宗已经去世了，现在的小皇帝柴宗训肯定不行。朝堂之上，几位宰相级的执政大臣都是文人出身，从来没有临阵指挥作战的经历，当然也无法率军出征。如此一来，总揽兵权、关系战事成败的北征主帅，就只能从禁军大将中选任。

这颗帅印的分量如此之重，大战未起，后周的国运就此注定。

如下，是这次北征主帅的几位候选人。

第一位人选：李重进。

李重进时任淮南节度使、检校太傅，并兼侍中、侍卫亲军都指挥使。他是后周首任殿前都指挥使，又长期担任侍卫亲军都指挥使这一禁军的最高级军职，是后周最资深、地位最高的禁军统帅。高平之战的时候，他已经是独当一面的大将，征讨南唐，北伐幽州，李重进都是出任前敌总指挥，是战功最为突出、指挥能力最强的名将。

论资历和能力，此次挂帅北征，李重进应该是最佳人选。况且，他又是后周太祖郭威的亲外甥，是后周的皇亲国戚。而李重进之所以最后落选，问题恰恰就出在这里。功高震主，无论什么时候都不是好事情。周世宗柴荣即位以来，对他始终是用而不信，顾虑重重，故而去世前，不仅解除了张永德的兵权，同时安排把李重进也移出了京城，虽然挂着侍卫亲军都指挥使的头衔，但兵权已然被削夺。连周世宗这样的一代英主都不敢放手重用李重进，小皇帝柴宗训和辅政的文官大臣们，当然就更不敢用他，遑论让他挂帅统领大军！

第二位人选：张永德。

张永德时任许州节度使、开国公、检校太尉、同平章事。张永德是后周的驸马爷，辅佐周世宗创业的左膀右臂，殿前军的主要指挥者之一，曾长期担任殿前军的主帅殿前都点检，跟随周世宗南征北战，凭他在军中的资历、威信，挂帅没有任何问题。但自从"木牌事件"之后，他被周世宗解除了禁军兵权，外放澶州担任节度使。李重进好歹还挂着侍卫亲军都指挥使的空头衔，张永德连禁军的空头衔都没得挂，此时的他，或许早已经心灰意冷，甚至离心离德了，后周朝廷因此不能用他。

第三位人选：韩通。

韩通早年跟随郭威创业，是后周的开国元勋之一，一直深得郭威和柴荣的信任。周世宗临终前，解除了李重进和张永德的兵权，韩通则以侍卫亲军副都指挥使的身份实际统领侍卫亲军，并挂"同平章事"宰相衔，地位在殿前都点检赵匡胤之上。柴荣托孤时还专门下令：禁军军政，多由韩通负责。但韩通在最为军人所看重的战场决胜方面的军功一般，军中的威信和号召力因此大打折扣，是否有统率大军的能力，也会令人怀疑。而且韩通性格暴戾，人送外号"韩瞪眼"，是一介纯粹的军头脾气的武夫，刚愎自用，军中的人缘不太

好，与那些科举出身的文官们更没有搞好关系。

第四位人选：赵匡胤。

赵匡胤是后周禁军的后起之秀，出身周世宗最亲信的幕府旧僚，是周世宗一手提拔的火箭式晋升的亲信将领，一直都被认为是为人忠厚，对朝廷赤胆忠心。但他出任殿前都点检才只有短短的半年时间，相比于李重进、张永德，甚至是韩通，赵匡胤在军中的资历要低很多，一个明显的表现，就是李重进、张永德、韩通三人，都以节度使挂了侍中、同平章事等宰相衔，是最为荣耀的"出将入相"，赵匡胤却没有。另外，赵匡胤屡立战功，但他大多数情况下，都是在周世宗亲自指挥下作战，或是护驾，或是担任先锋，独当一面时只指挥过数千人，并没有真正独立统领大军的经历。

除了上述四人，节度使符彦卿、向拱也都是当时名将，战场上屡立勋绩，论能力和威信，都足以担当挂帅重任。但二人都长期在地方担任节度使，没有禁军的军职，未必能驾驭得了禁军的骄兵悍将，后周朝廷因此没有起用他们。

大敌当前，必须尽快确定最佳人选。就在正月初一这一天，大周朝廷作出了最终决断：殿前都点检赵匡胤挂帅出征，全权调派、统领殿前军和侍卫亲军，侍卫亲军副都指挥使韩通留守开封。

大任在肩，赵匡胤的机遇再度降临。

历史的幸运再度降临。

三、谁能一锤定音？

赵匡胤被委以重任挂帅出征，看似情理之外，实在情理之中。后周禁军虽然将星灿烂，但赵匡胤得以胜出绝非偶然。

事关大周生死存亡，如此重大任命，正常情况下，最后必须由皇帝决断。可是小皇帝柴宗训实在太小，不可能提出任何意见，真正的决策者只能是那些辅政的大臣。他们之中，有发言权的三位宰相是：范质、王溥和魏仁浦。韩通虽然挂着宰相衔，但选帅之事涉及他自己，他也不便说什么。至于赵匡胤，连宰相衔都没挂，根本没有资格参与决策。

三个宰相之中，首先提出赵匡胤挂帅出征的是王溥。

王溥是第二宰相，地位要低于第一宰相范质，但当年后周征伐后蜀，夺回秦、凤、阶、成四州的主帅向拱，就是由王溥向周世宗推荐的。大军旗开得胜之后，周世宗曾经当着文武众臣的面，举杯赞扬王溥说："这次前线大捷，全是你选帅有方的功劳。"正是由于有了这样一个成功的先例，王溥博得了一个善于选将的名声，他提名赵匡胤，分量无疑是很重的。

而王溥之所以力推赵匡胤，除了赵匡胤知人善任的政治才能，还在于两人异乎寻常的私密关系。赵匡胤升任殿前都点检的时候，王溥就私下里把一所大宅院，无偿地赠送给了赵匡胤。这一事实，苏辙在《龙川别志》中有所记载：

周显德中，以太祖在殿前点检，功业日隆，而谦下愈甚，老将大校多归心者，虽宰相王溥亦阴效诚款。今淮南都园，则溥所献也。

应该说，正在迅速崛起的赵匡胤是被很多人看好的，当时身为宰相的王溥能有如此作为，除了慧眼识才，更大的意义上是在向赵匡胤示好表忠心。

王溥

稍后的事实证明，聪明的王溥没有看走眼。

第一宰相范质忠心为国，清正廉洁，个人威望也最高，是五代极其难得的贤相。他在当时的官位最高，拥有拍板的权力。但范质是一个纯粹的书生，治理民政是他的拿手好戏，但在军事方面则是一个完全的外行。在选将的问题上，他尊重王溥的意见十分正常。另外，范质虽然不喜欢结党营私，但私下里对赵匡胤身边的赵普颇为赏识，双方有了这样一层的关系，范质起码不会反对赵匡胤。

范质和王溥之所以投赞成票，更多的因素是出于对赵匡胤的赏识和认可，他们认定赵匡胤才堪大用，完全能够胜任挂帅出征，而第三宰相魏仁浦之所以力挺赵匡胤，应该是因为他们之间有着更加非同一般的关系。

赵匡胤刚刚出任殿前都点检的时候，就由母亲杜氏出面，把赵匡胤的三女儿许给了魏仁浦的儿子为妻，当时这两个孩子，都还只是七八岁的样子。一个是禁军统领，一个是朝廷宰相，双方这门娃娃亲的情意和分量，是显而易见的。相信在正月初一的御前会议上，魏仁浦的这一票，一定是投给了赵匡胤，而且这一票应该是非常关键。因为，三位宰相当中，魏仁浦以通晓军务闻名，郭威从邺都起兵，靠的就是魏仁浦给他出的主意，后来魏仁浦又成了柴荣的智囊人物。

稍后的事实将继续证明，魏仁浦当年是给赵匡胤出过大力的。因为，后周三相在赵匡胤称帝后真正备受恩宠的，就是魏仁浦，两人也果然成了儿女亲家。《诗经》有言："投我以桃，报之以李。"来而不往非礼也，魏仁浦也果然没有看走眼，曾经的付出因此得到了回报。

不应该被忽视的还有一个人物，那就是皇太后符氏。

符氏看似和赵匡胤没有多少关系，实则不然。赵光义的夫人和皇太后既然是亲姐妹俩，赵光义当然也就成了皇亲国戚。朝堂之上，对于该让谁挂帅的重大议题上，皇太后符氏无疑会有所倚重，毕竟赵匡胤是自己妹夫的亲哥哥。甚至可以说，赵匡胤和皇太后以及皇室之间这种特殊的亲密关系，应当是足以一锤定音的关键因素。

大敌当前，除了赵匡胤，似乎没有更合适的人选，于是大家一致

表决通过。当然，手握调兵大权的韩通也同意了。

朝会结束后，大家都回家继续过年，赵匡胤回到军营里安排出征事宜。突然到来的军情，让赵匡胤再度掌握了主动，占尽了先机。

天时不如地利，地利不如人和。

千年之前，生逢战国乱世的孟子提出了克敌制胜的法宝。要想赢得一场战争，天时、地利、人和，缺一不可；要想赢得天下，三者同样不可或缺。

千年之后，又一个乱世再度来临。一路打拼，崭露头角，意欲大有作为赵匡胤准备好了吗？

天时、地利、人和，当年从夹马营走出来的"香孩儿"，离成功只还差最后的一步。

四、箭在弦上

继上次"点检做天子"的木牌事件之后，殿前都点检赵匡胤挂帅北征的任命一经确定，开封城内立即又出现了"将以出军之日，立赵点检当天子"一类的传言。不知道是谁走漏了风声，也不知道散布者是谁，反正大家都在传，一时人心浮动，许多有钱人家，担心兵变劫掠之灾，赶紧收拾东西，扶老携幼到乡下避难去了。

整个京城，颇为安静的是那一处皇宫大院，高墙重檐，宫苑深深。在新年的喜庆中，这里越发有几丝诡异的气氛。住在这里的帝王将相和达官贵人们，仿佛丝毫不关心外面沸沸扬扬的传闻，全开封老百姓都知道了，皇宫大内却一片平静安详。倒是有几个不太放心的书呆子，跑到了宰相范质那里，竭力陈述时局的危机。他们认为，赵匡胤有可能图谋不轨，不宜让他再统率大军，但都被范质给轰了出来，于是大家集体保持沉默。

大周官方之所以如此充耳不闻，大约有如下两种解释。

其一，用人不疑，疑人不用。危急时刻，赵匡胤舍小家为大家，不应该再对他说三道四。现在，他们只想好好过年，大周有赵匡胤在，他们很放心。

其二，将在外，君命有所不受。即使怀疑赵匡胤怀有异心，派谁带领大军前去打仗？所有人都明白，禁军之中，早已经没有第二个人可以替代赵匡胤。如果可以替代，只能让小皇帝御驾亲征了。

　　面对已经炒得很热的传闻，赵匡胤倒有些坐不住了，一向镇定自若的大周禁军统领，此时仿佛没有了主意。

　　巨大的压力之下，他回家征求母亲杜氏的意见："外面到处都是我要兵变当皇帝的谣言，我该如何是好？"

　　母亲杜氏还未说话，正在厨房里做饭的妹妹，拎着擀面杖从厨房里冲了出来，追着赵匡胤就打，边追边喊："男子汉大丈夫，大事临头，应当自己来决断，回家来追问女人们干什么呢？"

　　顿时，赵匡胤仿佛恍然大悟，没有再多说什么，当即骑马离家，赶回殿前都点检公署去了。

　　大军出发之前，赵匡胤要再次分兵派将。

　　殿前司的副都点检慕容延钊，大赵匡胤十四岁，是赵匡胤在殿前军的左膀右臂，赵匡胤一直都称他为"大哥"，此次担任了至关重要的北面行营第二把手——马步军都虞候一职，并兼任开路先锋官、前军主将。

　　正月初二，就在大军出发之前，慕容延钊率兵日夜兼程赶往河北重镇镇州。他此行的真实目的，当然是为赵匡胤控制住至关重要的河北地区。慕容延钊此行的另一项秘密使命，就是与之前驻扎于此的韩令坤联络，一起掌控河北，防范和迎击契丹的进攻，也监视河北其他节度使的动向。

　　殿前司的散员都指挥使王彦昇、散指挥都虞候罗彦瑰、内殿直都虞候马仁、殿前指挥使都虞候李汉超、控鹤军都指挥使韩重赟等人，则各率所部，归赵匡胤直接指挥，组成了北征军的中坚力量。

　　王彦昇外号"王剑儿"，擅长剑术，武功高强，以残忍好杀闻名军中，是殿前司最有名的猛将；马仁是百发百中的神射手；李汉超也是骁勇善战的大将，他们三人都是赵匡胤一手提拔的心腹爱将。韩重赟则是赵匡胤"义社十兄弟"的成员，是赵匡胤的把兄弟。罗彦瑰，郭威在的时候曾经被踢出禁军，是赵匡胤重新起用了他，他从此对赵匡胤感恩戴德，唯命是从，在陈桥驿兵变当中表现得最为积极。这五员虎将，他们所统率的就是如狼似虎的殿前诸班直，是赵匡胤最基干的力量和本钱。

引人注意的是，赵匡胤并没有带出所有的殿前军主力，而是令殿前都指挥使石守信、殿前都虞候王审琦各率本部人马，留守开封，驻扎在殿前军的大本营——殿前都点检公署。与此同时，赵匡胤下令抽调侍卫亲军马军都指挥使高怀德担任马军都指挥使，侍卫亲军步军都指挥使张令铎担任步军都指挥使，侍卫亲军的两大精锐主力部队龙捷（骑兵部队）和虎捷（步兵部队）全部出动，编入了北征的战斗序列。

无论赵匡胤是有心还是无心，这都将是一个十分高明的安排。

侍卫亲军的主力部队都随赵匡胤出征，归赵匡胤指挥，如同釜底抽薪，把侍卫亲军的主帅韩通变成了一个彻头彻尾的光杆司令。即使他想闹事，没有大军的支持，什么也干不成。

侍卫亲军随行的官兵，高怀德与赵匡胤关系非同一般，陈桥驿兵变后他就娶了赵匡胤的妹妹；张令铎则是军中出了名的老好人，不会反对赵匡胤。

侍卫亲军的两支主力部队虎捷和龙捷，虎捷的最高指挥官是赵彦徽，此人是赵匡胤母亲杜氏的河北安喜老乡，又都姓赵，一直同赵匡胤以兄弟相称，赵匡胤叫他"大哥"。此人早就是赵匡胤在侍卫亲军中的眼线，关键时刻当然会拥戴赵匡胤。

至于龙捷一军，赵匡胤更是有十足控制的把握。赵匡胤的父亲赵弘殷，在龙捷军中创纪录地干了近三十年，周世宗时晋升为龙捷左厢都指挥使，亲朋故旧遍于军中。赵匡胤在这支部队中当然是一呼百应的。

殿前军留守开封的石守信和王审琦两人，都是赵匡胤"义社十兄弟"中最核心的成员，都是赵匡胤的拜把兄弟，韩通虽然有"在京巡检"的头衔，但他们绝对不会听从韩通的指挥，韩通事实上就是孤家寡人一个。

最重要的是，殿前都点检公署就在皇宫大内的左掖门边上，赵匡胤把石、王两员心腹大将和殿前军的精锐放在这里，既可以保护殿前

军的大本营，保护殿前军将士家属的安全，又可以用武力控制住皇宫，只待赵匡胤一声令下，二人起而响应，皇宫内外的联系就会被切断，皇宫中的皇帝、皇太后和宰相等都会成为俘虏。这是一着里应外合、一石数鸟的好棋，奠定了陈桥驿兵变成功的基础。

随军出行的，还有赵匡胤的弟弟赵光义、宋州节度使掌书记赵普、都押衙李处耘，以及赵匡胤的亲信潘美、楚昭辅等。

一切安排妥当，赵匡胤拜别了皇帝和皇太后，还专程前往三位宰相和韩通的府上辞行。

韩通的儿子韩微自幼就有驼背的毛病，人送外号"韩驼子"。韩微人虽然长得驼，但却很有智谋和胆识，他见形势危急，就暗中纠集了一批死士，准备趁赵匡胤上门辞行的机会，给赵匡胤上演一出"鸿门宴"，在自己家中刺杀赵匡胤。

韩微的想法很有血性，也很有魄力，可是，韩微还是把问题想得过于简单了，赵匡胤武功高强，身边护卫成群，是那么容易杀掉的吗？况且，所有的传说，都只能是猜测，没有真凭实据，贸然在自己家中杀死当朝大将，除非韩通自己要谋反。

这是陈桥驿兵变之前一个鲜为人知的历史细节，韩微的计划如若顺利实施，历史的进程一定会因此改变。可惜的是，韩通坚决制止了韩微，韩通父子的命运就此注定，后周政权的命运也就此注定。

正月初三，赵匡胤指挥大军，秩序井然地出城。当天下午，大军到达了陈桥驿。

五、兵变陈桥驿

陈桥，唐朝的时候叫"板桥"，设在当地的驿站名叫"上元驿"，也写作"上源驿"，是北上渡过黄河进入河北的必经之地，开封城里去河北方向旅行的人，往往要在这里同送行的亲人分别。唐代大诗人白居易就有《板桥路》诗：

> 梁苑城西二十里，一渠春水柳千条。
> 若为此路今重过，十五年前旧板桥。
> 曾共玉颜桥上别，不知消息到今朝。

在诗人的笔下，陈桥驿是一个杏花缤纷，杨柳依依的好地方。可是，如此一个诗情画意的去处，历史上却是一个血腥是非之地。公元884年，这里发生了历史上著名的"上元驿事件"，朱温突然袭击李克用，从此开启了五代乱世的序幕。

时隔66年后，赵匡胤又来到了这里，意欲何为？

或者，这是行军中再正常不过的一次修整；或者，赵匡胤之所以选择驻军于此，其中大有深意。

首先，陈桥驿处在开封城外40里，不远不近，按照当时部队正常的行军速度，从开封城要抵达陈桥驿，或者从陈桥驿回师开封城，至多只需要一个白天的时间，大军一旦有事，开封城根本来不及

作出反应。

赵匡胤把大军驻扎在这里，向前进还是向后退，完全掌握了战机的主动，只要他愿意，大可以先发制人。而接下来的历史事实是，突发而至的兵变就发生在当天夜间。

其次，陈桥驿一带，还有大量现成的营房。当年耶律德光进入开封城的时候，就一度把十余万后晋的禁军，都屯驻在陈桥驿一带。有营房供给士兵们驻扎休息，赵匡胤掌控起部队来自然也就容易许多。

大军驻扎于陈桥驿，其实是一个颇具匠心的军事布局。慕容延钊和韩令坤控制河北，石守信和王审琦留守开封，赵匡胤在陈桥驿居中操控，三处大军，互相配合，互相响应，共同织成了一张无懈可击的攻防大网。

冬雪漫漫，红日西坠，赵匡胤命令将士就地扎营休息。夕照残雪之中，陈桥驿别具一种苍茫壮丽的美，一场惊心动魄的兵变开始了。

拉开事变序幕的是苗训。

苗训偶遇赵匡胤之后不久，也来到了后周军中，此番随军北征，官拜殿前司散员右第一直散指挥使，算是一个不太起眼的小军官，但他是军中很有名的"半仙"式的人物，很得官兵们的崇拜。就在这天的早上，部队刚刚出城，苗训就对官兵们说："今天的天上，将会出现两个太阳。"

一路上，大家将信将疑，议论纷纷。部队行进不久，将士们突然看到了一幕壮观的景象：满天朝霞的天空，在太阳的下方，竟然升起了另外一个光芒更加灿烂耀眼的新太阳！

其实，根据现代天文学知识的解释，两个太阳同时出现于天空中，叫作"幻日"，也叫"假日"，是一种极为罕见的大气光学现象，没有什么可神秘的。问题在于当时将士们不可能懂得这些现代天文学道理，两个太阳真的同时出现，一下震撼了全军上下。苗训趁势又指着天上的两个太阳，十分神秘地对赵匡胤的亲随楚昭辅说："这就是天命啊！"

所谓"天无二日"，如今两个太阳高挂天空，新太阳的光芒压过了旧太阳，星象大师苗训因此认定，后周小皇帝的气数已尽，即将被新皇帝取而代之。夜幕降临之后，苗训向赵匡胤禀道："昨观天象，见日下复有一日。下日金光四射，上日暗淡无光。两日并出，上下摩荡，主取代之意。"

面对苗训的提醒和点拨，赵匡胤的反应如何？可惜的是，史无记载。从后来苗训的飞黄腾达和荣华富贵来看，当时的赵匡胤应该是牢牢记住了苗训的话。

无论如何，苗训的断语很快就传遍了全军。未来的新天子是谁？苗训没有点破，将士们却也早已心知肚明。而此时的赵匡胤和大家畅饮一番之后，很快就进入了梦乡，仿佛没事人一般。

陈桥驿

夜色苍茫之中，赵匡胤高枕无忧，将士们静待其变，比较忙碌的是下面几个人物。

最先活跃起来的，是殿前司殿前诸班直的几个将领，这几员虎将，对苗训白天的预言深信不疑，夜幕降临后，他们再也按捺不住，四下散布说："当今皇帝不过是个小孩子，今我辈出死力，为国家破

贼，谁则知之，何如改立赵点检当皇帝。"

在他们的鼓动下，手下的士兵顿时群起响应，大声叫喊着："立赵点检为天子！"

其中，非常活跃的还有李处耘，他时任宋州节度使都押衙，很有军事才能，也很得赵匡胤赏识。面对群情激奋，李处耘又找到了赵光义，赵光义见火候已到，当即在众将的簇拥下，找到了宋州节度使掌书记赵普。

赵普仿佛早已成竹在胸，果断指挥众将，传令三军进入最高战备状态，并立即全面封锁陈桥驿，任何人不得走漏一点儿风声。与此同时，赵普派出赵匡胤私人卫队的头目郭延赟，骑快马秘密赶回开封城殿前都点检公署，让留守的石守信和王审琦做好接应的准备。

注定，这是一个不眠之夜，陈桥驿因此被永远载入史册。真正的主角赵匡胤，却仍然在军营中呼呼大睡，对于外面发生的一切，仿佛一概不知。

正月初四，清晨。

积雪点点之上，一轮朝阳正冉冉升起。一夜无眠的数万将士，整齐地在赵匡胤的门外列阵，口号声震天动地。

赵匡胤终于醒了。

赵普、赵光义首先推门进去，其他将士也一拥而上，喊叫着："立赵点检为天子！"罗彦瑰抢上一步，突然把一件黄袍披在了赵匡胤的身上。

赵匡胤大吃一惊！

随着罗彦瑰这有力的一披，众将官一起跪地参拜，门外的数万将士也振臂高呼："万岁！万岁！"真正是惊天动地。

事发突然，让人有点猝不及防，然而赵匡胤忽然什么都明白了。明白过来的赵匡胤再三推辞，可是，谁都明白，就算赵匡胤再把黄袍脱掉，那也是谋反，他已经别无选择。

或许，他还没有忘记，郭威就是这样当上了大周的天子。此情此景，与当年何其相似！

赵匡胤还要推辞，将士不由分说簇拥着他上了马，赵光义和赵普分立两边。赵匡胤不太情愿地坐在马上，高声说道："你们这些人，贪图富贵，现在立我做了天子，但你们必须听我的号令，不然你们就另请高明。"官兵们齐声高喊："吾等愿听命。"

赵匡胤于是当众和官兵们约法三章。

其一，少帝和太后，曾经是我的领导，绝对不容许惊动冒犯。

其二，公卿大臣，都曾经是我的同事，一定要保证他们的安全，任何人不得加以欺凌。

其三，大军回师开封城，必须秋毫无犯，不得杀人放火，不得抢掠官府和民众私财。

最后，赵匡胤厉声宣布："以上三条，遵令者，必有重赏；违令者，一律灭门九族，绝不饶恕!"

将士们纷纷跪拜，表示听命，然后高呼万岁，声震四野。

誓师已毕，赵匡胤统率大军，浩浩荡荡地向开封城进发。大军所过之处，果然是纪律严明，秋毫无犯，城中百姓纷纷奔走相告，前来欢迎。

这一段惊心动魄的历史镜像，《宋史》《宋史纪事本末》和《续资治通鉴长编》的记叙几乎完全一致，如下，是《宋史纪事本末》里的文字：

> 甲辰黎明，将士逼匡胤寝所，匡义、普入帐中白之。匡胤时被酒卧，欠身徐起，将校已露刃列庭，曰："诸将无主，愿册太尉为皇帝。"匡胤未及对，黄袍已加身矣。众即罗拜呼万岁，披之上马，还汴。匡胤揽辔曰："汝等贪富贵立我，能从我命则可；不然，我不能为若主矣。"皆下马曰："愿受命!"匡胤曰："太后、主上，我北面事者，不得惊犯；公卿，皆我比肩，不得侵陵；朝市府库，不得侵掠。用命，有重赏；违，不汝贳也。"皆曰："诺。"遂肃队而行。

　　石破天惊，风生水起的历史大事件，只被简略为寥寥数语，无疑，其中省却了许多的历史细节，也因此湮没了本来的历史真相。真相究竟如何，只有每个现场亲历者自己知道。

　　无论如何，木已成舟，仿佛一场历史的约定如期而至；赵匡胤兵不血刃，由此开创了一个昌盛繁荣的大宋朝。

六、木已成舟

无论是有意还是无意，事已至此，赵匡胤已经别无选择。为了万无一失，大军回程的同时，赵匡胤派出了两名特使飞马回京。

一位是贴身随从楚昭辅，赵匡胤命他赶往城中的殿前都点检公署，再度督促留守开封的石守信、王审琦做好一切准备，尤其要对皇宫内外严加防范。

楚昭辅，宋州宋城人，年轻时在永兴军节度使刘词帐下任职。公元955年七月，刘词死后，楚昭辅前往京师开封，途中找人占卦，卜者对他说："此去你将遇到贵人，见到仪表非凡且下颌丰满的即可拜为主子，小心追随侍奉他，定会通达显贵。"等到楚昭辅见到赵匡胤，见其相貌果然像卜者所说的那样，于是归附赵匡胤麾下，渐渐以才干著称，甚得赵匡胤的信任。

除了去殿前都点检公署，按照赵匡胤的安排，楚昭辅还来到赵府，详细告诉赵匡胤母亲杜氏兵变情况，杜氏因此安心下来。

另一位特使是潘美，赵匡胤命他专门前往皇宫中的政事堂，告知三位宰相和韩通，对他们晓以大义，意在让他们放弃无意义的抵抗。

潘美，大名人，其父潘璘，担任军校之职，驻守常山（今河北省正定县）。潘美生于乱世，长得非常英俊，曾在府中当过典谒（掌管宾客请见的传达和接待事务），相当于今天政府办公室的干事。潘美少有大志，曾对朋友王密说："汉代将终，凶臣肆虐，四海有改卜

之兆。大丈夫不以此时立功名、取富贵，碌碌与万物共尽，可羞也。"潘美所说的汉代，是指五代时的后汉。后汉果然是五代中寿命最短的王朝，三年而亡。

柴荣当开封府尹的时候，潘美在他的手下做事，关系非常好。当时，赵匡胤也成为柴荣的部属，深得柴荣赏识，因此，潘美与赵匡胤相处，交情甚厚。柴荣当了皇帝不久，就提拔潘美当了供奉官（皇帝身边的武官侍从），参与军政事务。高平之战，潘美因为战功升迁为西上门副使，后出任陕州监军，改任引进使，深得周世宗器重。赵匡胤未即位时，对潘美格外信任，且待遇优厚。

潘美就是杨家将故事中的潘仁美，是宋朝的开国功勋，是个忠臣，常年南征北战，立下汗马功劳。在民间评书中，潘美却被丑化为奸邪疾功的大坏蛋，这其实是一种以讹传讹的误解。《宋史》中，潘美位于列传第十七，而杨业仅在列传第三十一的位置，排名差了许多。

潘美抵达政事堂的时候，大周早朝正在如期举行，听到北征大军途中兵变，赵匡胤已然黄袍加身，大臣们顿时大惊失色，慌作一团。第一宰相范质更是急得直跺脚，连连自责，不由拉过王溥，将他的手掐到几乎出血，懊恼地说："仓促派将，都是你小子惹的祸。"王溥则一句话也没有说。无论如何，生米终于煮成了熟饭，大周朝堂一片哗然。这一戏剧性的场景，《宋史纪事本末》记载如下：

> 时早朝未罢，闻变，范质下殿执王溥手曰："仓卒遣将，吾辈之罪也。"爪入溥手，几出血。溥噤不能对。

事发突然，韩通却表现得分外镇静。众人慌乱之中，韩通匆忙离开皇宫，企图集结兵力，来抵挡赵匡胤。可是，他还办得到吗？

因为，赵匡胤的殿前军早已经把他给死死盯上了。

果不其然，当韩通走到皇宫旁边的左掖门的时候，殿前都点检公署中的驻军当即发难，一阵乱箭射过来，韩通手下的护卫死的死，逃的逃。韩通拼力冲过了殿前军布置的防线，却迎面碰上了殿前司的勇将王彦昇。王彦昇担当大军入城的开路先锋，看到狼狈逃窜的韩通，立即带兵跃马疾追。

韩通仓皇逃回家中，连大门都没来得及关，王彦昇就率兵闯了进来。王彦昇一向是一个杀人不眨眼的角儿，不容分说，韩通及其儿子韩微等人皆被砍杀。

得知韩通父子被杀，赵匡胤大发雷霆，当即表示王彦昇违背了约法三章，要让他杀人偿命。在大家的劝说下，赵匡胤才赦免了王彦昇。无疑，赵匡胤此举只是做个样子罢了。因为，王彦昇并非滥杀无辜，何况韩通之子韩微曾多次鼓动韩通要除掉赵匡胤。韩通父子之死，正遂赵匡胤所愿。

韩通死了，开封城里再也没有谁能威胁到他了，赵匡胤下令士兵们收兵回营。然后，如释重负的赵匡胤回到了殿前都点检公署，脱下了身上的那件黄袍。

这件来自陈桥驿的临时性黄袍，有着意义深远的象征性，正是因为它的出现，才结束了一个时代，也开启了另一个时代。

无疑，这件被人强迫披上去的黄袍已经完成了它的历史使命，接下来，按照正常程序，赵匡胤即将堂而皇之地穿上正式的黄袍，然后名正言顺地承继大统，引领一个新纪元。

赵匡胤刚到殿前都点检公署，以范质为代表的后周公卿大臣们也到了。赵匡胤一见范质，满面流泪地说："先帝待我不薄，今为六军所迫，惭负天地，事已至此，该怎么办呢？"说罢放声大哭。范质还未来得及对答，罗彦瑰又第一个跳了出来，他拔出佩剑，厉声说："我辈无主，今日须得天子！"

面对凶神恶煞般的殿前军将士，范质环顾左右，不知如何是好。赵匡胤大声道："不得无礼。"第二宰相王溥见势不妙，赶紧退后一步拜倒在地，其他人也紧随其后，高呼万岁。

事已至此，除了跪拜，范质还能有其他选择吗？

除了跪拜，第一宰相范质提出了如下要求：为不负先帝之恩，赵

匡胤要发誓把皇太后当母亲看待，把少主当儿子抚养，要绝对保证他们的生命安全，使之颐养天年。如是，则可以举行禅让仪式，举赵匡胤登上帝位。

范质一席话，与赵匡胤之前的"约法三章"不谋而合。同为后周大臣，同受先帝厚恩，赵匡胤当然乐于接受，他当即宣布："一切都听范相的安排。"于是，禅让事不宜迟，仪式连夜举行。

可是，等一切准备妥当，文武百官排列整齐，大家才猛然发现，禅位诏书还没有着落。正在忙乱之际，翰林学士陶穀从怀中掏出了一卷文书，不慌不忙地说："诏书已拟好了。"

诏书有了，一切万事大吉。陶穀以小皇帝名义起草的禅位诏书：

天生蒸民，树之司牧，二帝推公而禅位，三王乘时以革命，其极一也。予末小子，遭家不造，人心已去，国命有归。咨尔归德军节度使、殿前都点检赵（匡胤）：禀上圣之姿，有神武之略，佐我高祖，格于皇天，逮事世宗，功存纳麓，东征西怨，厥绩懋焉。天地鬼神，享于有德，讴谣狱讼，附于至仁，应天顺民，法尧禅舜，如释重负，予其作宾。呜呼钦哉！祗畏天命。

诏书的大意是说：政权兴亡，都要由天命决定。后周如今气数已尽，而赵匡胤应天顺民，功绩卓著，我畏惧天命，决定效法历史上尧把王位让给舜的做法，自愿把皇位禅让给赵匡胤。

司礼官念毕诏书，赵匡胤向小皇帝拜了几拜，然后由宰相陪同，更换上了黄袍，到皇帝宝座就座，接受群臣的拜贺。

正月初五，赵匡胤定国号为"宋"，改年号为"建隆"，开铸"宋元通宝"，同时派使者晓谕各地，并大赦天下，以示普天同庆。

新年，新天子，新气象。兵不血刃，大宋开国。这一年，时为公元960年，赵匡胤33岁。

据说，听到赵匡胤登基的消息后，入侵的契丹人不战而退，随即撤兵了。

七、可能的拷问

一切事发突然，一切却也仿佛顺理成章，水到渠成。

从出征到登基，前后仅仅五天。当然，没有谁随随便便就可以成功，在此之前，赵匡胤早已经做足了功夫。

陈桥驿兵变，历来有两种倾向：其一，认为是赵匡胤不得已而为之，情急之下顺势而为；其二，认为素有大志的赵匡胤有心为之，所有的一切不过就是一个局而已。

宋太祖赵匡胤

无论如何，这场兵变绝非偶然。除了沸沸扬扬的"点检做天子"的木牌事件，除了神秘兮兮的奇异天象征兆，整个过程可谓疑云丛生。对于其中的蹊跷和迷惑，我们不妨试着做一下可能的拷问与解读。

其一，外敌入侵的军情是真的吗？

这是所有事情的触点。无论之前赵匡胤势力如何坐大，没有突然到来的军情，赵匡胤也就没有机遇发动兵变，至少，兵变不会来得如此让人猝不及防。

是确有此事，还是赵匡胤集团谎报军情？

或许，我们还可以尽可能地翻阅史册，以求从中发现一些蛛丝马迹。在所有宋人的官修史书里，包括元人脱脱的《宋史》里，都明确记载了汉辽联兵入侵，赵匡胤奉命北上御敌的事迹。

这样的记载当然不足为凭，因为这些史册代表的是官方的声音。对当时的书写者而言，这一段历史的书写必须有入侵，否则，他们的太祖赵匡胤怎么会出兵，又怎么会被大家逼着当皇帝？

与之相反，我们从当时所谓的侵略者辽人的官方记载里，却找不到一字一句相关信息。

《辽史》公元959年十二月的记载是：

庚辰，王子邸烈、海思、萧达干等谋反，事觉鞫之。辛巳，祀天地、祖考，告逆党事败。

在辽人的官方史书里，这一年的年底，根本没有与北汉联合出兵后周的记录，它只记载了另外一件事：国内谋反及平叛。

《辽史》公元960年正月的记载更简单：

正月，周殿前都点检废周立，建国号宋。

或许，入侵他国本不太光彩，辽人羞于载入史册？或许，对于辽人而言，四处骚扰掳掠早已是司空见惯的平常事，书写者不屑于诉诸笔墨，此处省略若干字？

同一历史瞬间，完全不一的史籍记载，哪一个结果更可信？史书的背后，历史的真相究竟是什么？

而且，联兵入侵的结果，据《宋史》和《续资治通鉴长编》等记载，听说赵匡胤当皇帝了，他们都吓跑了。如此结局，真的有点匪夷所思。

大年初一，惊闻边防北军入侵，深思熟虑地调兵选将，浩浩荡荡的征伐队伍北上，结果陈桥驿兵变，大军一仗未打，半途而归。如此蹊跷，赵匡胤无论如何也说不太清楚。

能说清楚的，只有一种解释：北部边防急报失真。

那么，是谁谎报了军情？

根据兵变之前赵匡胤处心积虑的军事部署，我们有理由相信：这个人应该是当时驻兵于河北的韩令坤。

其二，黄袍何来？

如果上述追问还算差强人意，对于那件忽然现身的黄袍当作何解释？关于黄袍的来历，明人岳正写有一诗：

仓卒陈桥事变时，都知不与恐难辞。

黄袍不是寻常物，谁信军中偶得之。

这首诗里，岳正对于陈桥驿兵变的被逼无奈之举，提出了质疑：黄袍这个东西，又不是普通东西，在军队里面偶然得到，谁相信呢？

黄袍，历来是帝王御用物品，别说是私穿，就是私藏，都是灭九族的大罪。郭威当年兵变的时候，就是因为没有黄袍，将士们只好把一面黄色军旗披在他的身上，用来冒充黄袍。

除非皇帝御驾亲征，否则军营中出现黄袍，绝非正常。罗彦瑰只是一介武夫，官也不太大，他手里拿的货真价实的黄袍，又是从哪里得来的呢？可以肯定的是，大军出发之前，黄袍早就准备好了。

何人为之？意欲何为？

有一种说法认为，罗彦瑰手中的黄袍，可能与赵匡胤的弟弟赵光

义有关，他是皇太后的亲妹夫，又挂着内殿祗候供奉官都知的官衔，出入皇宫相当方便。

其实，拷问黄袍究竟是从哪里来的，也许已经无关紧要；真正最重要的是，赵匡胤已经披上了这件黄袍。

或许，这就是黄袍的历史使命。

其三，真醉还是假醉？

史载赵匡胤爱喝酒，每次喝酒就一定喝醉。可是，大敌当前，出征主帅喝得如此一醉不醒，也许只有赵匡胤做得到。

傍晚喝了一顿酒，早上醒来就成皇帝了，这酒喝得未免太有水平。众将士一夜无眠，赵匡胤却坦然大睡，可能的解释或许是：你们办事，我很放心。

无论是乱世还是盛世，无论是贫贱还是富贵，相信世间每个人都会有各自不同的人生梦想，而无数事实告诉我们，只有艰苦奋斗，通过一定的实践，梦想才可能得以实现。

无疑，赵匡胤是一个有梦想的人，而且一直为自己的人生梦想努力奋斗着，从小兵一直做到了殿前都点检。现在的赵匡胤，已经非常强大，完全具备了实现梦想的实力。

那么，素有大志的赵匡胤的人生梦想是什么？或许，母亲杜氏的一番话道出了个中玄机。

陈桥驿兵变，举国皆惊，杜氏得知儿子黄袍加身，却十分淡定地表示：我儿子一向有大志向，今天终于实现了（"吾儿素有大志，今果然"）。在司马光的《涑水纪闻》记载里，杜太后还进一步表态：我儿子天生奇异，别人都说他能当皇帝，我有什么可以担忧的呢（"吾儿平生奇异，人皆言当极贵，何忧也"）？

无疑，赵匡胤一直以来的人生梦想就是当皇帝，正如岳正在另一首诗中所写：

家母素知儿有志，他人却道帝无心。
史官兼载非相牾，后世那知费讨寻。

或许，这就是所有问题的谜底。如此一来，所有的疑惑都迎刃而解。

现在，他已经有这个实力，也应该具备这个勇气，梦想的实现，还只差最后一步：陈桥驿兵变，黄袍加身。

而在此之前，赵匡胤应该已经妥善安排了一切：从出征到兵变，所有细节，早已经成竹在胸。

所以，那一夜的赵匡胤，无论是真醉还是假醉，都不重要了。因为，他已经胜券在握。

郭威当年的一幕，赵匡胤大概还没有忘记：原来皇帝也可以这样当！此情此景，与当年何其相似！

郭威是一个好老师，赵匡胤是一个好学生。而且，在所有的细节上，赵匡胤比郭威做得更利落、更漂亮、更成功。

在之前的史弘肇事件中，郭威和柴荣的家属全部留在开封，被汉隐帝刘承祐赶尽杀绝。

赵匡胤由此受到了教训，领兵出征前，先妥善安置了自己的家属，让石守信、王审琦留守开封，既可以防范亲周势力，又保证了家人的安全。

当然，再完美的谋划和安排，最后也一定会露出马脚。或许，南宋史学家李焘的《续资治通鉴长编》，隐约道出了其中的来龙去脉：

> 镇、定二州言契丹入侵，北汉兵自土门东下，与契丹合。周帝命太祖领宿卫诸将御之。太祖自殿前都虞候再迁都点检，掌军政凡六年，士卒服其恩威，数从世宗征伐，洊立大功，人望固已归之。于是，主少国疑，中外始有推戴之议。

当代史学家邓恭三先生在解释这条史料时说：所谓"推戴之议"者，乃是史家惯用的一种饰词，实则即等于说宋太祖看到后周当时孤儿寡母的局面而已生了"是可取而代之"的野心。

一言以蔽之，陈桥驿兵变甚至更久之前，赵匡胤可能至多是

"胸有大志"，而在出任殿前都点检尤其在担任北征主帅之后，禁军兵权集中于他一人之手，赵匡胤的"野心"才真正得以部署实施。

如此想来，赵匡胤最终被确定为北征主帅，也应该是早就预谋好了的，而如果这一假设成立，王溥与赵匡胤之间的亲密关系也就可想而知了。如果后周朝廷没有选定他挂帅出征，所有的前期准备岂不是白白煞费苦心？

如此想来，赵匡胤是主动还是被动，是真醉还是假醉，昭然若揭。

假如不是有心，事前如此大规模的调兵遣将，意在何为？

或许，我们实在不用再对事件的真伪煞费苦心，也无须为求证历史的真相不遗余力地拷问。大江东去，浪淘尽千古风流人物，无论曾有多少玄机和传奇，新陈代谢，本就是历史的铁律。

面对古远纷纭的历史，其中的真假隐秘谁能说得清楚？或者，纵观那些令人眼花缭乱的龙争虎斗，又何必辨个一清二楚？

假做真时真亦假，真做假时假亦真。一部帝王史，本就充满着波澜不惊的玄机和弱肉强食的血腥，但真真假假的背后，也一定有着几分历史的正义和公平。

或许，我们只能说，赵匡胤已经成为那个时代的最强者；我们只能说，这就是极其难得的人生机缘，赵匡胤紧紧把它抓住了。无论如何，历史没有辜负赵匡胤，赵匡胤也没有辜负历史。

陈桥驿兵变，黄袍加身。无论是天意，还是民意，赵匡胤都将因此华丽转身；当事者无论是有心，还是无心，我们都应该为之点赞。

因为，由此开始，乱世得以终结，盛世得以开启。

第五章　国家保卫战

面对挑战，赵匡胤别无选择。

开国第一战，必须一战而胜！

赵匡胤让枢密使吴廷祚留守东京，赵光义掌管禁军，命令韩令坤屯守河阳。御驾亲征出发之前，赵匡胤对赵光义说："这一仗如果打赢了，自不待言；如果打输了，就让赵普分兵守河阳，以后从长计议，还能东山再起。"

一切安排妥当，驻兵河北的石守信与高怀德立即率军火速进讨，破关而进河南，赵匡胤则率禁军从开封出发，渡过黄河，直扑巍峨险峻的太行山。

一、论功行赏，盛德之举

将帅权倾皆易姓，英雄时至适成名。

千秋疑案陈桥驿，一著黄袍遂罢兵。

这是清代诗人查慎行《汴梁杂诗》中的文字。陈桥驿兵变，兵不血刃，大宋开国，"市不易肆"。相对于那些沸沸扬扬的政权嬗替疑云，世人更多的是看到了太平盛世即将到来的曙光，并因此发出了由衷的肯定和赞美。

当道士陈抟听到赵匡胤陈桥驿兵变成功的消息后，大笑着从毛驴上跌了下来，高兴地对众人说："天下这回安定了！"南汉将领邵廷对南汉主刘鋹说："天下乱久必治，如今中原已出真主，必将尽有海内，其势非一天下不能已。"四川后蜀宰相李昊则劝蜀主孟昶说："臣观宋氏启运，不类汉、周，天厌乱久矣，一统海内，其在此乎。"并建议派遣使臣向大宋纳贡通好。

兴，百姓苦；亡，百姓苦。赵匡胤似乎打破了这个历史悖论，并以其坚挺有力的军事力量和空前绝后的政治智慧，把周世宗三十年致太平的事业继续发扬光大，开创了大宋朝政治安定、经济繁荣、文化昌盛的太平盛世。

开国伊始，宋太祖赵匡胤尊母亲杜氏为皇太后，赵匡义、赵匡美为皇弟，分别改名赵光义、赵光美，皇妹为燕国长公主，立夫人王氏

为皇后。

对于后周遗属，赵匡胤基本兑现了当初对范质的诺言，封符氏为周太后，柴宗训为郑王。柴宗训和符氏虽然迁往西京洛阳居住，但依然按照后周时的标准，享受皇家所有的一切待遇。不久，柴宗训和符氏移居房州（今湖北省房县），赵匡胤担心地方官对他照顾不周，还专门派自己的老师辛文悦前去担任知州。

最能体现赵匡胤厚待后周皇室的，应该就是著名的"誓碑"了。

公元 962 年，赵匡胤命人密镌一碑，立于太庙寝殿之夹室，谓之誓碑。誓碑平时用销金黄幔遮蔽，门钥封闭甚严，唯太庙四季祭祀和新天子即位时方可启封，谒庙礼毕，奏请恭读誓词。届时只有一名不识字的小黄门跟随，其余皆远立庭中，不敢仰视。天子行至碑前再拜，跪瞻默诵，然后再拜而出，群臣及近侍皆不知所誓何事。

太祖誓碑

据说，北宋的各代皇帝"皆踵故事，岁时伏谒，恭读如仪，不敢泄漏"。直到靖康之变，金人将祭祀礼器席卷而去，太庙之门洞开，人们方才得看到此碑。誓碑高七八尺，阔四尺余，上刻誓词三行：

柴氏子孙，有罪不得加刑，纵犯谋逆，止于狱内赐尽，不得市曹刑戮，亦不得连坐支属。

不得杀士大夫及上书言事人。

子孙有渝此誓者，天必殛之。

这就是大宋的祖宗之法。

赵匡胤大概永远不会忘记郭威尤其是柴荣对自己的知遇之恩，也当然知道自己获得的一切从何而来。石碑第一条就是保全柴荣家族，即便是犯罪了，也不能严刑拷打，就算谋反，也不能在菜市场斩首，真正让柴荣家族得到法律上的保护，活得有面子，死得有尊严。

武夫仁心，皇恩浩荡。王夫之说这是盛德之举（"不谓之盛德也不能"）。有人说，这是人治独裁制度下所能达到的最完美、最有效的制度安排。而这方石碑最后被完全贯彻，是整个大宋宽容、开明、文明、理性的保障，是中国古代文明在大宋登峰造极的基础。

公元 973 年三月，柴宗训去世。赵匡胤听说后，痛哭流涕（"闻之震恸"），辍朝十日，素服举哀，派遣使者发丧，把他葬在柴荣的陵墓旁，号曰顺陵。

对陈桥驿兵变的功臣，赵匡胤论功行赏，做到了一个也不能少。

首先，禁军两司前几位高级将领全都换成了赵匡胤的人。其次，对于其他在陈桥驿兵变中表现出色的人员，职务都予以升迁。

对于那些热烈拥戴他的士兵们，赵匡胤当时慷慨承诺：每名士兵，奖励铜钱二百贯。按照当时军饷的标准，二百贯铜钱相当于一名中等禁军二十年的军俸，陈桥驿兵变中全军上下有十余万人，赏钱合起来，是个不折不扣的天文数字，难度非常大。

言必信，行必果。赵匡胤虽然没有食言，却是以分期付款的方式兑现的，这笔钱因此成为宋朝政府的一项大负担。

在所有有功人员中，唯一一位没有得到提拔重用的是陶穀。

兵变之后，陶穀在关键时刻拿出早就拟好的诏书，为禅让仪式的顺利举行立下了大功，可是陶穀这一自作聪明的举动，最终并没有得到赵匡胤的赏识。之所以如此，有一种非常合理的解释是：这种行动表明陶穀很可能早就看出了"皇袍加身"不过是一场戏，而且料定这场戏会缺少禅位诏书这件道具。而如此过于殷勤且胸有成竹，无疑是在别人的窗户纸上戳了一个洞，陈桥驿兵变的阴谋因此昭然若揭。

陶穀

陶穀"强记嗜学，博通经史，诸子佛老，咸所纵览"，是当时数一数二的文士。还在后周的时候，陶穀就和赵匡胤同朝为臣，一个是文人担任翰林学士为皇帝起草文件，一个是武将为皇家禁军的首领。可是，公元960年新春伊始，同朝为臣的局面被打破了。

陶穀依然对前途充满信心，经常对着镜子研究自己的相貌并且认定自己这个头骨不同寻常，如果不能戴上宰相的冠帽那真是可惜了。他经常说自己长期为皇上起草诏书是作出了很大贡献的，言外之意就是，圣上应该考虑一下自己的提拔问题，他甚至还亲自跑到赵匡胤面前毛遂自荐。

不过赵匡胤对此则另有看法。他满面微笑地对陶穀说，听很多人反映你这个翰林学士起草的诏书，都是把前人的旧文章换上现代的新词，在我看来这叫依样画葫芦，恐怕没有多大的贡献。

陶穀听了这番评价后很是窝火，回到翰林院提笔在墙壁上写下一首《题玉堂壁》诗：

> 官职须由生处有，文章不管用时无。
> 堪笑翰林陶学士，年年依样画葫芦。

"生处有"，就是命中有，意谓做官全靠命，才能再好也是枉然，做了官只要能依样画葫芦就行了。

无疑，这是一首自嘲诗，成语"依样画葫芦"即来源于此。无论是自信还是自嘲，赵匡胤最后给陶穀的评价为：不可重用。陶穀期盼中的远大前程就此打住。

对于前朝官员，赵匡胤一律留用。当然，为了表示浩荡皇恩，彰显新朝气象，赵匡胤采取了一律加官原则。

范质、王溥、魏仁浦仍然为宰相，他们也就很荣幸地成为大宋的开国宰相。

死去的韩通，被追加为中书令，并按照宰相的礼节为其举行了盛大的葬礼。

对于外地重臣，赵匡胤则重点拉拢。对于李筠和李重进，全部加上了宰相的头衔；对于张永德，一直称呼为驸马；对于符彦卿，一直称呼为国丈，从来不直呼其名。符彦卿是最大的地方实力派，张永德是最有名的皇亲。这两个人的投效，给大部分地方节度使树立了一个很好的榜样。

开国伊始，奖赏有功人员，留用后周大臣，安抚地方大员，一系列的维稳措施，对于大宋初年政局的安定，发挥了积极作用。

大势初定，但新旧交替，人心惟危，赵匡胤虽然为之做了不懈努力，还是出现了一些不和谐的因素。毕竟，天下变了，天子变了，并非每个人都愿意接受当下的事实。

王侯将相，宁有种乎？乱世之下，每个人都想一逞英勇。

首先表示不服气的，是李筠和李重进。

二、牛人李筠：我是老大我怕谁

李筠之所以不服气，是因为曾经的他比赵匡胤更牛气。乱世之中，似乎李筠更有资格当皇帝。

我们翻看一下李筠的人生经历，就会发现，他的确有着充分的理由不服气。

李筠，生辰年月未详，并州太原（今山西省太原市）人。李筠自幼善骑射，一百多斤的硬弓，时人没有人能拉满，李筠拉满了，还有使不完的劲儿（"引满有余力"），而且能连发连中。后唐时期，李筠应募入军，隶属后唐秦王李从荣麾下。

公元934年，李筠做了控鹤指挥使，在行伍中干得风生水起，7岁的赵匡胤还在读私塾。

公元946年，契丹辽太宗率兵攻入汴京，李筠联合后晋军诸将击败契丹留守将领耶律解里，收复镇州，成为名震一时的抗辽英雄。这一年，20岁的赵匡胤还未走出夹马营。

公元947年，刘知远建立大汉，李筠官拜博州（治所在今山东省聊城市）刺史，21岁的赵匡胤刚刚踏上流浪的征途。

公元950年，郭威造反，李筠随从作战，成为大周开国元勋。这一年，赵匡胤刚刚结束流浪生涯，当了郭威的亲兵。

公元951年，郭威称帝，迁李筠为昭义军节度使（治所潞州），检校太傅、官拜宰相（同平章事），赵匡胤刚刚当上东西班行首、亲

兵小队长。

此后数年，李筠屡次以奇兵大破辽和北汉联军，公元 956 年，柴荣即位后，李筠因功加侍中、太尉。官衔已经大得没法再加了，而赵匡胤才是开封的马直军指挥使，七八品的小官。

接下来，令所有人想不到的是，此后三年，赵匡胤的的官职一路飙升。公元 959 年，赵匡胤做了殿前司的老大都点检。又一年后，公元 960 年，赵匡胤突然当了皇帝。

可是，李筠并没有把这个政治暴发户放在眼里。

岂止是火箭式升级的赵匡胤，甚至对于周世宗柴荣，李筠也是不大满意的。在他的心目中，只有郭威是一个比较值得尊重的领导，至于柴荣，只不过就是一个半路出家的养子，一个来路不正的小皇帝。

李筠原名李荣，柴荣当了皇帝后，为了避讳才改了名字。有人建议他改名李筠，他随口调侃说，李筠李筠，玉帛云乎哉。大家听后哈哈大笑。

史载李筠"稍知书，颇好调谑"，这句话的原文出自《论语》："礼云礼云，玉帛云乎哉。"意思是：所谓的礼节，难道指的就是玉器丝帛这些东西吗？

原文的本义，在于强调礼仪在心不在形，李筠引用这句话的目的，完全是活学活用，意在强调改名与否，实在无关紧要，不也就是个形式吗？言外之意是，你柴荣当皇帝，干我何事？

严重的不满与不屑。

柴荣即位后，李筠开始越发狂妄自大起来，不仅在自己的辖区擅自使用国税，还随意囚禁了朝廷派来的监军。终柴荣一朝，李筠就是西北地区的土皇帝。

柴荣在位仅仅数年，为了顺利完成一统江山大业，一心致力于搞好团结，对于李筠的不法行为，只是予以下诏书进行谴责，并没有真正动他。

赵匡胤称帝后，遣使者封李筠为中书令，欲用高官厚禄来笼络这位后周老臣，李筠还是老大不乐意，竟下令将使者拒之门外。经过幕僚反复劝说，他才勉强接待了使者。可是，在招待使者的酒宴上，李筠却让人抬出了郭威的图像，拜了又拜，哭了又哭，涕泪不已。李筠手下的侍从因此面面相觑，惊恐不已，只好打圆场说，李令公喝多了，失态失态，请大使不要见怪。

这一幕别出心裁的好戏，让赵匡胤派出的使者很是无语。李筠此举意在表明，我是大周的臣民，我只认大周太祖郭威，其他人，在我这里什么都不是。

听说李筠的精彩表演后，北汉的皇帝刘钧很是高兴，认为再度联手南下中原的机会来了，于是密信一封，向李筠发出了协同作战邀请。

令所有人想不到的是，收到刘钧的蜡丸密信后，李筠把它交给了赵匡胤。

这真是明目张胆的挑衅。李筠此举意在表明：我不仅不服你，更不怕你。

赵匡胤当然明白：李筠要反了。

无数历史事实已经证明：性格决定命运。牛人李筠一意孤行，一定会为此付出代价。

识时务者为俊杰，李筠狂妄自大，他的儿子李守节却很清醒。他多次哭谏自己的父亲，不要与皇帝对着干，不要自取灭亡。

可是很遗憾，李筠没有听进去。

面对李筠的挑战，赵匡胤依然不动声色。得知父子二人意见不一，便任命李守节为皇城使，以探李筠意图。李筠也趁机派儿子入京，以窥伺朝中动向。李守节入宫，赵匡胤开口便叫他为太子，吓得李守节魂飞魄散，连连叩头表示效忠新君。李筠却希望儿子被赵匡胤杀害，给自己起兵授予口实。赵匡胤自然未杀李守节，而是遣李守节回去告知父亲朝廷的态度："盍归语而父，我未为天子时，任汝自为之，我既为天子，汝独不能小让我耶！"意思是国家处于危难时期，让其父以大局为重效忠朝廷。

赵匡胤意在让李守节回去劝说李筠不要再一意孤行，否则，后果会很严重。可是，骄傲的李筠还听得进去吗？或者，赵匡胤还能放过他吗？

事已至此，李筠决定先发制人。

三、不自量力，玩火自焚

公元 960 年四月，李筠发布讨伐檄文，正式向赵匡胤宣战。

当然，一生戎马的李筠也并非盲目不计后果，以卵击石，在他看来，自己虽然没有稳操胜算的把握，至少可以凭借以下优势奋力一搏。

其一，人脉可用。

李筠欣然跟部下表示：我是大周的老将，禁军中许多人都是我的亲朋故旧，到时一定会有人倒向我这一边。应该说，李筠的如意算盘不过就是一厢情愿，纵然他是几朝元老，其人脉无论如何也不能与禁军老大赵匡胤相提并论。何况，造反是一种代价非常高的赌博，只要稍微想一下失败后的严重后果，能有几个人愿意跟他一起干呢？

其二，有险可守。

潞州（今山西省长治市），古称上党，高居太行山之脊，所谓"居天下之肩脊，当河朔之咽喉"，是绝对的兵家必争之地。而且，潞州的风水很好，公元 708 年，李隆基曾以临淄王的身份兼任潞州别驾，史载其"有德政，善僚属，礼士大夫，爱百姓"，有识之士多归附其下。四年之后，李隆基做了皇帝。

李筠经营潞州多年，粮多将广，手下亦不乏深谋远虑之辈。他曾骄傲地说："吾有儋珪枪、拨汗马，何忧天下不平哉！"潞州，是他

克敌制胜的一张王牌。

其三，外援强大。

北汉一直对中原虎视眈眈，如今赵匡胤立国未稳，正是双方联手的好时机，尤其重要的是，北汉的背后有着强大的契丹人的援助。还有，驻守扬州的李重进也趁机蠢蠢欲动，正在积极准备起兵反宋。

如此，南北夹击，大局已定；赵匡胤，你必输无疑！

可是，战局的进展，果真会如他所愿吗？

的确，李筠开局不错，第一战即轻松夺取了泽州城。

泽州，在潞州之南，面向太行山，以太行之险，一冲而下，直接就可占据黄河上游，进而控制沿岸的永丰、回洛、河阳等几乎所有的重要粮仓，断绝宋朝都城开封的漕运之路。

赵匡胤刚刚得国，人心不定，如果再发生粮荒，后果可想而知。

在此有利战机之下，李筠手下谋士阖闾仲卿提出了一个方案：挥军西下太行，攻取怀州孟州，夺取虎牢关，占据西京洛阳，向东争夺天下。即便大事不成，往西则可以控制豫西山地丘陵，与北汉、契丹形成对大宋的夹击，做长久割据，以图再取。

进可攻，退可守，对志在天下的李筠来说，这是一个非常完美的方案。可是，李筠依然没有听，李筠让儿子李守节留守潞州（上党），自己率领三万大军南下。

他依然天真地认为，后面有北汉的援军，只要与大宋开打，禁军中的那些老交情也会临阵倒戈，自己必胜无疑。

十足的一厢情愿，自以为是。

战争和造反不是儿戏，可是牛人李筠偏要这么干。

在此之前，李筠向北汉发出了合作申请，同时把自己的几个部下，送到北汉做了人质。刘钧派遣宣徽使卢赞驻潞州担任李筠的监军，卢赞与李筠不和，刘钧又遣中书侍郎卫融前去和解。

战事还未开始，北汉的右仆射赵华就一针见血地指出：李筠轻易举兵，必败无疑，我们举全国之力助纣为虐，不太合适。李筠除掉赵匡胤是为了自己当皇帝，刘钧除掉赵匡胤，是为了消灭大宋，但他绝不希望给自己培养一个新的强敌。这一对临时组建的军事同盟存在着巨大的缺陷，两人各怀心机，自然不会精诚合作。

李筠拿造反当儿戏，一厢情愿地认为胜券在握，赵匡胤却在扎扎实实地调兵遣将。

面对挑战，赵匡胤别无选择。

开国第一战，必须一战而胜！

针对目前的战局，赵匡胤首先派石守信、高怀德率领前军占领太行要塞；慕容延钊、王全斌率军从东路出发，与石守信、高怀德军团一道，对李筠形成夹击态势。

在北方，赵匡胤认命居润为澶州巡检，防备契丹趁机南下，同时派郭进和折德扆从东西两面顶住北汉大军，形成钳形牵制。

为了稳定后方，赵匡胤让枢密使吴廷祚留守东京，赵光义掌管禁军，命令韩令坤屯守河阳。御驾亲征出发之前，赵匡胤对赵光义说："这一仗如果打赢了，自不待言；如果打输了，就让赵普分兵守河阳，以后从长计议，还能东山再起。"

对于想要合伙造反的李重进，赵匡胤则派专人对他游说哄骗，使之相信李筠是猪一样的队友，与他合作成不了事儿。此举不仅为赵匡胤迅速剿灭李筠赢得了宝贵时间，更因此解除了二李对赵匡胤南北夹击的危险。

一切安排妥当，驻兵河北的石守信与高怀德立即率军火速进讨，破关而进河南，赵匡胤则率禁军从开封出发，急速渡过黄河，直扑巍峨险峻的太行山。

与此同时，北汉的军队也从太原出发，前来援助李筠。李筠听说刘钧亲自带队来支援他很高兴，没想到他一见刘钧就惊呆了，因为堂堂皇帝刘钧只带来了几千人马，且大都是老弱病残，别说打仗，一路行军就已经让他们很吃力了。

面对这位毫无诚意的盟友，李筠除了生气就是失望，只好鼓起勇气，孤注一掷，率领本部人马投入战斗。

建隆元年（960年）四月，大宋开国后的第一仗打响了。此时，距离大宋开国还不到一百天。

五月，两军在泽州南部遭遇，李筠三万大军被石守信打败，在北方，折德扆也攻破了北汉的军寨，杀退了援军。李筠退守泽州，闭门不出。

六月，赵匡胤包围泽州，泽州军心涣散，李筠情势危急。但是李筠不愧是悍将，赵匡胤围城十多天，没有破城。

形势因此变得非常严峻。因为，全国准备造反的地方实力派，肯定不止李筠一人，至少南方的李重进还在观望，如果赵匡胤不能短时间拿下李筠，李重进极有可能会给他致命一击。

为了速战速决，控鹤军都指挥使马全义提出并力急攻，赵匡胤让马全义担任敢死队队长，率先攻城。

马全义是一员猛将，流矢射中了他的手臂，血流满身，他全然不顾，拔掉箭头，接着前进。敢死队员士气大振，一鼓作气攻上城头。

赵匡胤亲自率兵跟进，在大宋官军的强大攻势下，泽州城破。

结果，卢赞战死，卫融被俘，李筠自焚。

卫融被俘后，赵匡胤厉声问他，你为何劝刘钧出兵帮助李筠造反？卫融说，狗不咬自己主人，我全家40口人受到刘氏的优待，不忍心背叛他。陛下纵不杀我，我也不能为你效劳，最终还是要回到刘钧处。赵匡胤大怒，令人击其头，拖出斩首，卫融大呼："大丈夫死或重于泰山，或轻于鸿毛，今之死正其所耳！"赵匡胤见状，对左右说："这是忠臣啊。"下令释放，召来太医为其上药疗伤，并赐给他衣服、金带、鞍马等，并让他写信告诉刘钧，以交换战俘的方式放其归国。后刘钧久未回音，赵匡胤遂授卫融太府卿，赐给房舍，后改司农卿，出知陈、舒、黄三州。

自焚前夕，李筠请求赵匡胤能放过自己的妻儿一命，赵匡胤答应了他。

听说李筠战败，刘钧立即率军逃回北汉。

泽州失守以后，赵匡胤进攻潞州。潞州守将李守节，确实是一个很守节的人，对赵匡胤，他一直恪守臣节。在此之前，他一直劝谏父亲李筠不要胡来，现在父亲自焚死难，他毅然决定向赵匡胤投降。

当然，赵匡胤也相当厚道，不仅赦免了李守节的谋反罪，让他做了单州团练使，还把李筠爱妾刘氏的遗腹子交给他抚养成人。

对于谋反者，如此宽容厚道，也许只有赵匡胤做得到。

四、李重进：又一个挑战者

开国第一战，赵匡胤完美收官，取得了决定性的胜利。

面对新政权，后周旧臣中识时务者皆俯首称臣，但也有不甘任人摆布者，尤其是昔日与赵匡胤一样手握兵权的将领，乱世之中，他们同样怀有帝王梦想。赵匡胤击败李筠，不仅事关大宋生死存亡，对于当时心怀异志的各路节度使来说，更是一种实实在在的震慑。

牛人李筠两个月就完败了，自己比他更强大吗？

李筠不自量力，终究身死人手，为天下笑，如果他们胆敢造反，赵匡胤同样也不会放过他们，一度观望犹豫的藩镇大员们纷纷弃暗投明。

承德节度使郭崇，大宋建立后，感念前朝恩遇，时而痛哭流涕，监军陈思诲举报郭崇行状。赵匡胤说："我素知郭崇笃于恩义，盖有所激发尔。"遂派使者再去试探。忧虑之下，郭崇恭敬地接待了使者，用赌博喝酒来表明自己没有二心，取得朝廷的理解和信任。李筠之乱被平一个月后，郭崇请求进京朝拜，主动交出了兵权。

保义军节度使袁彦，陈桥驿兵变消息传来，立即招兵买马，修缮甲具，准备造反。李筠兵败的消息传来，袁彦惊恐万分，不知所措。赵匡胤派监军潘美向其宣谕进京面圣。袁彦乖乖地打点行装进京，表示投降。

建雄节度使杨廷璋，一度拒绝了李筠的联军邀请，把此事报告朝廷。但是，赵匡胤并不信任他，因为他是郭威的连襟，前朝的皇亲国戚。赵匡胤派了一个猛将荆仁罕来监视他，他很识趣，很快进京面圣，申明自己虽是皇亲，从未动过造反的念头。

这些藩镇诸侯，在大宋刚刚建立的时候，都曾经表达了自己的不满和抗议，有的甚至已经做了造反的准备工作，但是在李筠被平灭之后，他们全部表示服从领导。他们很明白，以赵匡胤的实力，起兵造反无异于螳臂当车，自取灭亡。

识时务者为俊杰，况且赵匡胤给了他们足够的敬意，让他们接着享受荣华富贵，成为大宋新子民。但就在赵匡胤软硬兼施，多管齐下，力保大宋一片和谐安宁的大背景下，又一位重量级人物举起了反旗，向赵匡胤发起了挑战。

这个人就是李重进。

李重进

李重进造反，似乎比李筠有着更为充分的理由。

首先，他是周太祖郭威的外甥，天字第一号皇亲。当年郭威病重，没有让他继位为大周的接班人，李重进应该颇为愤愤不平，如今赵匡胤又轻易攫取了大周的江山社稷，高傲自负的李重进更加郁闷不已。

而且，如果我们再来回顾一下李重进光芒四射的人生履历，就会发现他也比赵匡胤更有资格当皇帝。

公元951年，一度四处流浪的赵匡胤投奔郭威手下，补东西班行首，相当于亲兵小队长，李重进迁内殿直都知，领泗州刺史，相当于厅局级。公元954年，赵匡胤为开封马直军指挥使，七八品，李重进则为武信节度使，省部级。

高平之战后，赵匡胤因功升为殿前都虞候，禁军殿前司第五把手，李重进则为宰相，禁军侍卫司老大；至此，二人的职位仍有一大段距离，但从此赵匡胤的升迁开始突飞猛进。

公元956年，李重进为太傅、侍中，朝廷最高级别的大官，赵匡胤升职为都指挥使，殿前司第三把手。公元959年，李重进为太尉，淮南节度使，侍卫司一把手（虚衔）；赵匡胤为太尉，归德节度使，殿前司老大都点检（实职）。

这时赵匡胤与李重进官职相当，但是在实力上，赵匡胤已经远远超越了李重进。

公元960年正月，李重进撤职侍卫司老大，仍是正国级，而赵匡胤则一夜之间当了皇帝。

赵匡胤进步太快，李重进无论如何不服气。岂止赵匡胤，就是柴荣，李重进也没有看在眼里，因此柴荣即位之前，郭威让他对柴荣行跪拜礼，他答应了。从此以后，他对大周忠心耿耿，跟随柴荣南征北战，立下无数战功。

功勋卓著，天字第一号皇亲，对大周而言，李重进可谓根正苗红。可惜的是，李重进无人可比的优势关键时刻反而成了无可挽回的劣势，柴荣病逝，小皇帝即位，主少国疑之际，宰相们把他调到了地方。

如此，恰好成就了赵匡胤。赵匡胤即位之后，加封李重进为中书令，虽然心里有万般的不服气，李重进还是决定进京朝拜。

可是，赵匡胤不想见他。

论资格，赵匡胤没有李重进老，论血统，赵匡胤什么都不是。可是，造化弄人，原本什么都不是的赵匡胤却做了皇帝，

现在的李重进仿佛什么都不是，但身为皇亲贵胄，素有人望的他依然可以在军中呼风唤雨，形成强大的凝聚力。

对赵匡胤而言，李重进是一个潜在的巨大威胁。新生的大宋，立足未稳，人心未附，如让李重进进京，难保一些军官不会发动政变，把李重进扶上皇位。赵匡胤因此不希望李重进进京，他不想在开封城埋下一颗定时炸弹。

为了安抚李重进，赵匡胤让李昉给李重进写了一封诏书。

李昉，五代至宋初名臣、文学家，《旧五代史》的编者，宋代三部大书《太平御览》《文苑精华》《太平广记》主编。

李昉是青史留名的文章高手，他在诏书里写道：

君为元首，臣为股肱，虽在远方，还同一体，保君臣之分。方契永图，修朝觐之仪，何须此日？

"君为元首，臣为股肱"典出《尚书》："元首明哉，股肱良哉，庶事康哉！"李昉以此为喻，借以告诉李重进：一个国家好比一个人的身体，皇帝是头，大臣是大腿，虽然彼此相隔千山万水，但是我们血肉相连。只有保持好君臣名分，才能彼此惺惺相惜，相安无事，至于朝拜皇帝的礼仪，为什么急在一时呢？一句话，你的心意我心领了，但是，你要过来磕头，就不必了，老老实实在你的属地待着就可以。

诏书很客气，但李重进因此很是不安，显然皇帝已经不再信任自己了。

他该何去何从？早已经是满腹怨气的李重进决定反了。

五、一意孤行，自食其果

李重进固执地认为，即便自己老老实实待在扬州，赵匡胤最终也不会放过自己。

先发制人，后发制于人。李重进于是修河固城，招兵买马，紧锣密鼓准备造反相关事宜。但造反从来都不是儿戏，自己究竟实力有限，扬州数千戍卒根本无法对抗朝廷的精锐禁军，李重进准备寻找合伙人。

这个合伙人就是李筠，而一心造反的李筠也正有此意。

李重进的意图很明显，此举可以南北夹击，一举消灭新生的大宋，于是他派了谋士翟守珣联合李筠共举大事。

对于二李，此举可谓一着妙棋，如果两人合作成功，彼此南北呼应，各地观望待机者群起响应，那么赵匡胤和他的大宋的命运还真的会因此前程未卜。

可是，二李的如意算盘被一个人打破了。

这个人就是被李重进派出北上联合李筠的翟守珣。

翟守珣一直在李重进部下担任文职幕僚，早在征淮南时，赵匡胤就已发觉李重进不好对付，便注意拉拢李重进的部下，翟守珣因此早已成为赵匡胤安排在李重进身边的一个坐探。

翟守珣接到出差任务，没有去潞州，而是直接去了开封，找到李处耘，说明了情况。赵匡胤接见了翟守珣，问道："如果我赏赐李重进丹书铁券，誓不相负，他会信服我吗？"

丹书铁券

丹书铁券是历代帝王赐给功臣世代享受优遇或免罪的凭证，文凭用丹书写在铁板上，故名。之前，赵匡胤"黄袍加身"，从后周柴家手中谋得皇位，为了安抚民心，下旨厚待柴氏子孙，赐柴氏丹书铁券，以示尊宠恩荣，永不加罪。

翟守珣看了看赵匡胤，说："重进终无归顺之意。"

这句话让赵匡胤如鲠在喉。李重进的命运也就此注定。

翟守珣接着说道："此人久怀异志，终有爆发的一天。陛下不可不防。"

既如此当务之急就是要阻止二李联手同时起兵。

赵匡胤厚赏了翟守珣，对他说，如果你可以说动李重进不与李筠联合造反，就是大功一件。翟守珣欣然接受了任务，利用他的如簧巧舌，巧妙地哄骗李重进。他告诉李重进，李筠是猪一样的队友，不足

以共图大事，现在应该养威持重，不可以轻易举兵。

李重进深信不疑，错过了造反的最佳时机。

赵匡胤因此赢得战机，轻松收拾了李筠，然后着手解决李重进的问题。

首先，赵匡胤给李重进下了一道诏书，把他从扬州调到青州当平卢节度使。

这时，李筠已经兵败身死，李重进因此更加疑惧，担心皇帝要对他下手了。

赵匡胤也预测到，给李重进调动工作会触及他的敏感神经，但赵匡胤仍然决定这么做，他想看看李重进会不会真造反。

接下来，虽然知道赐予其丹书铁券没有什么用，赵匡胤还是坚持这么做了，一向宽仁的他想最后试探安抚一下李重进。

如果李重进不反，赵匡胤准备放李重进一马。如果李重进反了，赵匡胤也已经仁至义尽。

派去给李重进送铁券的，是六宅使陈思诲，几个月前，他还是郭崇的监军。

陈思诲来了，李重进打点行装，想跟大使一块进京。可是一个谋士告诉他：令公，你不能去，去了就可能回不来了。

对于李重进而言，这时他唯一正确的选择就是恭顺听命，服从新朝。可惜的是，李重进听信了这位谋士的话，也因此失去了最后一次机会。

狐疑惊惧之下，他拘禁了陈思诲。

陈思诲是朝廷的使者，谋反因此成立，李重进已经没了后路。

公元960年九月，李重进正式起兵反宋。

可是，残破无比的扬州城，几千老弱病残的大兵，实在不是赵匡胤的对手。

于是，李重进积极准备请求外援，向南唐发出了合作信号。

可是，南唐国主李璟果断拒绝了他。

当年后周攻打南唐，打得最厉害的就是赵匡胤，李璟自然不敢引火烧身，而且，李璟还把李重进的密信送给了赵匡胤。

得到李璟的密信，赵匡胤把李重进在京供职的两个儿子召过来，对他们说：你们父亲谋反，这又是何苦呢？江南既无精兵良将，也无粮草外援，你们抓紧乘坐驿站的公车回去告诉他，只要他肯悬崖勒马，我不会杀他。李重进的儿子吓得心惊肉跳，立即跑回扬州把赵匡胤的原话告诉了李重进。

李重进正在与部下商量造反方略，听到这一席话，李重进大为恐惧，大家开始泄气，士兵惊惧不已，军心涣散。一些部下开始叛逃，李重进恼羞成怒，把他们抓回杀掉了。

李重进终无悔意。

十月，赵匡胤下诏书宣布李重进叛乱，命令石守信、王审琦、李处耘，率领先锋部队，直扑扬州。

与此同时，命吴廷祚为东京留守，赵光义为大内都部署，控制首都的行政和军队，赵匡胤率领大军御驾亲征。

用这么多人，这么大的阵势来对付城防空虚，只有几千老弱驻扎，豆腐渣一样的扬州城，可见赵匡胤对叛乱太重视了，这也印证了李重进的可怕。

出征之前，赵匡胤请教赵普扬州的战事。一番分析之后，赵普得出结论：急攻亦取，缓攻亦取。

正如赵普所言，战争打得太过顺利，十一月初八，赵匡胤的大军到达大义驿时，前军石守信驰报，扬州城随时可以拿下，希望皇帝亲自视察，指导大家灭掉李重进。

当天下午，赵匡胤大军兵临城下，一下子就攻破了扬州城（"登时攻拔之"），李重进举家自焚。

城破之际，李重进的部下建议杀掉陈思诲，李重进最后平静地说："我现在要举家自焚了，杀掉他有什么用呢。"说完，李重进跳入大火。但是陈思诲还是被李重进的部下杀掉了。

破城之后，赵匡胤对扬州城进行了清算，李重进的几百位部下被屠杀，这是赵匡胤一生中极为罕见的屠杀记录。或许，这次大屠杀，

对于宽厚的赵匡胤而言，是一生最大的污点。

　　这是一场气急败坏的误杀，皇帝的一念之差导致几百颗人头落地，另外，它也印证了赵匡胤对李重进的恨与怕。

　　战后不久，赵匡胤赦免了李重进家人和部下的罪名。

六、长江军演：下一个就是你

赵匡胤亲率大军，准备和叛军大干一场，没想到李重进如此不堪一击。太过突然的胜利，让准备充分的赵匡胤有点失望，仿佛英雄无用武之地，没有一点征服者的感觉。于是，打了胜仗却有点失落的赵匡胤并没有马上撤军，群情激昂的士兵们就地驻扎了扬州。

扬州和南唐国都金陵隔江相望，赵匡胤意欲何为？

扬州和金陵如此接近，意犹未尽的赵匡胤顺势收拾一下南唐，也不是没有这个可能。于是，南唐国主李璟赶紧派出了使臣前往扬州拜见赵匡胤。

李璟派出的这个人叫冯延鲁。

冯延鲁是谁？

如果你不知道冯延鲁是谁，大约应该知道著名南唐词人冯延巳。"风乍起，吹皱一池春水。"即是其千古传诵的名句。冯延鲁乃冯延巳异母弟，亦为当时著名文学家，时任南唐户部尚书。

接下来，赵匡胤和冯延鲁进行了如下一番对话。

赵匡胤厉色问道："你们的国主为什么与我们的叛臣勾结？"（"汝国主何故与我叛臣交通"）

当其时，李重进写信联络李璟，李璟拒绝出兵，把信件上交给了赵匡胤，赵匡胤因此兴师问罪。

面对赵匡胤的质问，冯延鲁没有反驳，进而说道："大丈夫不得

志，造反也是没什么不可以的，但是造反需要把握住时机。当时陛下刚刚登基，天下人心未定，还在与李筠交战，这时比较适合造反，但是李重进没有反。现在人心已定，四方无战事，李重进却想要凭借着残破的扬州和几千老弱，来抵抗大宋的万乘之师，即便是韩信、白起这样的战神复生，也不可能成功。我南唐虽然兵精粮足，但是不愿帮助他，他最终因为没有援兵而失败。"

冯延鲁意在表明，赵匡胤的大宋早已经根深蒂固，李重进谋反是自寻死路，其失败早已注定。与此同时，冯延鲁也是在告诉宋太祖，现在没有人敢对你不服，你也不用担心南唐再有异心。

赵匡胤依然不依不饶，继续说道："虽然如此，现在朕的将军都劝朕早日渡江攻取南唐，你觉得如何呢？"

面对如此赤裸裸的威胁，冯延鲁正色道："陛下英明神武，我们江南小国，自然抵挡不住。但南唐也有数万精兵，都是和先主一起打江山的亲兵，誓同生死，陛下若想同他们较量也未尝不可。况且南唐有大江之险，陛下若久攻不下，粮食匮乏，不怕后院起火吗？"

听冯延鲁如此一说，宋太祖笑道："朕只是戏言，切勿当真啊。"

不亢不卑，义正词严，面对赵匡胤的恫吓，冯延鲁加以反击。你不是要打吗？我们的确打不过你，但是却可以和你拼个鱼死网破，就算你打下南唐，也要损失几万将士。我们南唐有长江天险，你粮草不便运输，如果你打过来，没有攻破城市，却被南唐断了粮道，只怕没有什么好下场。

冯延鲁所说并非虚言，此时的宋朝刚刚建立，尚有南平、湖南、后蜀、南汉等多个割据政权，而南唐占据着最富裕的江南之地和长江天险，确实不是那么容易攻下的。而且，假如出师不利，虎视眈眈的北汉和契丹人一定乘虚而入。

赵匡胤当然没有这么傻，可是他也真的没有开玩笑。他这时的确有吞灭南唐的想法，但他也很清楚，自己还没有准备好，于是就不再与这个书呆子继续讨论下去了。

嘴上没占到什么便宜，赵匡胤准备用行动向南唐展示一下自己的力量。于是，他在长江迎銮口举行了一场声势浩大的军演。

迎銮镇原名白沙镇，今江苏省仪征地区，五代时因接过吴王杨溥的驾，改名迎銮镇。迎銮镇乃临江要塞，自古为兵家必争之所，在江淮战争中有极其重要的意义。赵匡胤之所以选择在此军演，除了地理上的方便，大约还因为迎銮口实在是个好名字：迎接銮驾的渡口。之前，周世宗柴荣攻打南唐，曾在此屡破南唐水军。赵匡胤当然希望有朝一日南唐投降，在这里迎接自己。

大江之上，宋军的大小战舰来回穿梭，喊杀声响彻云天。从迎銮出发，溯江而上，可以直接进攻金陵江宁府，距离并不远。虽然不是真打，这场军演对南唐还是产生了极大的威慑，甚至两位南唐官员直接投奔了赵匡胤，李璟听说后更加害怕，他真的担心，说不定哪天大宋的军队会打过长江。

于是，心事重重的李璟不顾众人反对，慌乱之中把首都从金陵迁到洪都（今江西省南昌市）。但由于准备不充分，连官员的宿舍都解决不了，朝廷上下，一片怨声，支持迁都的枢密使唐镐自杀。无奈之中，李璟又被迫把都城回迁金陵，此时距迁都还不足六个月。

此次迁都，对南唐是一次严重的国力损耗，不久，李璟在忧虑中死去，把皇位传给了儿子李煜，是为南唐后主。

客观上讲，李璟算不上昏君，他或许更适合做一个词人，在文艺的天地里能大有一番作为，是人生的错位把他推到了皇帝的位置上。在李璟的任期内，南唐的国土几乎丧失一半，江北十四州全部沦丧，大宋和南唐仅仅隔了一条长江。作为一代国君，他的对手是柴荣、赵匡胤这样的一代英主，败给他们，对于南唐来说，几乎是命中注定的。

李煜登基后下旨复都金陵，改南昌为陪都，并派冯延鲁入宋进贡，上书《即位上宋太祖表》陈述南唐变故，以表忠心。李煜在信中说，自己是一个没有才能、与世无争的人，本没有当国主的想法，奈何哥哥们相继死去，才把他推向了这个位置。既然做了国主他会和以前一样去皇帝尊号，用宋的年号，而且会告诉后代让他们也遵守下

去，对大宋永远真心实意，没有二心。最后李煜还提出一个请求，想以皇帝的身份去埋葬父亲李璟。赵匡胤安慰李煜不要多想，答应了李煜的请求，并派遣使者到南唐赠送财物以助办丧事并祭奠李璟。

一切看似风平浪静，其实李煜非常明白，赵匡胤打过江去的想法从来就没有断过。可是，除了苟且偷生，低头称臣，他别无他法，选择了毫无作为。较之于自己的父亲李璟，南唐后主李煜更加喜欢诗词歌赋。于是，在对现实几乎绝望的逃避中，李煜把自己的心事寄托在了那些幽怨哀婉的文字之上，无可奈何地等待着亡国那一天的到来。

当然，这一天终会如期而至。或许，下一个就是你。

只是，现在还不是时候，赵匡胤还有更重要的事情要做。

第六章　杯酒释兵权

首先，开诚布公地向众将说明白，他和众将之间的关系，已经不再仅仅是同生共死的老战友、老兄弟了，双方首先是君臣的关系。

其次，开诚布公地承认众将拥戴他上台的贡献，承认众将解除兵权是为了大宋而任劳任怨。既然如此，顺理成章地就答应了以联姻、金钱、土地、美女为条件，来交换众将手中的兵权，众将的既得利益、政治地位一切不变，而不是捏造罪名，肆意地剥夺兵权。

事已至此，众将别无选择，只能明智地主动交出兵权。这一著名历史事件，史称"杯酒释兵权"。

一、攘外必先安内

打垮了二李之后，大宋打出了军威和国威，也站稳了脚跟，形势一片大好。对此，大臣林德有颂词赞道：

我太祖之开国也，以千百年破碎不可为之天下，一举而削平之。强者服，狠者顺，俯首听命，惟恐或后。处藩镇以环卫，而藩镇无异辞，授守臣以倅贰，而守臣无异意，是果何道而得此哉？英武自天，雄断如神。

这是记录于《续资治通鉴长编》中的文字。但新生的大宋表面上一派祥和，事实却也并非如此，建国之初，大宋王朝可谓内忧外患，诸多问题亟待解决。

在外部，大宋周边强敌环伺，北有不共戴天的北汉和强悍无比的契丹王朝，南有吴越、南平、蜀、南汉、南唐几大割据政权。在内部，不仅中央禁军存在着巨大的隐患，那些投效的地方节度使也是各个貌合神离，自己"黄袍加身"的榜样，不知哪一天会被将军们效仿。赵匡胤对前朝大臣采取一律留用的原则，而这帮人的忠诚度实在值得怀疑。

大宋当下最大的祸端，在内不在外。

攘外必先安内。赵匡胤很明白，必须有效解决那些禁军大将和节

度使手中的兵权，才能确保新生的的大宋不会被颠覆，自己刚刚坐上的皇位不会被他人取而代之。

枪杆子里面出政权，两千余年的帝王史上，这是一条被无数事实证明了的铁律。只要手里有兵，只要机遇来临，那些心怀大志的人物就会应时而出，一逞英勇，以期实现自己的人生梦想。

五代以来，每个政权的废立嬗替皆由此而起。郭威如此，赵匡胤如此，而李筠和李重进的起兵，再一次把节度使拥兵自重的问题暴露无遗。

节度使，最早出现在唐睿宗景云二年（711 年）的时候，原本是在前线或边境地区设置的高级军事指挥员，刚刚设立时，节度使仅相当于军区司令，并没有管理政务的权力，后来权力不断扩大，集兵权和地方行政权于一身，发展成为凌驾于州县之上的，军区与地方最高级行政区划合二为一的强大的地方力量。小的藩镇，辖两三个州，大的藩镇，辖十多个州，甚至还要多，地方官员均受其节制。

据《新唐书》记载：藩镇"据要险，专方面，既有其土地，又有其人民，又有其甲兵，又有其财赋"；于是，"方镇不得不强，京师不得不弱"。节度使在辖区之内，可以自行委任官吏，自行征收赋税，自行招兵买马，中央无法控制。节度使的部队，与中央部队之间，是一种大致互不隶属的平行关系，官兵完全听命于节度使，眼里根本没有皇帝和朝廷。

由此以来，各藩镇都成为大大小小的国中之国，节度使也都成为大大小小的土皇帝，当时人们都形象地称藩镇为"方镇"，称节度使为方伯、州牧，也有人把节度使制度理解成秦始皇推行郡县制之前的诸侯分封制。

对国家中央政权而言，节度使的存在无疑是一种可怕的威胁，而节度使的一步步坐大，无时不让至高无上的皇权岌岌可危。一个不争的历史事实是，终结大唐盛世的"安史之乱"，其祸根就是手握重兵的节度使。

唐代后期，中央无兵无将，精兵猛将都在各地节度使手中，朝廷几乎成为傀儡。五代时期，情况有了很大的变化，中央手中有了强大的禁军，有实力慑服藩镇，节度使比唐代收敛了许多，通常情况下不敢公开地以武力挑战中央，一般被视为"肢体之患"。但他们仍然有实力桀骜不驯、飞扬跋扈、自行其是。英武如周世宗，若要调动一个节度使的防区，都要先出动禁军加以防范。一旦条件适宜，节度使还是会起兵问鼎皇帝宝座的。李筠造反，就是一个绝好的例子。

有关李筠造反，有一种说法认为，李筠是后周大忠臣，志在反宋复周，当然和宋太祖势不两立。元代编《宋史》就是根据这一基调，在《宋史》里面编了个不伦不类的《周三臣传》，把韩通、李筠和李重进三人编排在一起，用以表彰三人是后周的忠臣。

其实不然，李筠起兵的时候，他的谋士曾向他建议，既然要打反宋复周的旗号，最好不要直接指向开封，而要南下洛阳，把洛阳的后周小皇帝和皇太后控制在手中，作为号召和旗帜，但李筠并没有接受这个建议。这说明，即便是李筠打败了赵匡胤，也是他自己做皇帝，不会真正恢复后周的。

而且，早在陈桥驿兵变之前好几年，就有人看到李筠一直在疯狂地招兵买马，断定李筠一定会反叛中央，于是早早地就备下了中央大军征讨李筠所需要的粮草物资，赵匡胤平叛因此得以顺利进行。

诸多迹象表明，李筠的不臣之心早已是路人皆知，周世宗死后，陈桥驿兵变只是给李筠提供了一个漂亮的起兵借口而已。没有这个借口，他也会寻找其他机会起兵，挑战中央的权威。

李筠既有贼心，又有贼胆，他之所以能够如此勇往直前，问题真正的关键，应该还是出在李筠手中所掌握的那三万大军和三千匹战马上。

按照中唐五代的定律，节度使凡是手中拥有了上万人的部队，上千匹的战马，就会对皇位产生非分之想。不如此，不足以为"英雄"。安于当土皇帝的，就要被嘲笑为"田舍翁"。李筠的兵力达到了三万人以上，战马三千匹，又不想当"田舍翁"，起兵造反是早晚的事。

王侯将相，宁有种乎？赵匡胤固然捷足先登，但是李筠有三万精兵在手，不经过一番武力较量，他是绝不会认输的。而李筠之所以能拥兵三万，战马三千，根源还是在于中唐五代实行的藩镇节度使的制度上。

而就在这年的九月，淮南节度使李重进也步李筠的后尘，于扬州起兵。虽然李重进手中兵力有限，但他的名头太大，赵匡胤仍然不敢大意，再次御驾亲征。

宋代著名理学家范浚在《五代论》中指出："兵权所在，则随以兴，兵权所去，则随以亡。"这些话揭示了唐末五代以来，在政治局面变换中，兵权所起的决定性作用。从小军官到殿前都点检，又从殿前都点检跃上皇帝宝座的赵匡胤，当然懂得其中的利害关系。

未雨绸缪，才能防患于未然。确保大宋政权的长治久安，彻底削夺禁军大将和地方藩镇节度使手中的兵权，刻不容缓。

二、恩威并举，王者仁心

前事不忘，后事之师。如何解决这一历史难题，不再重蹈五代乱世的覆辙？赵匡胤决计问策于赵普。这一次史上著名的君臣对话，司马光的《涑水记闻》有如下记载：

（宋）太祖既得天下，诛李筠、李重进，召（赵）普曰："天下自唐季以来，数十年间，帝王凡易十姓，兵戈不自，苍生涂地，其故何也？吾欲息天下之兵，为国家建长久之计，其道何如？"

普曰："陛下之言及此，为天地人神之福也。唐季以来，战斗不息，国家不安者，其故非他，节镇太重，君弱臣强而已。今所以治之，无他奇巧也，惟稍夺其权，制其钱谷，收其精兵，则天下自安矣。"

语未毕，上曰："卿勿复言，吾已喻矣。"

司马光为山西省夏县涑水乡人，《涑水记闻》是司马光的一部语录体笔记，比较详尽地记载了五代至北宋早期的国故时政，为后世留下了极其珍贵的史料。

面对赵匡胤的追问，赵普首先提出了两个关键词："节镇太重"和"君弱臣强"。这是一个问题的两个方面："节镇太重"是指那些割据一方、虎视眈眈的节度使们；"君弱臣强"是指那些手握重兵、

战功赫赫的禁军将领。五代的节度使被形象地称为"肢体之患"，禁军兵权在握的大将，则被称为"腹心之患"。赵普认为，五代以来之所以王朝短命、战乱不止，其根源就在于此。

是的，纵观两千年的中国帝王史，任何一个时代和王朝，祸端大都由此而生，盛世因此终结，乱世由此开始，新生的大宋有可能因此昙花一现，再度走向悠悠乱世。

事关新政权的生死存亡，面对危机，赵普对应地提出了"稍夺其权""制其钱谷""收其精兵"三个具体的解决办法，人称"三大纲领"。

可是，立国伊始，那些手握重兵、战功赫赫的禁军将领就是那么容易摆布的吗？况且，赵匡胤座下的龙椅，正是来自这些人的鼎力支持，没有这些大将，也许就没有当下的赵匡胤。

可是，面对逼到眼前的难题，如果不断然采取措施，日久势必养虎为患，也许一个偶发事件，就足以断送大宋江山。

创业难，守成更难。赵匡胤必须找到一个稳妥的解决办法，以化解危机，长治久安。

狡兔死、走狗烹；飞鸟尽、良弓藏；敌国破、谋臣亡。

这是西汉的韩信在临刑之前发出的慨叹。在血腥残酷，弱肉强食的帝王史上，诛杀功臣，以绝后患，俨然已成为一条不二法则，成为历代帝王们大功告成之后的维稳版本。可是，面对乱世里一块长大的伙伴，战场上一同出生入死的兄弟，赵匡胤真的需要大开杀戒，在历史上留下一片骂名吗？如果不取这条捷径，他有两全其美的办法吗？

赵匡胤和赵普的谈话，发生于建隆元年（960年）末，史称"赵普之谋"。第二年六月，皇太后杜氏病逝，国丧之后，宋太祖赵匡胤即上演了一出好戏，首先解除了禁军大将的兵权，有效改变了长期以来"君弱臣强"的不利局面，有力巩固了中央政权。

我们可以在司马光的《涑水记闻》里，找到这一幕鲜活的历史场景。

建隆二年（961年），七月初八夜，大宋皇宫。

宋太祖赵匡胤盛情宴请石守信、王审琦等多位禁军的大将，已是酒过三巡，菜过五味。

赵匡胤打发走了侍从，然后对众将说道："我没有弟兄们的拥戴，绝不会有今天的皇位，弟兄们的功劳我是不会忘记的。但是，当天子也实在太难了，真不如当节度使时快乐，我自从当了天子之后，从来没有睡过一个安稳觉。"

石守信等人赶忙问道："这是为什么呢？"

赵匡胤回答："这还用问吗？你们今天在座的各位，又有谁不想坐我这个位子呢？"

此语一出，众将惶恐起立，边叩头边说："陛下何出此言！如今天命已定，陛下才是真龙天子，谁还敢复有异心！"

赵匡胤说："不然。兄弟们想一下，你们哪个不是手握千军万马，但各位谁能担保自己的部下里面就没有野心勃勃的人物呢？如果有朝一日，他们把黄袍硬披在你们的身上，你们虽然不想当皇帝，还能有推辞的办法吗？"

众将这才恍然大悟，纷纷痛哭流涕地说："我们太愚蠢了，都没有想到这一层，还是请陛下可怜我们，给我们指一条生路吧。"

赵匡胤说："人生如白驹过隙，所谓的荣华富贵，说白了，不过是多积攒一点金银财宝，自己既能尽情享乐，也能让子孙们以后不至于过穷日子。你们为什么不交出手里的兵权，多买几处宅院，多置点好地，给子孙留下些永久的基业。再多买几个漂亮的歌伎，陪你们唱唱曲，跳跳舞，天天高高兴兴地喝点酒，快快乐乐地活一辈子呢。咱们君臣老兄弟之间，互不猜疑，上下和谐相处，这样难道不好吗？"

赵匡胤又向石守信等人许诺说："我有几个女儿，以后就许配给各位弟兄的儿子，只是希望不要给弟兄们添麻烦。"

石守信等人高兴地连连拜谢："陛下这样周到地替我们打算，真

好比让我们得以死而复生啊。"

第二天，七月初九，石守信等人纷纷上表称病，主动辞去禁军军职，交出了手中的兵权。

石守信

就这样，大宋的开国元勋，数位位高权重的禁军统帅，一起离开了禁军指挥的岗位，被外放为各地节度使。只有石守信还挂了一阵侍卫亲军都指挥使的空衔，其实并没有真正的兵权了。到建隆三年（962年），经石守信主动上表请求，他的这一空衔也被取消了。

在这一过程当中，没有一员大将死于非命，没有一员大将丢官罢职，没有一员大将对皇帝心存芥蒂，确实是一次和平的、完美的收兵权行动。

其实，早在建隆二年（961年）七月之前，赵匡胤已经把禁军中地位最高的侍卫亲军都指挥使韩令坤和殿前都点检慕容延钊，都外放为节度使，解除了他们在禁军中的兵权。这说明，有没有赵普建议，宋太祖必然还会有后续动作，只是时间、时机和方式的选择问题。赵匡胤之所以能够如此完美地收夺开国大将们的兵权，关键在于开诚布公。

首先，开诚布公地向众将说明白，他和众将之间的关系，已经不再仅仅是同生共死的老战友、老兄弟了，双方首先是君臣的关系。作为战友、兄弟，宋太祖绝对相信众将对他的赤胆忠心，但作为皇帝，他又不得不防范众将兵权在握，有威胁皇权的可能性。因为，不管众将主观上有无造反的意愿，他们的资历、威望和功劳，就决定了他们距皇位实际上不过一步之遥，处于离皇权既可望又可即的敏感位置，是皇权一定要加以限制的对象。

其次，开诚布公地承认众将拥戴他上台的贡献，承认众将解除兵权是为了大宋而任劳任怨。既然如此，顺理成章地就答应了以联姻、金钱、土地、美女为条件，来交换众将手中的兵权，众将的既得利益、政治地位一切不变，而不是捏造罪名，肆意地剥夺兵权。

事已至此，众将也就别无选择，只能是明智地主动交出兵权。

此后不久，赵匡胤兑现了自己的诺言。大女儿嫁给了王审琦的儿子王承衍，二女儿嫁给了石守信的儿子石保吉，赵匡胤的弟弟赵光美则娶了张令铎的女儿，再加上此前赵匡胤的妹妹嫁给了高怀德，开国大将们几乎都与宋太祖结成了儿女亲家或亲戚，双方之间的亲密关系就更进一层了。

这一著名历史事件，史称"杯酒释兵权"。

值得一提的还有苗训。赵匡胤当上皇帝后，苗训因功封为护国大军师兼司天台正。伴君如伴虎，对于赵匡胤的良苦用心，神机妙算的苗训当然心知肚明。看到天下一统，自己的多年夙愿已然实现，苗训于是多次上奏，以身体多病为由回归故里。赵匡胤见挽留不住他，准于归乡养病，为表恩宠，除赠送一大笔金钱外，以国号宋，赐苗光义家乡苗家庄为宋村，沿用至今。

对于赵匡胤而言，他实在不愿意这么做，正是有了这些人的鼎力相助，才有了新生的大宋；对于存世不久的大宋而言，又非常有必要

这么做，因为之前已经发生了太多血淋淋的夺权事件。未雨绸缪，防患于未然，赵匡胤用最小的代价换得了最圆满的结果。

诛杀功臣，无论如何不是好事情。赵匡胤似乎打破了这一历史顽疾，再次兵不血刃，恩威并举，圆满有效地解决了立国后中央集权的棘手问题，可谓王者仁心，被视为宽和开明的典范。

五季之乱，内则权臣擅命，外则藩镇握兵。宋兴，内外廓清，若天去其疾，或纳节以备宿卫，或请老以奉朝请。虽太祖善御，诸臣知机，要亦否极而泰之象也。

这是《宋史》对宋太祖"杯酒释兵权"的高度评价，说出了"杯酒释兵权"对终结唐代中期以来的战乱局面，实现天下太平的重要意义。明太祖朱元璋也说过："使众将不早解兵权，则宋之天下，未必不五代若也。"意思是说，如果不是宋太祖及早地解除了禁军大将和藩镇节度使等众将的兵权，大宋就和后周一样，极有可能成为第六个短命的王朝，这无疑是一个高明政治家的远见卓识。

三、建一个新班子

"杯酒释兵权"是赵匡胤为加强皇权，巩固统治所采取的一系列政治军事改革措施的开始。禁军里那些德高望重的将领的威胁解除了，赵匡胤着手组建一套新的统帅班底。

鉴于陈桥驿兵变活生生的例子，在禁军大将的人事安排上，赵匡胤的用人原则首先发生了重大改变。

在此之前，重战功，论资历，看能力；在此之后，则把皇帝信任与否、本人的忠诚度和有没有可能威胁皇权放在了第一位，至于他们能不能打仗，会不会治军，反而放在了次要的位置上。

我的军队我做主。在此指导思想之下，赵匡胤放手提拔重用自己的殿前军嫡系亲信前去统领禁军。

殿前军组建于后周初年，经周世宗、张永德、赵匡胤等人在高平之战后的整顿，其战斗力远远超越了侍卫亲军，成为禁军新的王牌军，是周世宗南征北战的主力部队。赵匡胤是殿前军的主要缔造者和指挥者之一，他的命运与这支部队紧密相连，殿前军成长壮大的历史，同时也就是赵匡胤个人一步步走向成功的历史。

赵匡胤的军旅生涯是从殿前军开始的，高平之战后跃升殿前军的高级统帅殿前都虞候，并具体负责殿前军的整顿和编练，是他后来能够开创帝业带有决定性意义的一步。此后，赵匡胤又用了六年左右的时间，把殿前军的指挥权牢牢地掌握在自己的手中，最终在殿前军最

高统帅殿前都点检的位子上，成功地发动了陈桥驿兵变。

军队历来最重派系，赵匡胤的嫡系当然就是殿前军，他夺取政权主要依靠的是殿前军的支持，登基后自然更是把殿前军作为他控制整个禁军的依靠力量。"杯酒释兵权"之后，从宋太祖赵匡胤一代，历任的殿前、侍卫两军的统军大将，几乎都无一例外地具有殿前军的背景，都曾经是赵匡胤下辖的殿前军的嫡系亲信。不属于这个小圈子的将领，即便是能力再强，战功再高，通常也难以进入禁军大将的行列。

赵匡胤殿前军的嫡系亲信，又可以分为以下两种类型。

第一种类型是赵匡胤的嫡系部下，也就是赵匡胤在后周任殿前都点检时辖下的殿前诸班直的指挥官和铁骑、控鹤等殿前军的中下级军官。

代表性的人物，有韩重赟、刘光义、崔彦进、张廷翰、马仁、李汉超、党进、刘遇、李进卿、李汉琼、杨光美等十余人。"杯酒释兵权"之后，韩重赟晋升殿前都指挥使，刘光义晋升侍卫亲军马军都指挥使，崔彦进晋升侍卫步军都指挥使；乾德五年（967 年），张廷翰和李进卿，分别晋升侍卫马军都虞候和侍卫步军都虞候；开宝六年（973 年），党进晋升侍卫马军都指挥使，李进卿晋升侍卫步军都指挥使，李汉琼晋升为侍卫马军都虞候，刘遇晋升侍卫步军都虞候，杨光美晋升步军司虎捷左右厢都指挥使，参与步军司事务。

和石守信等人相比，殿前军的这些中下级将领们不仅地位要低得多，而且他们都是赵匡胤任殿前都虞候、殿前都指挥使和殿前都点检六年时间里一手提拔起来的，是赵匡胤真正的嫡系部下。因为在后周的时候，赵匡胤对禁军大将的人事安排，可能至多只有建议权，而对中下级军官的选拔权，在相当程度上是掌握在赵匡胤手中的。张永德任殿前军长官的时间要比赵匡胤长，但在殿前军中的影响力反而远不如赵匡胤，原因也就在于此。

因此，宋太祖对殿前军的这批中下级军官，既有知遇之恩，又有长官之威；他们作为宋太祖多年的部下，对宋太祖更是既感恩图报，又唯命是从。《续资治通鉴长编》开篇所谓宋太祖，"自殿前都虞候再迁都点检，掌军政凡六年，士卒服其恩威"，"服其恩威"主要指的就是这一群体，他们也是宋太祖发动陈桥驿兵变的"群众基础"。

更为重要的是，这批人在后周时，不仅地位要比石守信等大将低得多，而且都没有独立指挥大战役的经历和战功，没有大的战功，当然也就不会有高的威望，用他们来替代石守信等将统军，宋太祖无疑是放心的，使用起来也更为顺手。

第二种类型，是赵匡胤在后周殿前军时个人的亲兵卫士。

他们都是由赵匡胤招募入伍的，或者是入伍后被看中，选拔到赵匡胤麾下充当亲兵卫士。这个群体的代表性人物，有张琼、杨义、石汉卿、王继勋、田重进、李怀义、米信、崔翰等十余人。"杯酒释兵权"后，张琼被宋太祖破格提升为殿前都虞候。乾德元年（963年）张琼死后，杨义继任殿前都虞候，开宝六年（973年）遂晋升殿前都指挥使。田重进、米信、崔翰、李怀义等人在宋太祖时都是殿前军的中高级将领，宋太宗即位后，他们都成为禁军大将，田重进做到了侍卫马步军都虞候，米信做到了侍卫马军都指挥使，李怀义做到了侍卫步军都指挥使，崔翰做到了殿前都虞候。

如果说赵匡胤与石守信等开国大将之间的关系是战友关系，石守信、王审琦等都是赵匡胤的老战友、老兄弟；那么赵匡胤与自己殿前军中嫡系部下的关系，则是长官与下级的关系，韩重赟等人都是赵匡胤亲信的部下；赵匡胤与亲兵卫士们的关系，那就要更进一层，是"养"与"被养"的关系，是带有强烈人身控制和依附色彩的主仆关系，张琼等人可以说都是赵匡胤的家臣家将，相当于奴仆。相比于部下和战友，奴仆无疑最可靠，也最容易驾驭，自然也就更容易得到晋升。

按照当时军中的惯例，禁军大将、藩镇节度使等高级军官，都要招募最少三五十名猛士作为自己的亲兵卫士，叫作"厅直"或"牙兵"。主将平时提供给亲兵卫士远高于普通士兵的生活待遇，打仗的时候，亲兵卫士则跟随在主将的身边，负责保卫主将的个人安全。在

政治上，主将与亲兵卫士之间也结成了一损俱损、一荣俱荣的胶固联系，亲兵几乎都是主将的"腹心"、死党。赵匡胤与其亲兵卫士之间的关系，就是这样一种带有强烈人身依附色彩、休戚与共的亲密关系，如他后来亲口对诸班卫士所说的："你们都是我亲手训练出来的，无不以一当百，是用来'备肘腋，同休戚'的。"

这些亲兵卫士，也无一例外地绝对效忠宋太祖个人。在后周的时候，他们视赵匡胤为衣食父母，只知有赵点检，不知有后周朝廷，是不折不扣的"赵家兵"。正因为如此，赵匡胤开国后收兵权的时候，严令禁止大将私自招募亲兵卫士。

大宋开国后，他们更是只知有宋太祖，不知有他人。有一次，皇弟赵光义向禁军将领田重进赠送酒肉以示关心，田重进就公开地说："我只知道有皇帝陛下，哪能吃别人给的酒肉呢?"赵光义也不得不敬重他对皇帝的忠诚。杨义更是对宋太祖特别的忠心，被公认为忠肝义胆式的人物。宋太祖有一次在皇宫后花园训练水战，杨义闻听到鼓噪之声，以为宫中有变，当即领兵入宫救驾，连衣衫都未来得及换，赵匡胤感动地连连对身边的人说："杨义是真忠臣!"

亲兵卫士群体是宋太祖最可信赖的私人"爪牙"，是宋太祖控制禁军实际上最倚重的力量。宋太祖一朝禁军指挥权的转移，呈现出由石守信等大将向宋太祖的嫡系部下转移，再由宋太祖的嫡系部下向宋太祖的亲兵卫士群体转移的明显轨迹。从宋太祖以后，宋朝的历代皇帝，都继承了宋太祖以亲兵卫士充当禁军大将，以控制禁军兵权的做法，如宋太宗由晋王上台后，不到几年的工夫，当年晋王府里看大门的、赶车的都当上了节度使，禁军大将更是由他的亲兵卫士所垄断。

开宝六年（973 年）九月，宋太祖朝最后一届殿前和侍卫两军的统帅班子组成，禁军的统帅人员全部都是皇帝的嫡系亲信心腹，赵匡胤将整个禁军的大权牢牢掌握在了个人的手中。

无疑，这就是"杯酒释兵权"所要达到的目的。

至此，赵匡胤对禁军统帅人员的人事调整也随之基本结束。

四、造一个新体制

对于帝王而言，用人是第一要务，军队的指挥权事关政权的生死存亡，当然就更是如此。但是，人事调整也不是万能的，它必须建立在制度完善的基础之上，方能充分地发挥作用。如若制度存在着大的漏洞，本来可靠的人也会变得不可靠。

赵匡胤在进行一系列人事调整，以自己的嫡系亲信执掌禁军兵权的同时，以更大的精力，从事了制度的改革和完善，从而在更为根本的制度层面，扭转了五代"兵制不立"和"将帅权倾"的格局，保障了皇帝对禁军兵权的绝对控制。

第一，禁军各部最高级军职形同虚设。

从建隆二年（961年）闰三月裁撤了殿前都点检一职开始，至建隆三年（962年）九月石守信辞去侍卫亲军马步军都指挥使，侍卫亲军都指挥使就此撤销，赵匡胤陆续废除了殿前都点检、殿前副都检、侍卫亲军马步军都指挥使、副都指挥使、马步军都虞候共五个位高权重的禁军最高级的军职。殿前都指挥使一职虽然最终没有裁撤，但从乾德五年（967年）至开宝六年（973年）也空缺了长达六年。

殿前都点检、殿前副都点检、侍卫亲军都指挥使、副都指挥使、马步军都虞候，都是禁军中当然的最高级大将，位高权重。尤其是殿前都点检和侍卫亲军都指挥使，同属朝廷一品大员，毋庸置疑握有号令全军、便宜行事的威信和兵权，而且他们除节度使外，通常还挂同

平章事（宰相）一类的高级政治头衔，有权力干预甚至决定朝廷的大政，五代宋初的张永德、李重进、韩通、慕容延钊、韩令坤、石守信等人皆是如此。军政大权如此集于一身的显赫地位，就决定了不论是谁居于该职，也不论当事人本人的主观意愿如何，都有可能在条件适宜的时候，成为政治上的不稳定因素，进而威胁到皇权的安全。

"点检做天子"，后周覆灭的历史就是最好的证明。周世宗已经意识到了禁军兵变迫在眉睫的严重威胁，但他只是匆忙地撤换了有嫌疑的都点检张永德，代之以他认为忠诚可靠的赵匡胤，结果治标不治本，于事无补。

赵匡胤则侧重于从制度层面解决问题，干脆一劳永逸地将他们全部废除，"点检"既然不存在了，"点检做天子"的威胁自然就解除了。同周世宗仅仅在人事调整范围兜圈子相比，赵匡胤的处理思路无疑要高明得多，也更有效力。

废除了殿前都点检等五个最高级军职以后，原本是殿前军第三长官的殿前都指挥使、侍卫亲军第四长官的侍卫马军都指挥使和步军都指挥使，都上升为各自的统帅。按照当时的制度，殿前都指挥使是从二品官，副都指挥使为正四品官，而侍卫马、步两司的都指挥使和副都指挥使仅为正五品官，都虞候更仅为从五品官。

禁军大将的官级降下来了，很自然地就收到了降低禁军大将地位和威望的良好效果。正所谓"位低则易使""权轻则易制"，禁军大将在军队中的号召力，以及他们对禁军的实际控制力，也水到渠成地被大打折扣。他们对皇权的威胁当然也就随之大大降低。

在殿前军和侍卫亲军两军大将地位不断下降的同时，宋朝自开国以来，反而有意识地大幅度提升禁军当中军都指挥使、都虞候等中级军官的地位，军都指挥使的官位往往也能达到从五品官，使他们与各自长官的地位差距不大，以收到与长官彼此互相制约的效果。

侍卫亲军马步军都指挥使、副都指挥使和都虞候三个职务被裁撤以后，侍卫亲军在事实上就一分为二，分为了侍卫马军和侍卫步军两军。宋朝禁军的统帅机构也相应地由殿前、侍卫两司并立，转变为殿前司、侍卫马军司和侍卫步军司三足鼎立。殿前司、侍卫马军司和侍卫步军司，就是宋朝著名的"三衙"。三衙之间却绝非上下级的关系，而是互不隶属、鼎峙并列的平行关系，彼此都不得跨司指挥，分别直属于皇帝本人。

殿前副都点检撤销后，殿前军在指挥关系上也出现了一定程度上的一分为二的趋势。按照后周宋初的制度，殿前军的指挥格局，本来是殿前都指挥使直接下辖铁骑、控鹤等部，殿前都虞候则直接下辖殿前诸班直，两者基本是平行的关系，殿前都点检和殿前副都点检才是殿前军全军的主帅。赵匡胤废除了殿前副都点检，殿前都指挥使起码不能迅速地建立起对殿前都虞候顺畅的指挥关系，何况宋太祖又有意识地使殿前都指挥使一职空缺长达六年。在这种状况下，殿前诸班直、铁骑、控鹤这殿前军的三大主力部队，显然也呈现出互不统属的平行局面，都分别直接听命于皇帝，皇帝对殿前军的控制也就得到了空前的强化。

第二，确立了枢密院——三衙统兵体制。

枢密院是唐末五代发展起来的强力部门。五代乱世，立国以兵，各个王朝都依赖枢密院以掌控中央禁军，枢密院的长官枢密使的地位遂扶摇直上。居其位者，都是皇帝的心腹重臣，军国大事，皇帝都要与枢密使商议，其实际权力重于宰相。这种安排，本来是出于加强对禁军控制的考虑。但事与愿违，枢密使既然"手握禁旅""又得兴发"，其本身就成为政治上的不稳定因素。后周太祖郭威就是以枢密使的身份而发动兵变，推翻后汉王朝的。

后周建国之后，郭威和周世宗削夺了枢密使的兵权，不再以禁军大将居其位。但枢密院的兵权下降之后，禁军大将的兵权就处于失控状态。在失去了枢密院强有力制约的情况下，禁军大将兵权恶性膨胀的后果，只能是导致兵变的发生。赵匡胤"黄袍加身"，也不过是捷足先登罢了。

赵匡胤开国以后，汲取了后汉、后周两方面的历史教训，双管齐下，注重从制度上防微杜渐，确立了枢密院、三衙互相制衡的枢密

院——三衙统兵体制，以防止其中任何一方独揽禁军兵权。

首先，树立了枢密院军政最高决策和复核机关的地位，禁军三衙——殿前司、侍卫亲军马军司、侍卫亲军步军司被定位于枢密院之下的执行机构。赵匡胤得国伊始，为改变枢密院毫无作为、禁军大将兵权几近失控的局面，在"杯酒释兵权"的同时，着重充实枢密院。他最亲信的智囊赵普，陈桥驿兵变后就在枢密院任职多年，先是出任枢密院的枢密直学士、枢密副使，建隆三年（962 年）拜枢密使。他的另外两个心腹幕僚李处耘和王仁赡，也先后出任枢密院的枢密承旨和枢密副使。这三个人都是最得宋太祖亲信和赏识的才智之士，由他们出掌枢密院，枢密院显然重新恢复了对禁军大将的控制能力。

其次，宋太祖用赵普出任枢密使，"首用文吏而夺武臣之权"，利用文武之间的矛盾，枢密院长官多任用文臣，与三衙禁军大将形成"以文制武"的格局。从五代至宋朝，作为统治集团中的两大群体，文臣和武将之间的矛盾一直存在，"文武二途，若冰炭之不合"。五代是武夫横行，欺凌文臣，宋朝则是"重文轻武"，情况完全反了过来。

最重要的是，赵匡胤还将调兵权和握兵权一分为二，枢密院、三衙只能各掌其一，由皇帝居中控制。如此一来，就使握兵权和调兵权分别掌于枢密院和三衙，相互制衡，但都不可能对皇权构成威胁，兵权遂完全归于居中控制的皇帝。禁军也由五代时期威胁皇权的"腹心之患"，转化为维持宋朝统治的最重要支柱。

第三，扩充皇城司，强化特务活动。

陈桥驿兵变能够成功，一个极其重要的原因，就在于后周皇宫和宫城的保卫都由殿前都虞候统领的殿前诸班直负责，也就是控制在殿前军的手中。待殿前军的统帅赵匡胤发动兵变后，其死党殿前都指挥使石守信、殿前都虞候王审琦闻风响应，一声令下，不仅皇宫和宫城的警卫顷刻间倒戈，而且立即封锁了皇宫和宫城，切断了可能忠于后周的力量增援皇宫，使皇宫中的后周皇帝、太后，政事堂中的后周宰相、枢密使等重臣，事实上都成为殿前军的人质和俘虏，从而挟天子以令诸侯，奠定了兵变成功的大局。

正因为如此，赵匡胤当了皇帝之后，为了避免重蹈覆辙，立即选拔出了禁军中的一批精锐，组建了一支专门负责保卫皇宫安全的新的军事力量。这支部队的士兵，有特别的名称"亲事官"，以示与普通禁军相区别。

这支部队，当然不再隶属于殿前司，也不隶属于三衙禁军系统，而是归皇城司指挥。皇城司的长官名义上是皇城使，实际上是由皇帝最贴身的宦官担任真正主管。

宦官历来都是皇帝奴才当中的奴才，也是皇帝最喜欢重用的。由宦官来掌管皇宫精锐的警卫部队，就可以与三衙禁军形成一种互相制约的关系。宋太祖曾经扬扬得意地说："即使是开封城里发生兵变，我在皇宫中还有上万的精兵，足够对付他们。"

皇城司的作用还不止于此。为了防范禁军兵变的重演，宋太祖还赋予皇城司以特务活动的特权，其可以肆意监视禁军官兵的一举一动，随时向皇帝本人密报，也可以法外抓人。皇城司因此成为宋代由宦官主管的专门的特务机关，皇城司的士兵也就得了不光彩的"察子"的外号。通过皇城司的特务活动，皇帝对禁军的控制无疑得到了空前强化。

在上述制度建设的同时，禁军军官的任免权，以及禁军的调动权，更是自始至终都掌握在皇帝个人的手里。不论是大大小小军官的任命，还是禁军的调动，都必须有皇帝的圣旨，紧急情况下调动禁军，也必须要有皇帝本人写的手令。没有圣旨或皇帝的手令，任何人都无权擅自调动禁军的一兵一卒。"外不在藩镇，内不在强臣，不委宦官，不倚近戚"，只有皇帝才是军队的最高主宰者。

五、最后的节度使

收夺禁军大将兵权顺利完成之后，罢藩镇节度使的兵权，随即按部就班地展开。

开宝二年（969 年）十月，赵匡胤如法炮制，又是在皇宫后花园中安排了一场酒宴，邀请前凤翔节度使兼中书令王彦超、前安远节度使兼中书令武行德、前护国节度使郭从义、前定国节度使白重赞、前保大节度使杨廷璋等在开封候职的五位资深节度使，前来赴宴。

酒足饭饱后，宋太祖从容地对各位节度使说道："各位都是国家劳苦功高的前辈老臣，多年执掌事务繁多的重镇，如今我朝尊重优礼老人，大家还是进京享福，地方上的事就不应该再劳累各位了。"

王彦超十分机灵，善于察言观色，立即抢先表态："我本来就没有什么像样的功劳，如今年龄大了，更是一无所用的老朽了，若陛下开恩，让我告老还乡当个老百姓，这才是我最大的心愿。"而武行德等人，却仍然七嘴八舌地向宋太祖炫耀自己的战功，赵匡胤不耐烦了，当即说道："这些都是过去朝代的事情了，不值得再讨论了。"各节度使遂哑口无言。

第二天，赵匡胤授武行德太子太傅，郭从义左金吾卫上将军，王彦超右金吾卫上将军，白重赞左牛千卫上将军，杨廷璋右牛千卫上将军，他们节度使的职务都被自动免掉。太子太傅是从二品的高官，通常只有宰相卸任后才能得到，但它只是个虚衔，左右金吾卫上将军、左右牛千卫上将军等职，合称"环卫官"，名义上是护驾皇帝，名头大得吓人，品级都是从二品、从三品的高官，俸禄也十分的优厚，但没有实际兵权，都是些在开封养老的闲职。与此同时，安远节度使向拱、保大节度使袁彦两位节度使也被解除了藩镇职务，改授环卫官。

这就是宋初历史上第二次"杯酒释兵权"，一次就解除了七名资深藩镇节度使的兵权。

相比于第一次"杯酒释兵权"，第二次"杯酒释兵权"进行得更为顺利，宋太祖只一句"这些都是过去朝代的事情了"，各藩镇节度使就乖乖地交出了兵权和地盘。宋太祖表示尊重节度使的既得利益，他们虽然心有不甘，也断然不想冒着丧失一切的风险胡来。

这些老牌的节度使，许多人在后汉的时候，就已经功高震主。他们往往多年盘踞一方，搜刮民脂民膏，富贵荣华，妻妾成群，其发迹远远早于赵匡胤，赵匡胤自然会对他们有所成见和戒备。如郭从义善于击球，曾经在便殿侍奉太祖，太祖令郭氏击球给他看。郭从义欣然领命，遂易衣跨驴，驰骤殿庭，周旋击拂，曲尽其妙，赵匡胤情不自禁地为他鼓掌。击球完毕，赵匡胤让他坐下来，对他说："你击球的技艺十分精湛，但这不应是将相所擅长的。"

当然，赵匡胤还是比较尊重这些老牌节度使的历史贡献的，不仅保证他们在开封城的地位不变，待遇不变，还不断地提升他们的官衔，各节度使都得以荣华富贵而善终。这种理解对方和尊重对方实际利益的思路，和第一次"杯酒释兵权"的做法是一脉相承的，也同样取得了极佳的效果。在解除资深节度使职务的同时，赵匡胤按赵普"三大纲领"的预先规划，一系列旨在从根本上解决藩镇割据的制度调整也在紧锣密鼓地进行。

一是"稍夺其权"。重点是削夺节度使的行政权，节度使辖区内的各州，除节度使所在的州外，其他的州，当时叫"支郡"，都陆续收归中央直辖。节度使的行政权力，就仅限于他所在的一个州，其他各州，由中央选派"知州"进行管理。知州，全称是"知州军事"，都为带有中央官头衔的文官，三年一轮换。州下面大县的长官，也由

中央的文官前去担任，叫作"知县"。乾德元年（963年），又设置了通判一职，通判的地位较知州略低，但又不是知州的副职，而是专门负责对知州进行监督，以分割知州的权力。

二是"制其钱谷"。重点是削夺节度使的财政权，乾德二年（964年），规定节度使不得再以"留使""留州"的名义截留地方赋税，除了地方行政的支出之外，所有的金银、铜钱等货币收入都要上缴中央。乾德三年（965年），就专门派中央财务官员前往控制地方的市镇和市场，盈利所得直接送缴中央，地方无权干涉；同年，又专门设立了"转运使"一职，总揽地方财政大权，负责把地方赋税解送中央，节度使的财权就被剥夺了。

三是"收其精兵"。重点是削夺节度使的兵权，乾德三年（965年）八月，赵匡胤下令把各藩镇的精兵猛将抽调到开封，骑兵授予"骁雄"的番号，步兵授予"雄武"的番号，总兵力在万人以上，都隶属于侍卫司。同时，还把藩镇的募兵权收归中央，明令规定地方以后不得再私自招兵买马。各藩镇剩余的老弱残兵，后来统一整编为"厢军"。厢军不论是在政治地位，还是在经济待遇各方面，都要远远低于中央的禁军，自然就吸引不到优秀的兵源。此后，厢军很少进行军事训练，逐渐蜕变成了一支主要用于服劳役的工程部队，军事职能大部分丧失。同时，为了避免驻防地方的中央禁军蜕变为新的地方势力，赵匡胤又制定了"更戍法"，规定驻防各地的禁军三年一轮换，以求得"兵不识将，将不识兵"。

随着上述政策的推行，节度使就由称雄一方的土皇帝，下降为一个州的高级长官而已。到了宋真宗以后，更是演变成了只领俸禄而不就职的虚衔，人称"享福"节度使。自唐代"安史之乱"以后，逞凶二百多年的节度使终于被彻底铲除了，藩镇割据地方也成为历史。对此不世之功，赵普贡献可谓大矣，南宋大儒朱熹赞道：

赵韩王佐太祖区处天下，收许多藩镇之权，立国家二百年之安，岂不是仁者之功。

第七章　南征北战

　　面对眼下四分五裂的局面，如何统一？赵匡胤需要考虑平天下的最佳谋略和制胜路径。

　　王朴曾经提出过先南后北、先易后难的统一策略，柴荣就是利用这个策略，取得了江北十四州。

　　可是，相对于之前的统一策略，赵匡胤却意欲先北后南，突然提出了如下统一思路：首先，解决北汉问题；其次，削平南方各国；最后，收回幽云地区，实现统一。

　　与此同时，与西北的党项、回鹘，西南的大理，青藏的吐蕃，以及北方的契丹和平相处。

一、雪夜定策

歼灭叛国者，杯酒释兵权，都是强干弱枝的维稳大动作。可是，在赵匡胤看来，天下并不太平，就在新生的大宋周围，依然有大大小小十几个割据政权环伺而立。

北部有强大的契丹王朝，这是第一个打破"胡虏无百年之运"的强大的少数民族帝国；西北有北汉和党项，北汉国小但是将士强悍，党项不仅骑兵骁勇善战，他们还占据着西北战马产区。在南面，分布着荆南、武平（湖南）、南汉、蜀国、南唐、吴越、漳泉七个割据政权。其中，蜀国乃"天府之国"，富甲天下，南唐与大宋隔江对峙，在之前的打击下虽然元气大伤，却也不可小觑。

这些存世已久的独立王国，无论大小强弱，都是一种极大的挑战和威胁，一日不除，终是大宋心腹之患。而且，假如他们有人联起手来，共同对付大宋，势必会带来更大的麻烦和危险。

如此危情，岂能高枕无忧！赵匡胤必欲平之而后快，大局甫定，统一中国的梦想便提上了议程。

可是，面对眼下四分五裂的局面，如何统一？赵匡胤需要考虑平天下的最佳谋略和制胜路径。

就在数年之前，王朴曾经提出过先南后北、先易后难的统一策略，周世宗柴荣就是利用这个策略，取得了江北十四州。

可是，相对于之前的统一策略，赵匡胤却意欲先北后南，突然提

出了如下统一思路：首先，解决北汉问题；其次，削平南方各国；最后，收回幽云地区，实现统一。与此同时，与西北的党项、回鹘，西南的大理，青藏的吐蕃，以及北方的契丹和平相处。

反其道而行之，赵匡胤的想法行得通吗？

赵匡胤曾经三度表示自己这一策略。

第一次，公元960年八月，赵匡胤就统一大事问计于张永德。

赵匡胤说，我想先灭掉北汉，你觉得怎么样？

张永德说，北汉士兵强悍，还有契丹作为强大的外援，不适合轻举妄动。张永德建议采取疲汉之计，平时多派骑兵去骚扰，特别是等他们要种地的时候去骚扰，让他们的庄稼长不上。与此同时，多派间谍到契丹，断绝其强大的外援。北汉地少人稀，禁不起这么折腾，这么搞下去，不久就会被搞垮，可谓釜底抽薪。

对于张永德的意见，赵匡胤没有多说，只模棱两可地说了一句："很好。"

第二次，963年四月，皇帝召见了华州团练使张晖。

张晖曾在平灭李筠叛乱中立有大功，且在华州正干得风生水起。赵匡胤因此想听听他对于攻打北汉的建议。

华州属于边境地区，离北汉很近，张晖的意见应该更有参考价值。可是，张晖也提出了反对意见，认为当地百姓还没有从战乱的创伤中恢复过来，如果现在发兵北汉，恐怕百姓会疲于奔命，不如休养生息，再做打算。

听了张晖的建议，赵匡胤依然没有多说什么。

第三次，皇帝借着一次酒宴，问计于宰相魏仁浦："我去打北汉怎么样？"

魏仁浦的答复是："欲速则不达，希望陛下审慎考虑。"

赵匡胤的策略碰了三次钉子，但是他不准备放弃。最终让他改变主意的，是时任大宋最高军事长官枢密使的赵普。

赵普几乎参与了大宋开国的所有大事，可谓大宋的第一功臣，也是赵匡胤最信任的谋臣。赵匡胤当了皇帝以后，非常喜欢微服出巡，他最喜欢去的就是赵普家，来的频率比较高，所以赵普下朝后，从来不敢换掉朝服。

建隆二年（961年）冬，一个寒冷的雪夜。夜已经很深了，赵普觉得这种恶劣天气，皇帝应该不会来了，于是想要换上便装。正在此时，赵普听到了敲门声，开门一看，立在雪地里的正是赵匡胤，赵普暗自庆幸，幸亏没有换衣服。赵普赶忙将赵匡胤迎接到屋中，赵匡胤说："我约了光义，估计他也该到了。"赵普赶紧招呼妻子，生起炭火，挂起烤肉，来招待皇帝兄弟的到来。

赵普的妻子亲自倒酒，递给赵匡胤，赵匡胤相当有礼貌，称呼嫂子。大概谁也不会想到，大宋开国以后最为重大的国策，将会在这个火炉烤肉的喝酒聊天中确定下来。

不一会儿，赵光义也来了，三人席地而坐，围着火炉，一边吃肉，一边喝酒。赵普问道："天寒夜深，陛下因为何事到我这里来？"

赵匡胤感慨道："卧榻之侧，有他人鼾睡，我哪里还能睡得着啊！我想看看你可有什么妙计？"

赵普说："看来陛下感觉自己的天下太小了。现在南征北战，正当其时，陛下心中又有什么成算呢？"

赵匡胤说："现在北汉地小兵少，政局混乱，国力衰弱，我想先打北汉再图天下。"

赵普陷入了沉思，良久之后说道："这恐怕不行。"

赵匡胤忙问："为什么？"

赵普说道："北汉一个小国家，可以成为我们西面和北面的军事屏障，如果先灭掉北汉，来自两方面的军事压力我们大宋就得自己面对了。不如先留下他们，等我们以后削平其他国家，再捎带灭掉这个蕞尔小国。"

其中道理，赵普说得清楚：北汉这个小国，抵挡了北边的两个强国——契丹与西夏，所以北汉不能打，得先让它留着。

赵匡胤笑道："正合我意，我就是试探一下你罢了（"吾意正尔，姑试卿尔"）。"

这次会议，赵匡胤放弃了坚持已久的先灭北汉，先难后易的成算，确定了先南后北的基本战略，为大宋的统一战争奠定了基调。

这就是大宋史上著名的"雪夜定策"的故事。

之前的探讨过程中，张永德从军事实力，张晖从民生现状，魏仁浦从战争时机，赵普则从地缘政治方面分别论证了先北后南的不可行性。其实，最后敲定统一大业方案的，应该还有极为关键的经济动因。

因为，自中唐以后，东南地区在全国经济中的比重明显上升。宋初，淮河流域虽入版图，但最为富庶的长江三角洲、浙江和号称"天府之国"的四川仍在南唐、吴越和后蜀的控制下。宋人后来常说"国家根本，仰给东南"，赵匡胤当时也应该明白，仅靠中原地区的物力和人力，是不可能支持旷日持久的北伐战争的。

是的，卧榻之侧，岂容他人鼾睡！有关统一战争的策略，在南宋王称的《东都事略》和李焘的《续资治通鉴长编》里，均记载有赵匡胤与赵光义讲过的一段话：

中国自五代以来，兵连祸结，帑藏空虚。必先取巴蜀，次及广南、江南，即国用富饶。河东与契丹接境，若取之，则契丹之祸，我当之矣。姑存之，以为我屏障，俟我富实，则取之。

由此观之，对于如何一统天下，赵匡胤早已经胸有成竹，其统一策略是先南后北，先易后难，方法是以战养战。他之所以要唱反调，只是想广泛听取大家的意见，以最终落实最佳的战争方案。

因为，统一大业任重道远，他必须殚精竭虑、小心翼翼；因为，赵匡胤不是一个刚愎自用的人，他也没有把自己当成一个英明神断的人，这正是他高于常人的地方。

二、一箭双雕

统一方略既定，赵匡胤马上付诸实施。对北方的契丹和北汉基本采取守势，力图保持北方边境的暂时安定；对南方各割据政权，则利用矛盾，抓住时机，予以各个击破，首选目标是盘踞在两湖地区的两个政权：荆南和湖南。

大宋立国之后，荆南高保勖占据江汉三州，武平节度使周行逢统治湖南十四州。这两处割据势力地处长江中游要冲，南北相邻，又东临南唐，西接后蜀，南靠南汉。占领荆、湖，即可割裂江南诸国，为各个击破创造条件，赵匡胤决定寻机出兵荆、湖。

不久，机会来了。

建隆三年（962年）十月，武平节度使周行逢病死，11岁的周保权继位。衡州刺史张文表乘机兵变，占领潭州（今湖南省长沙市），威逼朗州（今湖南省常德市武陵区）。周保权为讨张文表，向宋求援。

而就在这年的十一月，荆南国主高保勖也死了，传位给自己的侄子、年仅19岁的高继冲。高继冲不懂政治，就把政务委托给节度判官孙光宪和衙内指挥使梁延嗣两人。

这真是千载难逢的机会，赵匡胤决定以"假途灭虢"方略，出师湖南、假道荆渚，以达一箭双雕的目的，虽然他们对新生的大宋一向很恭顺。

　　本来出兵攻打武平、荆南，需要师出有名，现在不需要了。赵匡胤眉飞色舞地对宰相范质说："江陵四分五裂，现在从那儿借道，捎带就把它消灭了，真是天助我也！"

　　其实，早在湖南叛乱之前，赵匡胤就曾经派大使卢怀忠去荆南。除了外交事务，卢怀忠还有一个任务：摸清荆南的山川地形和军力部署，为收复荆南做好准备。

　　建隆四年（963年）正月初七，赵匡胤命令山东南道节度使、中书令慕容延钊为湖南道行营都部署，副枢密使李处耘为都监，命令大军向襄州集结，准备讨伐张文表。在大军出发之前，赵匡胤召见李处耘，面授机宜。

　　与此同时，赵匡胤命令荆南水军三千人开赴潭州，一起到南方去维和。荆南的部队加一块也就三万人，水军也就几千人，这么一下子就把荆南的武力几乎削弱殆尽。

　　李处耘到达襄州之后，派人向高继冲谈话：大军要南下，希望从贵地借道，并希望荆南能够提供军需供应。高继冲当然不敢拒绝，急忙召开紧急会议，讨论应对策略。讨论的结果是：以人民害怕为借口，要在百里之外为大宋供应军需。李处耘因此很不满，再度派使者洽谈。高压之下，荆南主事大臣孙光宪和梁延嗣建议高继冲同意宋军所请。

　　就在此时，荆南的兵马副使者李璟威告诫高继冲："宋军表面上是要借道讨伐张文表，但是看这个架势，估计会顺便灭了我们。"李璟威跟高继冲讲述了春秋时期"假途灭虢"的故事，同时提出方案："我带三千兵马，在荆门据险设伏，等大宋军队撤退，我们就去擒获张文表，献给大宋，以此将功补过。"

　　如此策略，真的是太天真无邪。高继冲果断拒绝了他的请求，同样天真地说："一直以来，我们世代对大宋忠心耿耿，这次肯定没事儿，你不必太过担忧。"最后，高继冲又说了一句："你是慕容延钊的对手吗？"

　　高继冲最后一句倒很有自知之明，深知自己的实力实在无法与大宋的虎狼之师抗衡。如果注定战而不胜，何如放弃抵抗？如果劳而无功，何必兴师动众？如果亡国不可避免，那就选择一个体面的亡国方法。

亡国之际，高继冲决定明哲保身，而对李璟威飞蛾扑火、螳臂当车的主张，孙光宪坚决表示反对。孙光宪说："中央政府自从周世宗上台后，统一是大势所趋，现在大宋受命，势顺之者昌，逆之者亡。现在赵匡胤借道讨伐张文表，借道之后，哪里还有回去的道理。我们不如早点献出国土，免受战火之苦，或许还能保住眼前的富贵。"

李璟威的建议被否决，觉得大势已去，喟然叹曰："大事去矣，何用生为！"退朝后愤然自杀。

二月初九，高继冲派叔叔高保寅和大臣梁延嗣，带着美酒牛肉，去慕容延钊的军营犒劳大军，顺便打听大宋大军的实际意图。

李处耘很热情地接待了他们，说："我们就是借个路罢了，咱们喝完酒就去湖南，你们不要担心。"兴奋的高保寅赶紧派手下人把这个好消息带给高继冲，自己则和梁延嗣走进营帐，欣然接受慕容延钊的热情款待，一直从天黑喝到天亮。

正当慕容延钊设宴的时候，李处耘已经按照赵匡胤的谋划，带领轻骑数千人，星夜兼行，赶到了荆南的首都江陵。

刚刚收到平安信的高继冲，并没有做准备。就在这时，他听说了大宋军队到来的消息。高继冲慌忙出去迎接，李处耘让他就地等待主帅慕容延钊的到来，自己则率领亲兵，占领江陵的要害之处，并开始了日常的治安巡逻。

此情此景，高继冲并没有感到丝毫意外。事已至此，还能有其他选择吗？

荆南就此亡国。

大宋征服荆南之后，湖南武平的内乱已经平定，张文表也被诛杀，但是宋军并没有班师的意思，因为赵匡胤的目标当然不是张文表。按照赵匡胤的既定谋划，宋军副将李处耘加紧调动军队，向朗州集结。

面对大宋的军事压力，周保权很慌乱，问计于观察判官李观象。李观象说："我们能活到现在，是因为荆南在北面替我们挡着。现在荆南束手就擒，唇亡齿寒，朗州肯定守不住，我们不如体面地投降中央，还能保住富贵。"周保权表示同意，但是武平的武将们则不答应。在争论中，以张从富为代表的主战派占据了上风，周保权决定组织抵抗。

慕容延钊派使者到朗州劝降，对于大使先生的到来，张从富态度蛮横，闭门不纳。张从富非但不迎接大使，反而把境内的桥梁全部拆掉，把船只全部沉入河底，还大肆砍伐树木，阻塞道路。

得知情况的赵匡胤很生气，给周保权集团发去了最后通牒。周保权虽然只有11岁，但是少年老成，在一群武将的撺掇下，准备抵抗到底，对大宋皇帝的通牒置若罔闻。

于是，大宋官军和张从富在岳州三江口决战。

几百年前，就是在这里，周瑜放了一把火，烧掉了曹操的八十万大军，是为赤壁之战。同样，三江口之战，没有任何悬念，大宋斩首四千人，缴获战船七百艘，宋军占领岳州。

三月，张从富和宋军在澧州（今湖南省常德市澧县）遭遇。刚刚交手，武平军部队望风而逃，李处耘一路追歼残敌，缴获很多战利品，包括很多战俘。李处耘命令，在年轻力壮的俘虏脸上刻字，然后把他们放回朗州。这些人成了最好的活广告，本来没什么抵抗意志的士兵们彻底崩溃，朗州城军心涣散，他们在城内到处放火，然后逃入深山之中，朗州城顿成空城。

三月初十，宋军占领朗州，逃入西山的张从富被斩首示众，逃入寺院的周保权被俘。

随后，宋军征服武平全境，湖南遂平。

三、孟昶失国

初战告捷，不到三个月，大宋成功灭掉荆南、武平，收复了湖北、湖南。接下来，赵匡胤把征战的矛头指向了蜀国。

当其时，蜀国是南方各国最富裕的国家，在赵匡胤的谋划中，最先想解决的就是蜀国。中原久经战乱，民生凋敝，无力支撑统一战争，拥有强悍武力的赵匡胤，要想统一天下，就必须以战养战。秦国的统一战争，也是从灭巴蜀开始的，秦国因此国土扩大，国家富裕，为统一战争提供了坚实的物质基础。

五代十国史上，后蜀国主孟昶可谓一个响当当的人物。孟昶即位时，只有十六岁，其在位前期，知人善任，礼贤下士，劝课农桑，兴修水利，与民休息，大兴反腐倡廉。当其时，年轻有为的孟昶可谓一代明主，蜀国因此大治，呈现出一片欣欣向荣的局面，孟昶骄傲地对部下说："自古以蜀为锦城，今日观之，真锦城也。"

可惜好景不长，孟昶在位后期，仿佛换了一个人，开始沉湎酒色，不思国政，曾经的励精图治沦落为无休止的骄奢淫逸。有关孟昶后期的昏庸无道，最著名的标志物，一为珍宝制成的"七宝溺器"，一为宠妃花蕊夫人。

就在孟昶醉生梦死之时，赵匡胤加紧了出兵蜀地的准备。

早在公元 963 年，赵匡胤就把张晖调任凤州团练使，让其详细勘察川陕地势交通，赵匡胤还召见了荆南降臣，时为大宋皇家御医的

孟昶

穆昭嗣,向他咨询当地山川地形。一番考察之后,赵匡胤决计水陆并进攻打蜀国,大宋的军队开始在这一地区不断集结和频繁演习。

赵匡胤势在必得,大战一触即发。面对咄咄逼人的大宋军队,蜀国的高层恐惧不已。宰相李昊对孟昶说:"我看大宋的国祚,不像是大周大汉那样的短命王朝,天下人厌战已久,统一大业估计就是大宋来完成了。如果我们向大宋称臣纳贡,或许能够保蜀国免受战火之苦。"

孟昶表示认可,准备依计而行。但就在这时,一个人跳了出来,这个人,就是蜀国最高军事长官王昭远。

孟昶对王昭远非常信任,国事全部委托他来处理。王昭远从国库里拿出多少金银钱帛,孟昶从来不过问。孟昶的母亲李太后,对于小人出身的王昭远担任如此要职非常不满,但是她没能改变皇帝对王昭远的信任。

身为皇帝身边的宠臣,一路飞黄腾达的王昭远,急需一场胜仗来巩固自己的朝政地位，因此力主抗战。受到王昭远坚决态度的影响，皇帝孟昶深受鼓舞，决定拒绝称臣。王昭远于是派人去联络北汉，准备实施南北夹击计划。

王昭远派去给北汉送信的有三个人，在送信的半路上，其中一人把两个同行绑起来，连同密信都交给了赵匡胤。收到密信的赵匡胤特别高兴，说道："打蜀国总算是师出有名了。"

公元964年十一月，赵匡胤灭蜀战役正式开始，兵锋直指成都。

大军兵分两路，北路军以王全斌为主帅，崔彦进为副帅，王仁赡为都监，率领三万人马，从凤州（今陕西省凤县）南下。东路军，以刘光义为主将，曹彬为都监，率领二万人马沿着长江溯流而上。

大军出兵之前，赵匡胤重申了灭蜀的两大基本原则：第一，统一战线原则。对于蜀国将士中的北方人，尽力争取。如果有愿意投降的，一律重赏，争取建立最广泛的灭蜀统一战线。第二，严明军纪原则。赵匡胤慷慨表示，攻克城寨之后，我只要土地，金银钱帛，一律赏给将士们。大宋将士士气高涨，灭掉蜀国指日可待。

大战在即，孟昶却无忧虑，对王昭远寄予厚望，为其安排了隆重的饯别仪式。喝得微醺的王昭远手拿铁如意，信誓旦旦地说："我这次出征，率领这两三万虎狼之师，直取中原，一定是易如反掌。"

可是，战争的进程，没有像王昭远想象般如约而至；相反，王全斌的大军所到之处，蜀军望风披靡。

在兴州，宋军击败蜀军七千人，缴获军粮四十万石；在西县（今陕西省勉县），缴获军粮三十余万斛；在利州（今四川省广元市），王全斌击败王昭远的主力，宋军占领利州，缴获军粮八十万斛。王昭远仓皇败退，退保剑门关。

"打下剑门关，犹如得四川。"剑门关之战是灭亡后蜀的关键一仗。时值京师汴梁大雪纷飞，赵匡胤身着紫貂裘帽在讲武堂翻阅灭蜀前线捷报，想到西征将士冒着风雪拼死作战，即脱下裘帽，命中黄门速送数千里之外指挥作战的王全斌，以示对西征将士的关怀与慰劳。王全斌万分感激并示之全军，顿时士气大振。面对一夫当

关，万夫莫开的剑门关，王全斌带领大军犹如神兵天降，王昭远惊慌失措，弃寨而逃。

剑门关之战中的王全斌

公元 965 年正月，孟昶接到了王昭远败退剑门关的军报，急命皇子孟玄喆前去增援。

相对于王昭远的纸上谈兵，孟玄喆麾下的一万多甲士，俨然一副庞大无用的花架子，听说剑门关失守，孟玄喆丢下军队往西逃跑，下令所过之处，粮仓房屋全部烧毁。

剑门关之战，王全斌大获全胜，斩首敌人万余。

几乎与此同时，东路军打得也比较顺利。刘光义连破城寨，杀敌五千，生擒 1200 人，夺战舰 200 艘，最后在夔州遭遇了蜀将高彦俦的顽强抵抗。

夔州（今重庆市奉节县），是水路入蜀的咽喉。刘光义兵临城下，高彦俦城破自焚。

后蜀再无天险可据，宋军人人奋勇，十四万守成都的蜀兵不战而溃。宰相李昊再度建议孟昶封好府库，投降大宋。孟昶无奈，让李昊起草诏书。

尘埃落定，堂堂后蜀就养了这么一群废物饭桶。被俘后的孟昶很伤心，对花蕊夫人说："我父子以丰衣足食养士四十年，一旦遇敌，竟不能东向发一矢！"

古云"蜀道难，难于上青天"，可是，从出征到灭蜀，大宋仅仅用了66天。战争结束了，大宋东西两路大军开进成都。

这一年的三月，山花烂漫时节，孟昶与花蕊夫人离开了他们纸醉金迷的蜀地乐园，迁居汴梁。六月，被赵匡胤封为秦国公，七日后，孟昶暴死。

孟昶死后，其母李氏并无多少悲伤，只是以酒酹地，怅然叹道："汝不能死社稷，苟生以取羞。吾所以忍死者，以汝在也。吾今何用生为！"未几，绝食而死。

赵匡胤召见花蕊夫人，让素有诗名的她即兴赋诗一首。花蕊夫人沉吟片刻，脱口而出：

> 君王城上竖降旗，妾在深宫那得知。
> 十四万人齐解甲，宁无一个是男儿。

花蕊夫人歌伎出身，之所以青史留名，除了貌美如花，大约就是因为有了这首《述国亡诗》的流传。

富庶无比的后蜀，不仅有易守难攻的天险可据，守城大军更是有"十四万人"之众，而宋军区区数万，千里劳顿，虽气势汹汹，轻言灭蜀绝非易事。可惜的是，耽于享乐的孟蜀君臣早已毫无斗志，最后不战而降，十几万守军没有一个死国的志士，没有一星半点男儿的气概。

寥寥数语，花蕊夫人斥责了蜀主的无能，讽刺了蜀国将士的出息，同时深刻道出了后蜀亡国的沉痛和对误国者的痛惜之情。花蕊夫人的爱国之心和报国之志，让赵匡胤心生倾慕，不久被封为贵妃，后死于宋廷政治斗争。

灭蜀后，为了搬运孟昶的国库，赵匡胤令造大船200艘，花了十

花蕊夫人

多年才把蜀国的财宝全部搬运到开封。见到"七宝溺器"，赵匡胤以为是亡国之物，立命毁之，曰："自奉如此，欲求无亡得乎？"

四、蜀中大乱

或许，谁也不会想到，无比富庶繁华、无数天险可据的后蜀，竟然如此的不堪一击，短短六十几天，天府之国，尽入赵匡胤囊中。照此速度，天下一统，指日可待。

可是，让所有人意想不到的是，战争结束后不久，川蜀大地却忽然陷入了动乱，动乱旷日持久，从爆发到平定，前后长达两年。

动乱的缘起，肇始于战后的安抚和奖赏。

灭蜀之战的完美收官，赵匡胤龙颜大悦，立即在当地采取了安抚措施，希望"天府之国"继续保持繁荣昌盛，成为大宋的粮仓。

安抚之后，当然就是犒劳有功将士，给予王全斌和刘光义所部价值不菲的奖赏。而且，为了公平起见，赵匡胤给予两支军队的赏赐是相同的，没有一点差别。

问题就出在这里。

赵匡胤的处理方式，看起来很公平，却有失公正，没有真正贯彻按功行赏、多劳多得的基本原则。

首先，北路军三万人，东路军二万人；其次，北路军打了很多恶战，对付的是蜀国的主力部队，东路军大部分时间都在水上漂，根本没有打几仗。

如此理论下来，北路军当然觉得不公平，东路军凭什么与自己的待遇一样？

不平则鸣，劳苦功高的北路军将士很不满，开始抱怨起来，继而愤怒。

但是东路军却不这么想。其一，我们来得晚不假，但是我们路远；其二，我们没打多少仗没错，但是这不能怪我们，我们一打蜀军就投降，没仗可打。

于是，持续已久的不满和抱怨之后，两路大军的将士开始了互相攻击。一开始，主帅王全斌还居中调停，但是两路大军将领的不良情绪越益升级，谁也不服谁，这使王全斌很烦躁，索性也就不再管此事了。

于是，将军们吵得更厉害了，然后，他们忽然发现，大家这样吵来吵去实在没多大意思，不如自己开发财源来得实惠。

他们发财的途径，就是去抢劫府库和敲诈，成都的官员和老百姓因此苦不堪言，而主帅王全斌采取了默许的态度。这时，东路军都监曹彬劝谏王全斌赶紧班师回朝，以免夜长梦多。王全斌刚开始享受战后的成果，哪里肯走，除了与崔彦进、王仁赡等人日夜笙歌，醉生梦死，还带头抢劫了国库。

蜀地乱象，朝廷并非毫不知情，公元965年二月初，赵匡胤派吕余庆去管理蜀地。赵匡胤登基之前，吕余庆一直担任其幕僚佐吏，后在地方和中央各部任职，皆政绩卓著，颇有口碑。

吕余庆到达蜀地时，四川已经处于失控状态，他决定出狠招，快刀斩乱麻，否则，后果将不堪设想。一天，正好有一个醉酒的军校抢劫药材铺，吕余庆下令逮捕，斩首示众。一刀砍下去，效果立马显现，再也没有谁敢枉法乱为，整个成都一时安定了许多。

可是，蜀地乱象并没有因此结束，一场更大的叛乱正在到来。

出于维稳考虑，战事结束后，赵匡胤决定把蜀国的降卒全部迁往开封，为了安抚他们的情绪，给了他们很大一笔搬迁费。

如此一来，主帅王全斌又不高兴了：我们打仗这么辛苦，最后才得到这么一点赏赐，凭什么给这些手下败将这么大一笔钱？

愤激之下，王全斌不仅擅自减少了搬迁费，还放任自己的部下，肆意欺凌投降的士兵，士兵们怨声载道。

本来朝廷安排了100多个随军使臣，负责安抚护送降卒进京，但是出于对这些降卒们的愤懑，王全斌没有让这些人去履行职责，只是让所过州县的牙将们，兼职护送这些降卒。降卒们无论走到哪里，都会有十多万张嘴巴要吃饭，地方上的牙将当然不会好好接待他们，只是像送瘟神一样把这些人尽快打发出境，其中的欺凌和羞辱自不待言。

士可杀不可辱，这些受尽折磨、尊严全无的降卒再也忍不下去了。一路之上的非人待遇让他们非常愤怒，亡国以来一直压抑着的情绪终于爆发了，既然活着比战死还要痛苦，那就跟大宋官军拼个鱼死网破吧。

愤怒的情绪在蜀军中不断传递，迅速笼罩了整个军团，最终，他们决定造反。

这是一支十几万人的队伍，几无约束，宋军对他们毫无设防，他们凝聚在一起的力量不容低估。行至绵州（今四川省绵阳市），降卒们劫持了附近地方的百姓，发动叛乱，号称兴国军。

造反，就需要有一个领导人。当然，最合适的领导人就是皇帝孟昶，可是这位亡国之君已经在去开封的路上，他们只能从这十几万人中，选出一位最有威望的人。

他们选出的人叫全师雄，时任文州（今甘肃省文县）刺史。全师雄断然拒绝了他们的请求，这时的他，响应皇帝赵匡胤的号召，带着全部家眷，准备去到大宋的首都定居。

为了躲避叛军的骚扰，全师雄居然把全家丢下，跑到江曲（今四川省江油市）一家民居里躲了起来。但是，叛军们很坚持，几天以后，他们把全师雄揪了出来。全师雄逼不得已，就任兴国军主帅。

当前的严峻局势，并未引起王全斌的足够重视，只是派了马军都监朱光绪前去招降和安抚十几万降卒。

全师雄真的不想造反，他希望可以通过谈判解决当前问题，而最终逼反全师雄的，正是朱光绪，因为朱光绪采取了极其简单粗暴的方式去解决问题。他残忍地把全师雄的全家诛杀，贪婪地把全师雄家产

全部没收，还野蛮地把全师雄的女儿收归己有。

全师雄本来还想替大宋安定这一支大军，现在，他什么都不想了，全身心地投入复仇行动中，展开了轰轰烈烈的蜀中叛乱。

全师雄很快爆发了惊人的能量，他组织军队攻打绵阳，继而掉转马头，攻打彭州（今重庆市彭水苗族土家族自治县）。

彭州之战，全师雄打得很凶狠，彭州失守。官军派了好几支人马，在彭州展开了激烈的彭州争夺战，反复拉锯，硬是没有打下彭州。

全师雄占据彭州之后，成都附近的十个县纷纷响应。全师雄自称兴蜀大王，设置幕府，延请幕僚，任命节度使二十多人，让他们分别带兵攻打各个战略要地。

星星之火，很快发展为燎原之势。邛、箭、眉、普州等 17 州纷纷响应全师雄，成都成为一座孤城。

这是一支可怕的力量，居功自傲的王全斌知道自己惹祸了。

王全斌，并州太原人，曾在后唐、后晋、后周为将，参加平叛将李筠、攻北汉之战，因功升安国军节度使。惊慌失措之际，他首先想到的是成都城内还有三万降卒，如果他们趁机作乱，后果将不堪设想，王全斌决定把他们全部杀死。对此残忍行为，马军都监康延泽坚决反对，要求释放其中七千多的老幼病残，王全斌没有同意，所有人被诱杀在夹城之内。

王全斌屡战屡败，一面派刘光义、曹彬带兵征讨全师雄，一面向朝廷求援。

蜀地的叛乱，已经危及大宋的安全，赵匡胤迅速整顿军纪，严厉打击抢劫的官军。与此同时，在刘光义、曹彬和康延泽的打击下，叛军开始节节败退。公元 966 年十一月，全师雄箭伤发作而死，十二月，叛乱被平定。

这一场大乱，前后持续达两年之久，带来了极坏的后果。两个月就灭掉的富庶蜀国，经手下这么一折腾，变得面目全非，天府之国的经济受到重创。经此一乱，大宋的精锐官军损耗严重，辛辛苦苦打造出来的几万禁军差一点毁灭在蜀地。

这场平乱之战，其实是一场不必要的战争，因为这场战争完全是人祸引发的，次年正月，赵匡胤下令参战将领悉数回京，赵匡胤要对他们的功过是非做个了断。

居功自傲，纵兵为祸，日夜享乐，抢劫府库，勒索官员，激起叛乱，屠杀俘虏。山高皇帝远，但赵匡胤什么都知道，必须对这些人进行问责。

将在外，君命有所不受。可是，这些将领的胆子也太大了。赵匡胤很生气，诏令御史台议定对罪将们的处罚。

自作孽，不可活。御史台的决定很快下来了：一律死刑（"法当死"）。可是，当死刑复核到赵匡胤案头的时候，一向宽仁为怀的赵匡胤却不忍杀之，下诏特赦他们的死刑。结果，北路军将领全部降职，连一向廉洁自律，在平叛中立有奇功的康延泽也未能幸免，除降职外，赵匡胤令那些贪得无厌的罪将们退还非法所得。

当然，对于平叛有功的曹彬和刘光义，赵匡胤进行了奖赏和提拔。

对于赵匡胤而言，蜀地平乱消耗的两年时间，严重滞后了大宋统一天下的进程，这或许是他一生永远的痛。因为，历史留给他的时间已经不太多了。主帅王全斌对两年的战乱负主要责任，却没有死，这个判决的确太轻了。赵匡胤之所以如此处理，除了他本性上的宽仁，考虑更多的，应该还是因为他的一统大业。统一大业任重道远，自己一手打造的这一支王牌之师，与其把他们弄得焦头烂额，何如让其戴罪立功？

这一场旷日持久的动乱，还最终导致了一个人的死亡。这个人，就是已经投降的蜀国皇帝孟昶。

当孟昶离开成都迁居开封的时候，蜀地的叛乱势头正盛，孟昶的突然死亡，正与此相关。

我们完全有理由认为，蜀中的暴乱已经成了气候，孟昶不能再活着，赵匡胤因此动了杀心。

五、欲速则不达

蜀地之乱，让大宋军队的强劲势头大打折扣，赵匡胤不得不放缓一统天下的步伐，暂时进入休整期，直到近两年后，赵匡胤才决定结束休整，继续完成未竟的统一大业。可是，重启战争模式的赵匡胤，却又一改先南后北的战略原则，再次把征战的矛头指向了北汉。

促使赵匡胤一时改变主意的，是北汉皇帝刘钧的去世。

公元954年，刘崇去世，刘钧成为北汉的第二任皇帝。大宋建国后，赵匡胤虽然一直对刘钧采取安抚措施，但自从联合李筠叛乱失败以后，大宋几乎没有停止过对北汉的军事打击。赵匡胤曾经派人给刘钧传话：如果你有志向逐鹿中原，那么你请西下太行，我们决一雌雄。刘钧的回复也相当霸气：你要是想决一胜负，就从团柏谷进来，我自当背水一战。团柏谷在今山西省祁县，地处上党盆地与晋中盆地交界，形势险要，历来是兵家必争之地。无论如何，大宋的实力允许它说打就打，想什么时候打，就什么时候打，刘钧虽然嘴硬，却几无还手之力。

公元968年七月，刘钧在忧惧中死去，刘钧养子刘继恩继位，权臣郭无为掌握政权。

北汉政局云谲波诡，对于赵匡胤而言，战机难得。平定蜀乱已近两年，大宋禁军得到了休整和补充，机遇面前，赵匡胤不再犹豫，决定开打。八月，刘钧去世十多天后，赵匡胤下令大军在潞州集结，命北宋名将、宋太祖"义社十兄弟"之一的李继勋为北征总司令，讨伐北汉。

九月，北汉政局再起波澜，刘继恩设计擒杀郭无为，反被郭无为派人杀死。郭无为杀刘继恩后，立刘继恩之弟刘继元为帝。

面对来势汹汹的大宋军队，刘继元立即宣布全国戒严，进入战备状态，并向契丹求援。同时，命令刘继业为主帅、马峰为监军，到团柏谷组织抵抗。

马峰，是刘继元的岳父，北汉的国丈。刘继业，这个名字我们不熟悉，但是他的另一个名字几乎无人不知，就是杨家将中的杨老令公杨业，也叫杨继业。在话本小说里，杨继业是大宋的万里长城，杨家满门忠烈。实际上，在此之前，杨业是北汉大将，直到公元977年，太宗征服北汉，杨业投降，才投入了抗辽战争。

杨业，本名杨重贵，大约生于公元928年，与赵匡胤年龄相仿。杨业在弱冠之时，就被他的父亲杨信送给了刘崇，可是杨信后来投降了大宋。刘钧没有因为他父亲叛变而诛杀他，反而加以厚待，把杨业当养子对待，取名刘继业。后来杨业做到健雄军节度使，打起仗来所向披靡，国人送了个外号叫杨无敌。

此时的杨业虽然有无敌的名号，但是在对抗大宋的精锐禁军的时候，也有捉襟见肘的时候。杨业与宋将何继筠遭遇后，杨业所部被斩首两千，败退到太原城内。宋军乘胜追击，兵临城下，刘继元命令闭门不出，等到契丹援军。

这时，赵匡胤转变了策略，政治诱降为主，军事打击为辅，一方面继续攻城，另一方面派遣使者，对北汉君臣封官许愿。赵匡胤承诺，如果北汉放弃抵抗，就封刘继元为平卢节度使，封郭无为为安国节度使。郭无为听说以后很高兴，劝说刘继元投降，刘继元断然拒绝了郭无为的请求。

刘继元不愿意投降，是有道理的。如果投降了，郭无为也许可以接着当高官，但赵匡胤是不大可能让他接着当皇帝的。北汉的首都太原，城防坚固，易守难攻，固若金汤，有这么一座坚城，还有契丹的

杨业

强大外援，只要自己坚守不出，等契丹大军到来，北汉就会转危为安。

刘继元决定坚守。

果然，正在李继勋全力攻城的时候，契丹的救援大军到了。李继勋无奈，只好退兵，第一次北伐无功而返。

不甘心失败的赵匡胤很快卷土重来，公元969年二月，赵匡胤命曹彬、党进各领兵先赴太原，自率大军继后，亲征北汉。

刘继元派遣杨业在团柏谷迎战宋军，杨业寡不敌众，领兵退守太原。

宋军首战告捷，赵匡胤的亲征路却不太顺利。出征以来，潞州的雨水来得仿佛比以往更多一些，霏霏淫雨一下就是十八天，严重延缓了大军的进军速度，雨晴之后，赵匡胤才到达太原城下。

太原是一座孤城，没有任何战略缓冲可言，北汉唯一的指望，就是辽国援军。而赵匡胤就在亲征之前，对于契丹的援军也做了部署。第一路，彰德节度使韩重赟在嘉山布阵，等待契丹援军的到来。契丹大军来到嘉山，等待已久的韩重赟大军旌旗招展，契丹军队看见旌旗，立即溃逃，韩重赟乘胜追击，大破辽军，斩首三千。第二路，在太原以北的石岭关设伏，赵匡胤召见何继筠，面授机宜。第二天何继筠取得石岭关大捷，斩首一千。

契丹的两路大军全被打退，为了彻底瓦解太原守军的抵抗意志，赵匡胤在太原城墙下开了一个大型博览会，把缴获的契丹军队的行头和人头摆在了城下。此情此景，实在令北汉将士心惊胆战，太原城一时危在旦夕，军心涣散。

刘继元

郭无为决定逃跑，他告诉刘继元，他要带领几千精兵出击宋军。刘继元亲自挑选精锐数千，让杨业为副将，亲自送出城门。当晚，天气突变，刚刚还晴朗的天空忽然电闪雷鸣，风雨交加，诸将迷路，郭无为只好逃回城内。回城之后，郭无为再度劝谏刘继元投降，刘继元大怒，将郭无为斩首示众。刘继元很明白，只能靠自己了，而这时他唯一能做的，就是继续坚守。

　　既然暂时打不下，那就看谁挺得更久，于是赵匡胤征发当地民工数万人，开始在太原城外修筑长墙堡垒。在这项庞大的建设工程进行得如火如荼的时候，左监门卫将军陈承昭对赵匡胤说：陛下有千万之兵，为什么不用呢？陈承昭习于水利，本是南唐大将，周世宗征伐淮南时被俘。看到赵匡胤迷惑不解的神情，陈承昭指着远处的汾水，赵匡胤哈哈大笑，遂命建长堤引水淹城。

　　汾水入城后，太原南城的外城被大水突破，水入城中，城墙的决口逐渐扩大。情势危急，守城将士大为恐慌，太原守军想要堵住决口，但是宋军箭如雨下，难以施工。

　　太原城破几成定局。

　　让赵匡胤万万没想到是，突然有成垛的草从城中漂出，在决口处停了下来，宋军的硬弩无法穿透草垛，守军乘机堵住决口。

　　北汉危机暂时解除，而随着时日的拖延，战情越来越不利于大宋驻军。暑夏正在到来，气温不断升高，加之连绵大雨不断浇淋，大宋将士开始出现大面积腹泻状况，很多人患上破腹病。

　　数月的对峙之后，两军的消耗巨大，北汉守军几欲弹尽粮绝，大宋官军也已是强弩之末，而就在此时，辽国的第二批援军到了。

　　北汉得知援军到来，信心恢复；而旷日持久的攻坚战，让精锐的大宋官军斗志渐丧，战场形势急转直下。

　　5月，随军的前任宰相魏仁浦病逝。面对久攻不克的太原城，赵匡胤开始重新思考魏仁浦的话。当年赵匡胤就先征伐北汉，征询魏仁浦意见的时候，魏仁浦说："欲速则不达，希望陛下审视。"

　　魏仁浦的不期而去，让赵匡胤对自己的仓促出兵产生了怀疑，就在此时，太常博士李光赞建议班师，赵普也同意，赵匡胤决定退兵。

　　历时三个多月的北伐战争，以大宋的最终失败告终。

　　实际上，大宋也不是一无所获。在退兵之时，赵匡胤把占领区的一万多户居民全部内迁，而两次北伐，斩首士兵一万三千人，国小人少的北汉因此元气大伤，为以后太宗最终灭掉北汉奠定了基础。

　　据说，宋军撤退之后，北汉立即派人清理城中积水，水落之后，不少城墙毁坏坍塌。辽国的使者见状之后，大为感慨：宋军引水淹城，只知其一，不知其二，如果宋军先淹城再放水，那么太原城大概要沦陷了。因为，太原城虽然固若金汤，但终究是一座土城，如果先浸后淹，一定会坍塌崩溃。

无论如何，旷日持久的太原攻坚战最终功败垂成，或许，这将是赵匡胤一生的遗憾，因为，赵匡胤的余生再也没有机会征服北汉。

北伐的失利，让赵匡胤再度回到先南后北、先易后难的基本国策上来。现在，轮到南汉了。

六、南汉：巫宦之国的覆灭

南汉为十国之一，占据着两广地区，那时还是瘴疠之地，是一个充满神秘色彩的国度。

南汉的建立者是刘龑（龚），公元 917 年，刘龚在番禺（今广州市）称帝，改广州为兴王府，国号"大越"。次年，刘龚以汉朝刘氏后裔自视，改国号为"汉"，史称南汉。

刘龚在统治的前期，比较有作为，睦邻友好，开科取士，励精图治，南汉国力因此蒸蒸日上，虽偏居岭南，却也宴然小康。

可惜的是，刘龚也没能走出一般皇帝的老路，小富即安之后，依旧是无休止的骄奢淫逸。刘龚造昭阳殿时，以金为顶，以银铺地，还耗费大量珍珠、水晶、琥珀作装饰，其穷奢极欲可见一斑。晚年的刘龚，越发为政残暴，滥施酷刑，排斥士人，重用宦官，南汉因此朝政腐败，国力日渐衰退。

公元 942 年，刘龚去世，长子刘玢即位。刘玢不仅没有扭转南汉衰落的颓势，其行事越发荒淫无度，政事废弛，使得其弟刘弘熙生取代之心。公元 943 年，刘弘熙找来力士数人在刘玢宴会结束后，将其杀死，夺得帝位。

登上帝位的刘弘熙，改名刘晟，为了防止其他兄弟向他学习，他一口气除掉了十五个封王的兄弟，王族势力几乎被连根拔起。除掉兄弟们后，他还把自己的大臣和心腹全部除掉，然后遵循父辈的教导，依然大量重用宦官，宦官人数因此呈几何式增长。除宦官外，刘晟还允许女人参与政事，她们身穿朝服，出参政事，这在五代乱世，非常罕见。宫女和宦官合流形成内朝，狼狈为奸，朝政更加腐败。

公元 958 年，年仅 39 岁的刘晟在生命的狂欢中死去，其子刘铱即位。

相比于先辈们的暴政恶行，刘铱有过之无不及，可谓集大成者。他几乎符合每个时代昏君的所有特质：残杀手足、大兴土木、横征暴敛、生活荒淫、滥用酷刑、任用奸佞。

刘铱

刘铱时代，依然是宦官的黄金时代，朝堂内外，这些宦官才是南汉政府的实际操刀者。刘铱信佛教，也信道教，他在番禺建设了 28 座寺庙，以对应天上的 28 个星宿，来表达对佛主敬意。除了佛教和道教，他还迷信巫术，让穿戴奇装异服的巫师们频繁出入宫廷。

这真的是一个国将不国、乌烟瘴气的荒唐国度，如果不灭亡，实

在是没有天理了，赵匡胤决定对南汉用兵。

出兵当然需要理由。

其一，南汉君臣昏庸，朝政糜烂，赵匡胤认为应该大举正义之师救民于水火，正如他自己所说："吾当救此一方之民。"

其二，宋朝建立后，南汉不仅不称臣归附，反而趁大宋出兵北汉之机侵占已属宋朝的湖南旧地，赵匡胤命南唐后主李煜致书刘鋹，劝其如数归还，不要引火烧身。刘鋹不仅囚禁了南唐的使者，还回信嘲笑李煜没出息，表示自己要跟赵匡胤抗争到底。

蕞尔小国，真的不自量力！国政如此腐烂，何异以卵击石？

知己知彼，百战不殆。做好了充分准备之后，公元970年九月，赵匡胤下令潭州防御使潘美为主帅，朗州团练使尹崇珂为副将，道州刺史王继勋为监军，派遣各州兵马向贺州集结，讨伐南汉。

南汉历代皇帝昏庸无比，军备当然也好不到哪里去，更严重的是，多年来军队里将才凋零，其战力可想而知。

潘美大军一路上几乎没有遇到像样的抵抗，在富州（今广西壮族自治区昭平县），大败南汉军队几万人，很快攻占白霞（今广西壮族自治区钟山县西），进围贺州（今广西壮族自治区贺县），贺州守将陈守忠向朝廷告急。

收到贺州的告急情报后，刘鋹派宦官龚澄枢前去犒劳将士。

长期驻守边关的士兵们很高兴，以为国难之际，皇帝一定会给大家很多赏钱。可是龚澄枢来了之后，仅仅拿出诏书，表示了一下口头宣慰，对于皇帝的空头支票，士兵们失落非常，纷纷逃跑溃散。宋军乘胜追击，龚澄枢乘坐小船逃跑，顺利实现对贺州的合围。

大敌当前，刘鋹召集大臣商议抵御的最佳将领人选，大臣们一致推举南汉第一名将潘崇彻，但由于长时间得不到重用，潘崇彻的积极性早已丧失，于是以眼病推脱。无奈之下，刘鋹起用庸将伍彦柔，出师援救贺州。

宋军撤退二十里，同时在南乡设伏，伍彦柔率部抵达后，宋军伏兵突然冲出，伍彦柔部大乱，所部人马被斩杀十之七八，伍彦柔被斩首，其头颅被展示给贺州城内守军，城内守军仍然坚守不出。随后，宋随军转运使王明率领士兵丁夫，填平城外壕沟，直抵贺州城门，贺州守军开门迎降。

攻克贺州以后，潘美放出话来，将顺流而下，直下广州。

这其实是一个声东击西的烟幕弹，刘鋹中计，惶恐不安，他许以高官厚禄，请出名将潘崇彻，带领三万精兵，到贺江组织防御。自知不敌的潘崇彻，拥兵自保，拒不出战。

十月，宋军攻克昭州（今广西壮族自治区平乐县），桂州（今广西壮族自治区桂林市）。之后，宋军回师贺州，十一月，宋军攻克连州。

刘鋹天真地认为，这些地方原来都是属于湖南的，现在宋军攻克了这些地方，就不会继续南进了。

这当然是刘鋹的一厢情愿，因为赵匡胤要的是南汉的全部领土。

接着，宋军直扑韶州（今广东省韶关市），刘鋹命令大将李承渥领兵十余万，列阵于韶州附近的莲花峰山下。

这是一支特别的军队，一支庞大的大象军团。

南汉地处南方，处于亚热带地区，盛产大象，南方国家向来有捕捉、训练战象作战的传统，南汉因地制宜组建了自己的象军。一只只大象披挂重甲，上坐十几名士兵，具有强大的防护性和攻击力，成为南汉颇具特色的"护国法宝"。大象军团看上去威风凛凛，气场很大，不过，象阵军团有一大致命弱点：机动性太差。

虽然从来没见过如此庞然大物，但是潘美毫不畏惧，命军士用强弩连续射击。中箭的大象，发疯一样回跑逃命，大象上的士兵或被摔死，或被大象踩死，南汉军立时大乱，发生了严重的踩踏事故，南汉军队大败，主将李承渥侥幸逃得一命。

公元971年，正月，宋军攻克英、雄二州，潘崇彻见大势已去，降宋。当月，宋军行军至泷头，刘鋹遣使投降，并请求大军暂停攻势。潘美见泷头穷山恶水，不敢久留，于是绑架使者，穿过险隘，抵达马迳（今广东省广州市马鞍山），驻军双女山。在这里，宋军可以

俯瞰郭崇岳的军寨。

郭崇岳本就不是什么将才，就是因为无将可用，宫女梁鸾真才推荐他这个干儿子当主帅。因为部下都是败退回来的士卒，畏战情绪比较严重。郭崇岳每天坚守不出，在军帐里烧香拜佛。南汉军队的栅栏都是竹木所做，潘美决定用火攻。他让士兵们一人拿着两个火把丢向敌营，南汉军营成为一片火海，士兵鬼哭狼嚎，四散逃命，郭崇岳也死于乱军之中。

最后的抵抗失败了。宦官龚澄枢等说："北军来到这里，是为了抢劫财宝，我们把财宝全烧掉，给他们留下一座空城，他们很快就会回去。"于是，刘铱下令纵火，把府库宫殿全部烧光，这么多年搜刮的财宝可惜了。

这时，刘铱并不想投降，让人准备了十多艘大船，船上装满了美女珠宝，这样可以随时跑路。他认为，大宋没有强大的海军，他的十几艘战舰可以跑到一个小岛上，继续享受余生。可就在这时，守船将士丢下刘铱，带着珠宝和美女提前跑路了，下令开船的正是刘铱信任有加的宦官们。

刘铱没了后路，只能选择投降。公元971年二月，潘美的大军进入广州，南汉灭亡。

稍后，潘美又讨平匪乱，岭南自此安定。

七、李煜：落花流水春去也

灭掉南汉之后，在赵匡胤的统一大业里，还剩下四个国家需要征服：北汉、南唐、吴越、漳泉。

北汉短期内不适合再度用兵，吴越和漳泉相当听话，对大宋毕恭毕敬，称臣纳贡，根本不用打。如此一来，大宋只剩下一个打击对象，就是南唐了。只不过，除了等待一个良好的时机，赵匡胤还需要找到一个出兵南唐的理由。

南唐的开国者叫李昇，其执政期间，勤政爱民，睦邻友好，国力强盛，堪称江南第一强国。李昇虽以唐室后代自居，对战争却持天然的反感态度，一心坚守自己的领地，不想扩张之事。李昇去世后，其长子李璟继位。和其父大不同的是，李璟不仅是一个著名的文艺皇帝，对于开疆拓土也是殚精竭虑，一度南征北战，把南唐的国土急剧扩大，但同时国力也几乎消耗殆尽。周世宗三征南唐，李璟被迫割让江北十四州，和大周划江而治，首都金陵成了战争前线。李璟去世后，把一个烂摊子交给了自己的儿子李煜。

李煜是李璟第六子，正常情况下，登基的幸运是不大可能降临到他身上的。李煜的几位哥哥不是早死，就是亡于战乱，阴差阳错，李煜坐上了皇位。

国家不幸诗家幸。李煜实在不是一个当帝王的料，因为，他似乎只想醉心于那些温婉幽怨的诗词歌赋，只想在那些情意绵绵的风花

李煜

雪月里醉生梦死。相对于李璟，李煜不仅更加的风流儒雅，其接手的南唐也早已经今非昔比，不再是那个可以和大宋朝廷分庭抗礼的南方第一强国。此种境况，即使秦皇汉武再世，南唐也不可能起死回生，所以明人说：李后主亡国，最为可怜。

南唐传之李煜，幸耶？非耶？

李煜经营南唐，幸耶？非耶？

或许，与其哀其不幸，何如怒其不争？无论如何，对于江河日下的国势，李煜已经无能为力，选择了今宵有酒今宵醉。他只希望亡国的时刻来得晚一点，更晚一点；只希望和大小周后的缠绵浪漫时光，可以久一点，更久一点。"满目河山空念远，落花风雨更伤春，不如怜取眼前人。"他们相依相偎，如胶似漆；他们赏花吟月，吟诗填词；他们浅斟低唱，轻歌曼舞，过着神仙一般快乐的逍遥日子。

无论如何，对于这一大块丰腴宝地，大宋要定了！就在风流君主李煜忘乎所以，苟且偷生的时候，赵匡胤抓紧了出兵南唐的备战。

其一，有效解决了长江天堑问题。

显而易见，要攻打南唐，赵匡胤首先面对的就是长江天险问题。如何天堑变通途，把大宋的精锐武力送达江南战场？

　　就在这时，一个名叫樊若水的人应时而出。

　　樊若水，江南本地人，樊若水到金陵参加科举考试，却屡试不第。南唐一片亡国气象，樊若水数次给李煜上疏，提了很多治国意见，结果也泥牛入海，杳无音信。樊若水因此对李煜的朝廷很失望，决定投靠大宋。改换门庭之前，樊若水想献给赵匡胤一份厚礼，这份厚礼，就是替赵匡胤解决当前最大的难题，把大宋军队送到长江对岸去。

　　打定主意后，樊若水开始全力投入勘探测绘。他一路从南京走到采石矶（今安徽省马鞍山市），对长江的水文特征、河道宽度进行了深入细致的实地勘察，建桥地址最后选定在采石矶。为了掩人耳目，他来到采石广济教寺当了一名和尚，以钓鱼的名义，拿着绳子在长江上进行丈量。公元970年，樊若水在采石矶暗中活动了数月，获取了采石矶江面有关的水文地理资料后，逃往宋都汴梁，向赵匡胤献上平南策——"请造浮梁以济师"，并呈上他亲手绘制的《横江图说》。赵匡胤打开《横江图说》，顿时龙颜大悦，兴奋地说："今得此采石详图，南唐李煜小儿已尽入我袋中了！"

樊若水

　　樊若水献平南策后，赵匡胤对他愈加器重，准其参加大宋的进士考试。樊若水及第后，经吏部铨选，授舒州军事推官，并获得参与征

伐南唐军务的资格。按照樊若水的方案，大宋军队先在石牌口试建浮桥，待成功后再整体搬迁到采石矶。同时，赵匡胤立即派人到湖南建造巨型战舰千艘，另砍伐大批大竹竿，做成竹筏，以备架设浮桥之用。

其二，赵匡胤得到了南唐国详尽的军事地图。

大战在即，赵匡胤需要对南唐的形势、山川、兵力部署了然于心。直接要，李煜当然不会给，有个人帮他得到了。

这个人，叫卢多逊。

公元973年四月，大宋派翰林学士卢多逊去给江南国主李煜庆贺生日。卢多逊到了南唐之后，对大家都很客气，很快和南唐君臣打成一片。卢多逊的友好，着实让南唐君臣很感动，他们很快和卢多逊成了好友。自始至终，南唐君臣都没有发现卢多逊有什么异常，卢大人要走了，大家还有些依依不舍。

卢多逊的船到了宣化口，还没出南京水域，他命令泊船靠岸，派人告诉李煜说：国主大人，你也知道我是史馆馆长，我突然想起来，朝廷现在要重绘天下地图，现在只差你们江东几个州的，希望你们能给我一份，我顺便带回去，让我完成使命。鉴于卢多逊一行留给南唐君臣的美好印象，李煜想都没想，他命徐锴连夜誊抄一份地图，交给了卢多逊。

卢多逊的意外收获，赵匡胤非常高兴。

其三，赵匡胤设计除掉了南唐名将林仁肇。

林仁肇在南唐军中很有威望，也很能打，他曾经拿他一家的性命为赌注，让李煜同意他趁着大宋攻打南汉之际，收复江北十四州。

如此忠勇有加，招降绝无可能，要除掉他，只能另想办法。

于是，赵匡胤找人贿赂林仁肇的下人，得到了林仁肇的画像，挂在皇宫的别室内，故意让南唐的使者看到。

这时，南唐的使者是李从善，李煜的弟弟。赵匡胤漫不经心地指着林仁肇的画像说："这个人已经准备投降了，现在把自己的头像送过来作为信物。"

李从善回到家后，立即派人报告李煜：林仁肇是内奸。

木秀于林，风必摧之。林仁肇在南唐干得风生水起，当然惹来了太多人的嫉恨，坐实林仁肇奸细的证据纷至沓来。

于是，一切都顺理成章。他之所以要请缨攻打大宋实际上是为了投降大宋，攻打是假的，投降是真的。

一番犹豫纠结之后，李煜派人用一杯毒酒，了结了林仁肇。

这个结果当然是符合赵匡胤预期的。

其四，为了顺利攻打南唐，赵匡胤决定从外交上孤立李煜。

首先通好契丹，公元974年三月，宋辽两国建立友好的关系。

为了表达和平的诚意，辽国皇帝耶律贤派人命令北汉国主刘继元：现在时代不同，不许再向南侵扰大宋了。听到宗主国的命令后，刘继元痛哭不已。

赵匡胤还派遣吴越的使者回去告诉吴越王钱俶：我们是兄弟之国，不要听江南唇亡齿寒之类的鬼话，等我攻打江南的时候，你也要同时出兵。吴越国是一个很识时务的国家，对中央朝廷一直都是恭恭敬敬、俯首称臣，赵匡胤的命令，钱俶会完全执行。

而就在赵匡胤加紧备战的时候，南唐后主李煜为求自保，明臣服，暗备战，将兵力部署在长江中下游各要点，以防宋军进攻。

"卧榻之侧，岂容他人鼾睡！"万事俱备之后，公元974年九月，赵匡胤以李煜拒命不朝为辞，令曹彬为元帅，潘美为都监，发兵十余万，三路并进，征伐南唐。

大战伊始，樊若水引导曹彬占领池州，在安庆以西十公里的石碑口，架设浮桥成功，曹彬遂趁机挥师顺流，大破铜陵之南唐水军，又克芜湖、当涂等重镇，歼南唐军两万，夺占了采石矶要隘。

捷报传到汴梁，赵匡胤立刻下令将石碑浮桥东移，架设采石浮桥，大军于对江待命，樊若水在现场指挥，由于筹划周密，一千多米长的浮桥"三日而成，不差尺寸"。随后，大将潘美统率数以万计的宋军，若履平地般跨过长江。

樊若水指挥架设的浮桥，是我国有详细记载的第一座浮桥，也是万里长江上的第一座桥。宋军跨江浮桥造成，南唐君臣还蒙在鼓里，

仅派步兵一万迎打宋军，结果惨败，坐失利用宋军渡江时反击的机会。十月，宋军顺利渡过长江，南唐军屡战屡败，在长江中游的精锐兵力全部丧失。

公元975年三月，宋军攻至金陵城下。六月，吴越军队攻陷金陵东面的门户，南唐都城金陵陷入合围之中。

十月，由江西赶往金陵救援的十五万南唐水军从湖口顺流而下，想夺回采石矶，焚毁浮桥，截断宋军后路。不料，突然刮起北风，大火反倒把南唐自己的船只烧着，致使十几万大军几乎全部覆灭，金陵的外援被完全切断，成了一座孤城。围城之中的金陵，粮食匮乏，士气低落。一切为时已晚，孤苦无依之中，李煜执意守城到底。

十一月十二日，曹彬大军三面强攻，二十七日，金陵城破，李煜奉表投降。金陵之战前后长达一年。南唐，可谓一块硬骨头，终因强弱悬殊，兵败如山倒，国破家亡。长江天险，终究没能挡得住赵匡胤麾下的良将劲旅。南唐，十国中最大的独立政权，这一大块富甲天下，洋溢着浓郁文艺气息的版图，从此归依于赵匡胤的一统江山中。

976年正月，李煜被移送京师，赵匡胤封其为违命侯。

"落花流水春去也，天上人间。"李煜亡国后，词作更为沧桑哀婉，亡国之痛刻骨铭心，曾写有一首著名的《虞美人》：

春花秋月何时了？往事知多少。
小楼昨夜又东风，故国不堪回首月明中。

雕栏玉砌应犹在，只是朱颜改。
问君能有几多愁？恰似一江春水向东流。

这是李煜的代表作，也是他的绝命词。写下这首传世的《虞美人》不久，已登上帝位的赵光义恨其词中有"故国不堪回首月明中"之叹，派人毒死了他。

时为公元978年七夕，李煜年四十二岁。

第八章　励精图治

　　赵匡胤从法制入手，推行新政，一举达成了削弱藩镇和初建秩序的目的，改革首战告捷。

　　为适应中央集权的需要，赵匡胤继续对行政体系进行了一系列的完善与改革。

　　赵匡胤的治国方略中，他非常善于发现、培养、利用人才，将手下的人才放在最合适的位置。

　　勤政节俭，体恤百姓，为宋朝初年的政治清明创造了一个良好的环境，使经济得到了恢复和发展，史称"建隆之治"。

　　反腐倡廉，整顿吏治，赵匡胤可谓用心良苦，不遗余力。

一、以法治国

"杯酒释兵权"，成功解除了禁军大将和各地节度使对国家政权的威胁。大宋新立，百废待举，对于励精图治的赵匡胤而言，接下来需要做的事还有很多。

穷则变，变则通，通则久。激进而看似彻底的改革，自古有之，过程轰轰烈烈，结局却惨不忍睹。执政改革，要有信心，更要有耐心，赵匡胤必须统筹全局，循序渐进，才能逐步消除唐末以来的祸根，重建良好稳定的社会秩序，完成治国平天下的大愿。

法治还是人治，永远是衡量一个政权进步与否的标尺之一。作为一个刚刚诞生的皇权帝国，法治成分在其统治大网里所占比重的多寡，显示了其最高统治者治国理政是否开明和民主。

治大国若烹小鲜。为了确保政改的安定稳妥，赵匡胤决定将司法权的改革作为突破口。

唐末五代，军阀混战，法制混乱，不仅不同割据政权有各自不同的法律，各中原王朝也因藩镇各自为政，造成各地法律不一。尤为严重的是，由于军人侵政，原本由地方行政长官监理的刑事、民事、司法事务，也转入藩镇手中的军事法庭——诸州马步院，其负责人马步判官往往由节度使的亲信牙将担任，这些人对国家的法律条文几乎一无所知，冤假错案因此数不胜数。

与此同时，当时司法上普遍存有刑罚过重的问题。乱世用重典，

是维护治安、重建秩序的途径之一，然而，由于绝大多数武夫没有文治理念，由武夫主导的朝廷，将峻法的适用范围不断扩大。包括五代第一明君柴荣统治下的后周，整个五代时期，法网繁密、刑罚苛严的积弊始终没有好转。

法治永远是一把"双刃剑"，乱世之下，民不聊生，当对一般老百姓的小过错也要用重典时，重典就成为苛政，必然不得民心。更有甚者，即便没有过错，无法无天的执法者也可能罗织罪名，滥施刑罚，生活于水深火热中的黎民百姓更加苦不堪言。一千年前，强盛无比的秦朝已经用自己的灭亡警示后人，如果严刑峻法逼得人民不得不铤而走险，维持秩序的法律就会成为最有力的秩序破坏者。

司法关系到千万人民的性命，关系到社会的秩序，关系到王朝的命运，是国家治理成败的重要因素。面对五代以来的法治乱象，早在建隆元年（960年）十月，借着平定李筠、李重进的军威，赵匡胤便以整顿司法为突破口，强行收回了马步判官的任免权，其职亦改由文人担任。一方面，文人往往精通律法，能更好地运用法律；另一方面，这等于剥夺了节度使对地方法官的任免权，为朝廷进一步推进司法改革，铺平了道路。

建隆三年（962年）三月，赵匡胤再次对地方司法权动刀，下令诸州的死刑案件必须上报朝廷，由刑部复审，以此来杜绝藩镇枉法滥杀的恶习。在颁布这项措施前，赵匡胤语重心长地对范质等宰臣说："五代诸侯飞扬跋扈，经常枉法杀人，朝廷竟然置而不问，刑部的职能几乎废止。况且人命至重，朝廷要如此姑息藩镇吗？"

人命至重，这是赵匡胤执政与改革的重要理念，也为日后大宋三百余年的政治文明画出了准线。

同年十二月，赵匡胤听从赵普建议，每县设立县尉，负责当地治安，由朝廷任免，而由节度使任命的镇将的权力范围仅限于驻城内，藩镇的司法权再度被削弱，地方滥施重刑的现象也进一步得到扭转。

不过，这些措施最初还只是一纸诏书，如何让它们渗入到各级地方政权，让它们行之有效，这是"顶层设计"之后，改革者必须面对的"基层设计"。

当时金州有个布衣叫马从玘，他的儿子马汉惠是个无赖，害过自己的从弟，还喜欢抢劫，乡亲们对他是又恨又怕。最后，马从玘实在看不下去了，于是与妻子以及次子商议，杀死了马汉惠，为乡里除一公害。

这在现代法治社会当属故意杀人，但在德法并重的古代却是大义灭亲，罪不至死。然而，金州防御使仇超与判官左扶却将马从玘夫妇和他们的次子一并诛杀了。

这件事发生在建隆二年五月，地方司法改革刚刚起步。

赵匡胤闻讯勃然大怒。他认为马从玘杀人事出有因，罪不当死。仇超和左扶非但没有体会朝廷"宽刑"的用意，也不按法律条文办事，反而故意将他一家三口判成死罪，这是对法治的公然践踏，对臣民的司法暴力。赵匡胤责令有关部门弹劾二人，将他们罢官除名，先施杖刑，然后流放海岛。

百姓的死在一般官员眼里根本不算什么，没想到皇帝竟然大发雷霆。法之为法，最要紧的是不让人犯法，而不是滥杀。这件"小事"一举成为震惊朝野的大事，自此官民知道要遵守朝廷大法了，更知道了皇帝改革司法的决心。

赵匡胤的法制改革是交叉立体式的，在实行以重塑集权、宽刑减刑为目的的地方司法改革的同时，他在朝廷又开启了以重建秩序为宗旨的立法活动。

当时，不仅司法与执法混乱，法律本身也很混乱。宋朝建国之初，法律以二三百年前的唐律为基础，兼用唐朝中后期及后唐、后晋、后周的相关法律，法令繁多混乱，使得司法者与执法者没有统一的法律可依。虽然周世宗时编撰了《周刑统》，但是条文仍然繁多，也不够严谨全面，使用起来依旧不便。

因此，建隆四年（963 年）二月，赵匡胤命工部尚书、判大理寺事窦仪等人，再度修订法律，并于当年十二月编成《重详定刑统》（《宋刑统》）三十卷，作为固定的律典；同时，又将自《周刑统》

编成后，皇帝针对特定人和事发布的敕条编成《编敕》四卷，作为《重详定刑统》的补充，颁行天下。这次立法，不仅改变了无法可依的混乱局面，更本着轻刑罚的原则，一改五代时期苛法无度的状况。

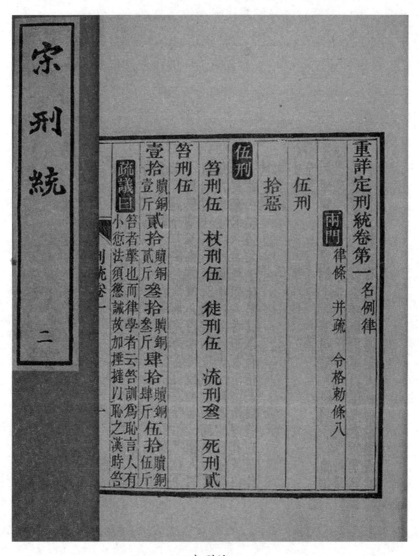

宋刑统

生于乱世，长于乱世，赵匡胤对五代法制混乱状况有亲身感受，因此对法制的实行情况极其重视，对一些案件，常常亲自过问，提出处理意见。如此一来，大理寺和刑部纷纷将定罪或者拟以定罪的全部案卷奏报皇帝，结果太祖忙得焦头烂额。他在公元964年下诏书说："比年以来，有司废职，具狱来上，烦于亲览。"他命各州府上报的案卷一切交由大理寺检断，刑部复核。大理寺和刑部的官员善于其职者予以嘉奖，满任升秩。稽违差失者，重治其罪。之后又作出补充规定，各州府申报上来的案牍，由刑部和大理寺共同裁断，然后把结果奏报皇帝。如此一来，赵匡胤既可以让有司各司其职，又有效地把司法权集中到了自己手里。

针对执法中的一些具体问题，赵匡胤对执法官吏进行了多方面的限制和束缚。如为了防止在处理狱讼过程当中出现个人专断，从乾德二年（964年）开始，命令各州录事参军与司法掾共同断狱。执法官吏特别是断狱官若断狱失实，必将遭到严肃惩处，史称"吏一坐深，或终身不进"，是切合实际的。严格执法、准确司法的要求，有利于司法人员深入调查案情，降低了冤案错案的发生。

赵匡胤从法制入手，推行新政，一举达成了削弱藩镇和初建秩序的目的，国家与老百姓都从中获得了实惠，改革首战告捷。如下一件小事，从中能够看出宋初君臣对法制建设的重视。

一日，赵匡胤令后院工匠造一只蒸笼，过了几日还没送来，赵匡胤就责问原因，左右侍从解释说："按规定，此事要先下尚书省，尚书省下本部，本部下本寺，本寺下本局，本局再复奏，又得圣旨，然后才制造、进御，由于这样周折故需多日才行。"赵匡胤一听这样复杂，不禁对宰相赵普发怒道："我在民间时，用数十钱就可买一蒸笼。今天身为天子，却数日不能得到，是什么原因？"赵普便说："此是一直被执行的规程，并不是特意为陛下所设，乃是为陛下子孙所设。如后代子孙非理制造奢侈之物，破坏钱物，由于要经过许多部门，就会有台谏官上疏理会。此即是设立这样规程的深意所在。"赵匡胤一听大喜称妙，由此可见赵匡胤君臣对创立法度的积极态度。对此赵匡胤还曾在赵普所上的论事奏章下面批道："朕与卿平祸乱以夺取天下，所创法度，子孙若能谨守，虽过百世亦可实行。"

二、我的江山我做主

唐末五代以来，藩镇割据，政出多门。我的江山我做主，种种乱象，雄才大略的赵匡胤绝不能容忍。为适应中央集权的需要，"杯酒释兵权"完美收官之后，赵匡胤继续对行政体系进行了一系列的完善与改革。

宋朝的政治机构，分列为政事、军务和财政三大系统，相互平行，地方权力集中到朝廷后，又进一步集中于皇帝。

在中央，设立参知政事、枢密使、三司使，削弱和分割宰相的权力，实行军政、民政和财政的三权分立；在地方，由中央派遣文臣任知州、知府，一般三年一任。

在调整和确立了中央和地方的关系的同时，赵匡胤对君臣关系也进行了调整。在他看来，地方权力集中到朝廷，还没有完全解决中唐五代以来"君弱臣强"的问题，因而应该进一步削弱文武百官的权力，使由地方集中到朝廷的权力最后完全集中到自己手中，"总揽威柄""独制天下"。

宰相是封建社会的"百官之领袖"，处于"一人之下，万人之上"的地位。

赵匡胤即位后，宰相奏事仍沿旧制。有一天早朝，他突然对宰相王溥、范质说："我眼睛有些昏花，把你们的奏疏送上前来。"在范、王二相离座递疏时，宫廷侍卫乘机将他们的座位搬走。自此以后，宰

宋太祖赵匡胤

相在皇帝面前毕恭毕敬地站着奏事成为定制，宰相的地位大大下降了。宋初仍用后周宰相范质、王溥、魏仁浦三人为相。乾德二年（964 年），范质等三相请退，独用赵普为宰相。为了防止赵普擅权，又以薛居正、吕余庆为副相，称参知政事，此后成为定制。

与削弱相权同步进行的，则是在百官中推荐"官、职分离，互相牵制"的任官政策。

231

宋代官制中，"官"是品级，只有据此受俸禄的作用；"职"是殿阁、馆阁学士一类的荣誉称号，亦没有实际权力；只有由皇帝或书省"差遣"的临时职务才是实职，即执行实际权力的职务。这种职、权分离，名、实混淆的任官体制，使任何官员都无法集权力、荣誉、威望于一身，权大者并不一定职高，望重者并不一定位显。这样也就很难形成对皇权的威胁了。

皇帝临时"差遣"的实职，也是依照"分权而相互牵制"的原则进行安排的。如宋代有固定的尚书省兵部，但兵部尚书只是虚职，并无实际兵权，只是被差遣为枢密使才有相当于兵部尚书的实权。不过枢密使也只是有奉旨调兵之权而无领兵之权，领兵之权归"三衙"长官。同理，"三衙"的高级将领虽然名为禁军的最高统帅，却也只有领兵之权而无发兵之权。

唐代宗时，开始设内枢密使，用宦官掌管朝廷机密。唐末，枢密使专权，造成祸乱。五代时，仍存在枢密院掌管朝政的现象，枢密使等于宰相之外的又一个宰相。宋朝建立后，枢密使改为专掌军事政令，调动禁军，与宰相文武并立。中书省与枢密院号称"二府"（政府、枢府）。枢密院的大事都要奏报皇帝批旨。宰相与枢密使分别朝奏，彼此不相知。皇帝由此分别控制了政权和军权。

三司使总管四方贡赋和国家财政，地位仅次于宰相，称"计相"。三司使统领三部：盐铁掌管工商收入及兵器制造等事；度支掌管财政收支和粮食漕运等事；户部掌管户口、赋税和榷酒等事。地方州郡赋税收入除留一小部分外，其余全部由中央掌握，三司使权任甚重。

宋沿唐制，朝廷设御史台为最高监察机构，台分三院：台院、殿院、察院，初无专官，由其他官员兼职。御史中丞是御史台的最高官员。

宋代官制，承袭唐、五代制度，但从制止割据、集权中央的目的着眼，也进行重要的改革。唐代地方分州（府）、县两级，另设"道"为监察区域。宋朝改为路、州（府、军、监）、县制，但对州一级严密控制，权力集中在中央。

唐末五代时，各地节度使割据一方，兼领数州，称为"支郡"。宋朝统一过程中，逐步取消支郡，各州直属京师。

宋朝仍保留节度使名号，但和唐、五代的节度使，全然不同。马端临在《文献通考》中有说明：宋初，节度使名号用来礼遇宗室外戚，功臣故老和宰相罢政，出守外地，加节度使的职衔，叫作"使相"。节度使成为"无职掌"的虚衔，地方军、政实权都归于本州。宋朝直接派出朝官管理州郡事，称"知（管）军州事"，简称知州（府称知府）。知州多用文人，并可经常调换。赵匡胤问赵普："唐室祸源，在诸侯难制，如何改革？"赵普回答说："列郡用京官权知，三年一换，就没有什么可虑。"知州不用武将，又不使常任，难制的祸源，因此得以遏制。

赵匡胤又在各州设通判官，来进一步遏制祸源。通判由朝廷直接派遣，既不是知州的副职，又不是属官，但有权与知州共同处理州事，并监督知州的行动，随时向朝廷奏报，因此通判又称监州。赵匡胤平荆、湖，灭后蜀，各国旧宫继续做知州，派通判同领州事。公元966年，诏令荆、湖，西蜀州郡官，事无大小，都要与通判共同裁处。此后，通判制逐渐成为普遍全国的定制，各州行文，必须知州和通判联署。通判有朝廷特命，与知州往往不和。知州与通判互相牵制，都无法专权。

五代时，权在藩镇，地方县令多"龌龊无能"，只知道"诛求刻剥""秽迹万状"。宋太祖任命朝官知县事，朝廷直接控制县政权，从基层来削弱州镇。宋朝中央的权力一直控制到县一级，州镇不能专横了。

早自唐朝天宝以来，方镇拥兵割据，占有地方财赋，名曰"留使""留州"，以上供名义上缴朝廷者甚少。方镇又直接控制各地场院，厚敛取利。财政分在各镇，是方镇强大、朝廷衰弱的又一个原因。公元964年，赵匡胤下令各州，从今年起，每年所收的民租和管榷（专卖）收入，除地方支用外，钱帛之类都要全部运送京师。次

年三月，重申各州除度支经费外，全送京师，不得占留。四月，又派朝官十八人分驻各地，收受民间租税，后成为定制。

　　我的江山我做主。经过一系列的改革，中央政府不仅直接控制了地方官员的任免，而且把各州郡的行政权、财权、司法权全面地集中到中央。宋王朝从而全面地控制了地方政权，空前地加强了中央集权的统治。正如后来朱熹所言："兵也收了，财也收了，赏罚刑政，一切收了。"

三、知人善任

在赵匡胤的治国方略中，其独特的"用人之道"尤为重要。他非常善于发现、培养、利用人才，懂得如何将手下的人才放在最合适的位置。可以说，赵匡胤传奇的"成功之道"，大多得益于其超人的"用人之道"。以下略具数例。

北汉王刘钧的宰相卫融，战败被俘，而赵匡胤欣赏其才能，在经过一番考验后，他被卫融对刘钧的忠诚之心打动，不仅安顿好他远方的家人，还赏其宫女，委以官职。体恤下臣，坦诚相待，不计前嫌，用人不疑，赵匡胤最终收获这位足智多谋的才士。

陈承昭本是南唐的大将，官至南唐保义节度使，在南唐的地位非常显赫。后周与南唐正在淮南打仗，南唐国主委任陈承昭为境、泗、楚、海四州水陆都应援使，职位之高，权力之重，可使南唐三军听命。

在当时，赵匡胤统率后周的先锋部队攻克了泗州，又发兵东下，与南唐陈承昭统领的军队遭遇于淮河。两军交战，赵匡胤用兵有方，指挥得力，而陈承昭作战无能，败逃之中为赵匡胤生擒活捉。因此，陈承昭身败名裂，投降后周得了个右监门卫将军的小官。陈承昭在南唐时身重名赫，而在后周身微官小，再也不能用兵。

宋国初建，赵匡胤打算兴治水利，开漕运以通四域。赵匡胤手下有勇将三千、谋士八百，却不能用其治水，于是四处求贤，物色治水

235

能人。最后赵匡胤什么人都没挑上，只选中了败军之降将、右监门卫将军陈承昭，派他去督治惠民河，以通汴京南部漕运。如此，陈承昭重振雄风的机会到了。

陈承昭虽然打仗不行，但对水却很有研究。他查看水势，见惠民河水量太少，虽疏浚也未必能通航运，于是遍寻水源以补惠民河之水。他勘察地形，见郑地地势较高，而郑地西部的河流至郑地后皆向东南流，若稍加疏导，便能流向东北。于是，他让民夫将郑地西部的闵水引至新郑汇入惠民河，又引撰水注入阔水，使二水相通共注入惠民河。因此，惠民河水量大增，河水贯连汴京，南历陈州、颍州，直入淮河，沟通了京城与江淮的漕运。

赵匡胤见他治水确实有一套方法，于是在国家的治水之事上，大用陈承昭。在疏通了惠民河之后，又命他去疏浚五丈河。

五丈河因被泥淤，水少而不利舟行，只将河中淤泥挖出徒劳无功，还必须有能注入之水，于是为五丈河找水一时成为关键。经过实地勘察，陈承昭发现在汴京东面，荥阳虽有汴河水东流，但还有两条北流而无益的河，白白流入黄河。这两条河一条是京水（可能是今须水），另一条河为索河，北流于大索城（今荥阳市）。经实地勘察，陈承昭认为京、索二水都可以引来注入五丈河。因此赵匡胤决定，自荥阳向东开渠百余里至汴京，将京、索二水向东引入汴京城西，架流过汴河，向东注入五丈河。自此五丈河水满，河水东北流向济州大运河，东北漕运由此而通。

赵匡胤欲平南唐，却忌江南水军之利。正没有办法时，陈承昭建议宋国建立一支能打水仗的水师。于是在京城朱明门外凿挖水池，引惠民河之水灌入大池之中，操练水军，为后来进军江南，平定南唐立下了汗马功劳。

能者多劳。陈承昭既能治水，赵匡胤继续乐而用之。他不仅使陈承昭疏河通漕，而且又派他治理黄河。赵匡胤在位期间，黄河屡屡决口为害，每有黄河水患，总派陈承昭去修治河堤，承担治河之责。陈承昭也不负众望，在黄河两岸广植根系较密的榆树，以防黄河决堤，水害从此成为水利。

用其短则短，用其长则长，这都源于赵匡胤的用人之功。

选贤任能，善莫大焉，这是大家都明白的道理，可是具体实行起来，却并不这么简单。知人善任，则事业有成；不辨奸贤，枉徇私情，随意而用，势必导致事业失败。

当年，赵匡胤陈桥驿黄袍加身返京以后，在众大臣的拥戴下，要举行禅让大礼。可到举行禅让仪式的时候，周恭帝却没来得及准备禅位制书。在这紧迫的关键时刻，翰林学士陶穀却不慌不忙地从怀中掏出一篇禅文，对赵匡胤极尽歌功颂德之能事。正是因为有了陶穀的雪中送炭，才使赵匡胤的禅让大礼没有禅文的尴尬局面最终得以烟消云散。

陶穀在赵匡胤开创帝业的道路上立了奇功一件，可是通过这件事，赵匡胤也认清了陶穀善于看风使舵、谄媚取宠的小人本质，最后赵匡胤并未因私情而重用陶穀。

当时有个护国节度使，名叫郭从义。此人善于骑驴击球，为了取悦赵匡胤，以便自己获得高升。球场上，他在击球表演时，驰骋往来，不断变换花样，使尽技巧和手段，大获赵匡胤好感。他本以为会因此得到赵匡胤提拔和擢升，不料，赵匡胤却说了这样一句话："你的球技确实精彩绝伦，但是这件事不是将相所应干的。"郭从义谄媚投机不成，反受其辱。

识人用人，关乎国家生死存亡，赵匡胤坚持"用贤不用谄"，可谓一个智者。还有一个例子，也很能说明赵匡胤用人不同一般，是一个知人善任的明君。

赵匡胤的统一大业，离不开一批战功赫赫的名将。在这些名将中，曹彬被后人认为是"宋良将第一"，与他的同僚潘美、王全斌等人相比，曹彬力主"不战而屈人之兵"，反对血腥屠杀，每到一处，均纪律严明，秋毫不犯。

赵匡胤和弟弟晋王赵光义（后来的宋太宗）等人在讨论平定南唐的主将人选时，曹彬和潘美是两个主要选择。赵匡胤提出要吸取王全斌平蜀时杀人太多的教训，赵普于是推荐曹彬为主将。他们一致认为，比起勇猛善战的潘美等人，曹彬更具有大将之风，适合统率平定江南的大军。

次日，赵匡胤把曹彬、潘美找来商量征江南之事。曹彬加以推辞，说自己才力不逮，请求别选大将能臣。潘美就没这么客气了，他仗着宋太祖对自己比较宠信，迫不及待地声称如果以他为主将，很快就能拿下南唐。主意已定的宋太祖却没理他，转头对曹彬说："所谓大将，首先就要敢于杀违规犯分的副将，做到这一点，其他事情就不难了。我任命你为大将，就是这个用意！"潘美听得汗如雨下，不敢仰视。曹彬这才肯接过帅印。

曹彬

以曹彬的宽厚稳重，配合潘美的明锐善战，征伐江南的战事果然进行得颇为顺利，而且杀人伤人很少。战争进行到最后，眼看南唐都城金陵唾手可得，潘美等宋将不禁摩拳擦掌，准备大战一场。曹彬却命令宋军暂缓进攻，希望南唐后主李煜主动归降，这样就可以兵不血刃。他派人送信给李煜说："事势如此，所惜者一城生聚，若能归命，策之上也。"

而且在这个节骨眼儿上，曹彬忽然自称"病"得不能处理军务了。诸将都赶来问候，曹彬语重心长地对他们说："我的病其实是心病，这病绝非药石所能治愈。如果你们希望我能痊愈，就诚心立誓，破城之日，不妄杀一人。"诸将面面相觑，都觉得曹彬这治"病"之方未免新奇。但既然主将提出要求，他们也不能不答应，于是一起焚香为誓。第二天，曹彬的"病"就好了很多。再过一天，他就率军攻破了金陵城。

金陵陷落，李煜与其臣子百余人到曹彬军营中来请罪，曹彬好语安慰，并待之以宾礼，请李煜回宫整理行装。曹彬自己只带数骑在宫门外等候。左右悄悄对曹彬说："李煜进宫去，如果想不开自杀了，那怎么办？"曹彬笑笑，说："以李煜软弱寡断的个性，既已出降，哪里还能有这种想法。"不一会儿李煜果然又乖乖出来了。有曹彬主持大局，南唐君臣才得以保全。

这次出征江南，从出师至凯旋，宋军始终纪律严明，无人敢轻举妄动。平定江南是大功，但曹彬回到京城，给宋太祖上的报告里只谦虚地说自己是"奉敕江南干事回"，意思是说，自己不过是奉命到江南办理完一件公事罢了。

金陵既平，潘美以功拜宣徽北院使。而潘美自从争当主帅被宋太祖敲打之后，也收敛了许多，从此与曹彬合作得很好。

四、民生才是硬道理

历览古今多少事，成由谦逊败由奢。赵匡胤生于乱世，看到了太多腐败致祸、奢靡误国的故事。开国之初，百废待举，人心望治，赵匡胤吸取五代以来的亡国教训，力倡勤政节俭，以期富国利民，改善民生，稳固统治。

建国之初，由于战争需要，曾大力征役人民，百姓负担很重。当政局逐渐稳定之后，赵匡胤实行了一系列与民休息、发展生产的积极措施。

其一，减轻徭役，奖励农耕。

公元961年，他明令免除各道州府征用平民充当急递铺递夫的劳役，改用军卒担任。第二年，又免除征民搬运戍军衣物的劳役。若州县不遵令行，百姓可以检举。赵匡胤减轻徭役，主要是指那些官吏可以从中私取其利的劳役，还有些是兵役，如他一再减少各县的弓手名额。政府征用的劳役，主要是用来发展生产，特别是修河。赵匡胤自己说："朕即位以来，平常没有别的差役，只有春初修河征用劳役，那也是为人民防患。"在平息藩镇、统一南方的战争中，宋太祖每攻下一个地方，除收编一部分精兵外，其余军士一律遣散返乡，派人帮他们修盖房屋，发给耕牛、种子、粮食，鼓励他们积极生产、认真耕作。这样，大批的人力从繁重的徭役中解放出来，进行农业生产，对于宋初社会经济的恢复起到了很好的推动作用。

五代时期，连年战乱，田地荒芜比较严重。为了刺激农民垦荒，赵匡胤下令，凡是新垦土地一律不征税，凡是垦荒成绩突出的州县官吏给予奖励，管辖区内田畴荒芜面积超过一定亩数的，要给予处罚。桑、枣、榆等树是古代主要的经济作物，桑与蚕丝业的发展关系密切，枣、榆可帮助人们渡过凶荒之年。因此，赵匡胤明令严禁砍伐，"凡剥三工以上，为首者处死，从犯流三千里，不满三工，为首者减死配役，从犯徒三年"。宋时，412尺为一"工"，可见政府对滥伐树木者惩治之严。

在宋初实行的农业政策中，水利建设被放在非常重要的位置。公元962年，赵匡胤令黄河沿岸修堤筑坝，并大量种树，以做防洪之用，规定每年的正月、二月、三月为黄河堤坝例修期，以防患于未然。除黄河外，赵匡胤对运河、汴河、蔡河等主要河流，也做了不少修整，对农业经济的稳定和商业经济的流通起到了重要作用。

其二，崇尚俭朴，以身作则。

赵匡胤生于一个没落世家，早年历尽生活的坎坷，十分了解社会最底层人民的疾苦。当上皇帝后不忘本色，极其俭朴律己，宫中垂帘都用普通的青布所做，洗了多次的衣服还在身上穿着，这在历代帝王中是十分难得的。而且，赵匡胤的内宫，是历朝历代最俭朴的，宦官只有五十余名，宫女也只有二百多名。即便如此，赵匡胤仍认为太多了，还遣散自愿出宫的五十余人。

普天之下，莫非王土，富有天下的赵匡胤却以身作则，倡导廉政之风，信奉够用就行的原则。他命令下属，把他皇冠上的珠宝全部拿掉，变成了一顶普通的帽子，生日的时候不允许大臣们进贡。一次，皇后对他说："官家做天子日久，为何不用黄金装饰一下轿子，这样，乘之出入亦气派也。"赵匡胤笑答："我以四海之富，莫说是以金子装饰轿子，即是宫殿都用金银打造也非难事。但我是为百姓保管钱财，岂可妄用?"赵匡胤称帝后，对自己的家人近乎抠门，有一年七夕节，他送给太后和皇后的节礼是：太后三贯钱，皇后一贯半。赵匡胤之女魏国公主出嫁后，有次穿着配饰翠羽的服装入宫，赵匡胤看

见后，便告诫她不要再穿。魏国公主感到非常委屈，认为自己贵为公主，穿这样一件衣服又有何大惊小怪的。赵匡胤对她说："汝生长富贵之家，当念惜福。"

有一次，有关部门奏请从堆木场取一根大木材做器物，赵匡胤认为用大木材做小器物实在太过浪费，就在奏章后面恶狠狠地批道："破大为小，何若斩汝之头！"结果那根大木材谁也不敢动用，直到宋仁宗时，木材已经枯朽不堪，却仍然放在原处。

赵匡胤非常喜欢宫中宴饮，经常与臣下、亲族、异邦使者觥筹交错，但他不会奢侈无度，就是因为他知道民生多艰。他说："沉湎于酒，何以为人？"据史载，有一次，赵匡胤半夜起来，突然非常想吃羊肝，可是犹豫了半天不肯下令。左右问他："皇上有什么事就尽管吩咐吧，我们一定照办！"赵匡胤回答说："我若说了，每日必有一只羊被杀！"结果他硬是忍住没吃。

其三，注重民生，让利于民。

孙中山曾有一个著名论断："民生就是政治的中心……历史上的政治和社会经济种种中心都归之于民生问题。"中国两千余年的帝王史，每个大有作为的君主，无一不是关心民生，让利于民，并因此促进了社会的进步和文明的发展。

赵匡胤在位期间，除了几个关键部门收归国有，一般都让与民间自营，连赋税都不收（"不加赋"）。有一位知舒州（今属安徽省安庆市）、左谏议大夫叫冯瓒的上言说："本州界内有菰蒲鱼鳖之利，居民经常捕捞了自给。但前防御使为增收，搞了个市征（纳税），这样苛细的税法，弄得当地人很困苦，期望能免掉这个赋税。"赵匡胤听后，当即答应蠲免其赋。

宋代赋税沿袭唐中期以来的两税制，即夏、秋两次收税。赵匡胤时代，令州县各置义仓，官方所收二税，每一石粮，另外留出一斗贮存在这个义仓里，"以备凶俭"。此举等于国家收税，另外返还百分之十留在地方，以备凶年荒年赈济百姓。这类德政，甚至超越了"不加赋"。

赵匡胤晚年，特别在意地方治理。有一次，他任命官员钱文敏知泸州，召见他说："泸州那个地方接近蛮獠，但越是这样，越要加以抚爱。我听说原来的知州郭思齐、监军郭重进，擅自搜敛做不法事，爱卿你此去为我调查审问一下这个事，苟有一毫侵民，朕必不赦！"

在此之前多年，赵匡胤也说过类似的话。乾德四年（966年）八月，赵匡胤召宰相以下群官多人，在紫云楼下宴饮，顺便说到"民事"。赵匡胤对赵普等人说："下愚之民，虽不分菽麦，如藩侯不为抚养，务行苛刻，朕断不容之。"

有一年夏天，赵匡胤正在后苑花木中设宴聚会，突然间下起倾盆大雨，赵匡胤十分不悦，大声怒斥左右侍从。这时赵普上前奏道："外面百姓正盼望下雨，官家宴会遭雨淋又有何妨，只是损失一些陈设，淋湿一些乐人衣裳而已。只管让乐人在雨里演杂剧，这时雨水难得，百姓快活之际，正好吃酒娱乐。"赵匡胤一听转怒为喜，令乐人就在雨中作乐观赏。

以一人治天下，不以天下奉一人。赵匡胤以自己的言行砥砺部下和后代，勤政节俭，体恤百姓，为宋朝初年的政治清明创造了一个良好的环境，使经济得到了恢复和发展，史称"建隆之治"。

五、反腐倡廉，重典治吏

五代十国时期，军阀立国称王、各霸一方，相互争夺混战，不仅生产遭受严重破坏，较多官吏更是只图眼前私利而贪污腐败成风，致使百姓生活在水深火热之中，因此大失民心，先后亡国。

"国家之衰，官由邪也。"反腐倡廉必须从严治吏，"治乱世用重典"，严格约束官吏中的"无厌之求"者，"以塞浊乱之源"。赵匡胤深知贪污腐败是立国之大忌，吸取了五代十国灭亡的惨痛教训，登基后首先对吏制进行革新，用严厉的法律和重刑惩治贪官污吏，一再告诫他们"若犯吾法，唯有剑尔"。

建国的第二年，赵匡胤便向全国颁布了《盗窃律》。然而该"律"虽文辞严厉，但在具体查处官员的条款上不是很明确，加之有问题的官员相互袒护，以及监督不力等原因，一段时间新法难以实施，收效甚微。为此，在调整律典和加强监管的同时，赵匡胤决计先从小官开刀，借此杀一儆百。

不久，机会来了。他得到密报，得知商河县令李瑶贪赃枉法，十分嚣张，在当地已引起公愤，便立即派人将其押解进京亲自殿审。威严的大殿之上，众目睽睽之下，赵匡胤对李瑶严斥，惊慌失措的李瑶很快认罪求饶，最后被杖杀，文武百官因此知道皇帝已下决心肃贪治国。尔后，赵匡胤先后严惩了不少贪赃枉法的大臣，如大将军桑进兴因受贿罪被处死；卫将军石延祚因同下属官员勾结盗取国库被砍头；

管理蔡河河道运输的王训等四名官员，因克扣军饷和在军粮中掺糠掺土，被押到市上寸磔（分裂肢体的刑法）示众等。

宋朝本是一个相对仁慈的朝代，立国之初，赵匡胤就嘱咐儿孙不得杀士大夫和上书言事者，对贪官却深恶痛绝，一直坚持只要有人犯了贪污受贿罪，无论犯罪者资格多老、官位多高，他都严惩不贷。他在两次大赦时明文规定：“十恶杀人，官吏受赃者不赦！”表明了治贪决心。除了重典肃贪，赵匡胤还坚持“既往仍咎”的做法，不放过任何一个作奸犯科者。如监察御史间丘舜卿知法犯法，在前任上盗用官银，后被查出来，被处以极刑。

赵匡胤如此重视对官员的治理，源于对腐败亡国的深深恐惧。一方面，自己以身作则，不奢侈浪费，珍惜民力；另一方面，严管公务员队伍，使官员“不敢贪”“不能贪”，以保天下太平。粗略统计，宋太祖在位17年，以贪污受贿罪处死贪官污吏将近30人，免死流放及其他处分的官员更多。

开国初，赵匡胤曾立官吏晋升制度：文臣五年、武臣七年晋升一级，到期能否晋升，主要看任期内有无贪赃问题。如果有问题，但还不太严重，文臣则要七年，武臣则要十年才能晋升，对这种官员的晋升还必须上奏皇帝批准。这些朝廷和地方的官员，都有级别较高的官员为其担保，如果不称职或犯错误，担保人要承担责任。

赵普与赵匡胤情同手足，做了十年宰相，权力很大。日子久了，就有人想走他的门路，不时有人给他送钱送物。赵匡胤经常到赵普家里去，事先也不派人通知。有一次，吴越王钱俶派使者送信给赵普，还捎带了十坛“海产”。赵普把十坛“海产”放在堂前，还没来得及拆信，正好赵匡胤到了。赵匡胤在厅堂里坐下，看到这十个坛子，就问赵普是什么东西。赵普回答说：“是吴越送来的海产。”赵匡胤笑着说：“既然是吴越送来的海产，一定不错，把它打开来看看吧！”赵普吩咐仆人，打开坛盖，在场的人一看都傻了眼。原来坛里放的不是什么海产，竟是一块块金子。

赵匡胤看到这一情况，心里窝了一肚子的火，脸色也就沉下来。

赵普满头大汗，惶恐请罪，说："臣没有看信，实在不知道里面是什么东西，请陛下恕罪。"赵匡胤冷冷地说："你就收下吧！他们以为国家大事都是由你们书生决定的呢。"打这以后，赵匡胤对赵普冷落了许多。

公元971年四月，右监门卫将军（负责京城戍守的将领）赵王比，由于平日与宰相赵普有矛盾，就告发赵普在秦（甘肃东部、陕西西部）盗伐木材。当时朝廷禁止私运秦、陇大木，赵普曾到那里运木料为自己造住宅，他的部下趁机冒用赵普名义，私运一批大木到东京贩卖。这件事牵连到赵普，赵匡胤欲召集百官公布此事，并拟罢免赵普的宰相官职。后来，由太子太师王溥出班奏明，赵王比和赵普有私仇，所举虽为事实，但有夸大其词成分，才未处分赵普。之后，赵匡胤要处分赵王比，赵普又出面为其讲情，赵匡胤才了结此事。

可惜的是，自恃有功于大宋的赵普却不思悔改，屡屡以权谋私，袒护官员。忍无可忍之下，赵匡胤下令御史府审查讯问，相关人员因此受到处罚。自此之后，赵匡胤对赵普的恩宠渐渐疏淡了。公元973年八月，赵匡胤罢去赵普的相位，将其调出京师，任河阳三城节度使，加检校太傅、同平章事。

严刑反腐的同时，赵匡胤还大力倡廉，对于一些俭朴的官吏，常常格外奖赏。太子太傅范质虽为高官，可是家里连待客的碗碟都没有，十分寒酸，赵匡胤便赐予他一套高档酒食器具。西川转运使沈义伦平定后蜀后，住在成都一处旧庙里，吃的是粗食淡菜。一些后蜀的亡国之臣来贿赂他，但无论是何种宝物，他一概拒收。回到京城时，他只带回一竹筐的书籍，别无他物。赵匡胤为此颇看重沈义伦的人品，提拔他为户部侍郎兼枢密副使（军队副总负责人）。

尔俸尔禄，民膏民脂。下民易虐，上天难欺。

如上文字，出自后蜀国主孟昶撰写的《官箴》，意思是：官员们所领的俸禄，都是老百姓的血汗。百姓们虽然好欺负，天理却难以容忍。赵匡胤认真总结了后蜀兴衰得失的教训，将之刻碑为戒，颁于州县，令他们将这块戒石碑置于座右，晨夕念之，警示官吏们能牢记戒石碑上的话，务必清正廉洁，克己爱民，做一个好官。是为宋朝《戒石铭》之开端，后世代沿袭。

戒石铭

反腐倡廉，整顿吏治，赵匡胤可谓用心良苦，不遗余力。正是有了赵匡胤的这一番努力，北宋初年一改五代乱象，政治清明，社会安定，经济文化持续繁荣。遗憾的是，后来的继任者忘记了太祖遗训，奢靡享乐，贪腐之风日甚，宋室王朝因此处于风雨飘摇之中，最终走上亡国之路。

六、"宰相须用读书人!"

　　钱钟书曾说，在中国文化史上有几个时代一向是相提并论的，文学就说"唐宋"，绘画就说"宋元"，学术思想就说"汉宋"——都数得到宋代。钱钟书之论，可谓一语破的。而且，北宋一朝不仅文人辈出，文化名人群星闪耀，这些文化大家同时又是北宋政坛明星，如苏东坡、王安石、司马光等。

　　于是，有人因此得出大宋文人治国的结论。

　　此番推证正确与否，且不去评论。有宋一代，文化气氛蔚然大观，"郁郁乎文哉"，早已经成为不争的事实。

　　这一历史现象的推进者，当属赵匡胤。正是因为赵匡胤注重文化建设，才一改五代以来军阀擅政，文治不显的历史乱象。促使赵匡胤看重文化建设，发力教化，重整治国理政新思维的，是一次偶然遇到的"乌龙"事件。

　　赵匡胤登基后，改年号为"建隆"，寓意"创造蓬勃兴盛的新时代"，希望"建隆"这个年号可以用的时间长一些。可是不久，他就恼火地发现南唐后主李煜、吴越忠懿王钱俶的政权也在使用这个年号，于是决定再改年号。他嘱咐宰相们，一定要选一个既有伟大意义，又没有前人使用过的年号。

　　于是，大宋的宰相们又献上了"乾德"的年号。易经中有所谓"大哉乾元，万物资始，乃统天"。乾德者，元德也，象征着北宋开国的新意象。赵匡胤一听感觉不错，在自己登基的第四年，改年号"乾德"。

此后，赵匡胤开疆拓土，接连取得胜利，更加觉得"乾德"这个年号给自己带来了好运。乾德三年，赵匡胤灭了后蜀，统一大业指日可待，心情很是畅快。有一天，他闲来无事，踱入后宫，想去看看从后蜀俘虏来的宫女们。然而，当他随意拿起一个宫女的铜镜时，却被背面的字惊呆了：铜镜后面赫然刻着"乾德四年铸"的字样！

疑惑不解的赵匡胤，第二天就拿着这面铜镜上朝了。他把这面铜镜拿给大臣们传看，并让他们解释：明明是乾德三年，怎么会冒出个乾德四年的铜镜来？

可是，第一任宰相范质、王溥和魏仁浦皆不能作答，第二任宰相赵普、薛居正和吕余庆亦是一脸的茫然。其余大臣们更是面面相觑，谁也搞不清是怎么回事。于是，赵匡胤召来自己认为比较有学问的翰林学士陶毂和窦仪。

《三字经》中有"窦燕山，有五子"，窦氏五子俱文行并优，窦仪是窦燕山的长子。窦仪告诉赵匡胤，这是前蜀皇帝王衍使用过的年号，问问那个宫女就知道了。

赵匡胤闻言大惊，即刻命人去查，事实确如窦仪所言。

谜底解开了，这件铜镜是真的，而且已经有了40多年的历史。遗憾的是，当下大宋的大臣们都不知道这么重大的历史事件。

又撞年号了！"乾德"不仅是过去使用过的年号，而且是个亡国之君使用过的年号。赵匡胤很失望，作为宰相，他们的文化素养太低下了。赵匡胤也很无奈，自己任命的宰相们如此孤陋寡闻。

赵匡胤因此感叹："宰相须用读书人！"

据说，恼羞成怒的赵匡胤还很粗鲁地用毛笔在赵普脸上涂鸦，赵普诚惶诚恐，一夜没敢洗脸，做了半天的黑包公。

事有凑巧，此次撞车年号事件出现的时候，蜀地也发生了叛乱，大宋的统一计划因此受阻。不久，赵匡胤将年号改为"开宝"，而且，正是在铜镜事件后，赵匡胤开启了一场规模空前的读书学习浪

潮，为大宋重用读书人提前定下了基调。

窦仪

　　其实，赵匡胤本人就是一个比较喜欢读书的人，从早年的无心读书转变为后来的自觉读书。在戎马倥偬的岁月里，治军之余，常常"手不释卷"。"闻人间有奇书，不吝千金购之"。出征淮南时，南唐国主曾私进白银三千两以图收买，赵匡胤悉数送交内库。攻克寿州，面对府军堆积如山的金银财货，赵匡胤不为心动。相反他细心地购了一批书籍，仔细包装整理用车子运回京城。为此，有人给周世宗打小报告，称"赵某下寿州，私所载凡数车，皆重货也"。周世宗于是派人搜查赵匡胤的全部行李，却发现车中所载，除书籍外，别无他物。周世宗召见赵匡胤，问："卿身为将帅，有守边疆之责，带兵打仗，书有何用？"赵匡胤回答："臣知识有限，收罗这些书是为了学习，增长智慧。"平定蜀国后，他立刻下令把蜀地的图书馆搬到汴京来，以方便自己读书。

赵匡胤与他同时代武将的区别就在这里，热爱读书的赵匡胤因此和其他武将有着明显的不同，他宽厚仁和，胸怀天下，气场十足，胸襟广阔。这个不同最终让他脱颖而出，完成了从一介武夫到一名政治家的角色转换，成为五代乱世终结使命的最后完成者。

但是，赵匡胤好读书不落窠臼，并没有沾染读书人浮夸风流、拖泥带水的毛病。有一次，赵匡胤看见城门匾额上写着"朱雀之门"。于是问随行的赵普，为什么不直接写朱雀门，中间加一个"之"字有什么用？赵普回答说，是语气助词（"语助也"）。赵匡胤哈哈大笑，说："之乎者也，助的什事？"

书到用时方恨少。赵匡胤还教育大臣说："今之武臣，亦当使其读书，欲其知为治之道也。"上有所好，下必甚焉。为响应皇帝的号召，大臣们都开始认真读书了，朝堂上下，百官读书，盛行一时。

有教无类，开卷有益。对于不喜读书的宰相赵普，赶匡胤曾多次予以批评和规劝："卿苦不读书。今学臣角立，隽轨高驾，卿得无愧乎？"原本不怎么看书的宰相赵普，每天下朝后就钻进自家书屋，手不释卷。后来，家里人发现，他的书箱里藏的不过是一部《论语》。于是人们就流传一种说法，说赵普是靠"半部《论语》治天下"的。

"半部《论语》治天下"，即是对他读书不多的戏说，更是对他精于读书，善于谋略的肯定和赞许。"半部《论语》治天下"，说明论语很有用，是治国理政的大纲和经典教科书。这句话对后世很有影响，成为以儒学治国的名言。

除了这次大张旗鼓的读书运动，赵匡胤即位之初，就下令修复孔庙，开辟儒馆，沿用耆学名儒，以劝教化。针对五代时期文教不兴、学校荒废的情形，他下诏拨款增修国子监学舍，当国子监开学讲书之日，他多次派人送去美酒、苹果以示祝贺。赵匡胤还亲自撰写孔子、孟子颂赞，其所撰《宣圣（孔子）赞》云：

王泽不衰，文武将坠。尼父挺生，河海标异。祖述尧舜，有德无位。哲人其萎，凤鸟不至。

建隆二年（961年），赵匡胤下诏，凡中贡举人者，都应到国子监拜谒孔子，并以此定为日后的规矩。为了表示自己对儒家的礼重，特下诏书在供奉儒家创始人孔子的文宣王庙门外，用一品官之礼仪，立十六戟。乾德四年（966年），孔子第四世孙孔宜举进士未能及第，向朝廷上书述说其家世，于是赵匡胤便给予其特殊待遇，特命为进士。

赵匡胤还极其重视图书建设。建国之初，就注意收集各国遗留图书，用以充实官府藏书。与此同时，广泛征集民间藏书，规定凡有献书者，视其书籍价值，如馆阁所无，则送学士院试问吏理，堪任官职俱委以官职，并赐科名。建国初，三馆（史馆、昭文馆、集贤院）仅有书12000余卷，通过征集和献书，开宝年间，官府藏书增至8万卷，为北宋官府藏书奠定了基础。

修身，齐家，治国，平天下，是自古以来每个读书人的梦想。为广揽天下读书人，赵匡胤又完善了科举制度，让出身寒微的读书人，可以通过科举考试进身仕途，一展抱负。

正是在朝野上下、文武百官读书的热潮下，宋朝在立国之初就形成了浓厚的文化氛围，之后，大宋迎来了经济的繁荣和文化的盛世。

七、将科举进行到底

富家不用买良田，书中自有千钟粟。

安居不用架高堂，书中自有黄金屋。

出门莫恨无人随，书中车马多如簇。

娶妻莫恨无良媒，书中自有颜如玉。

男儿欲遂平生志，五经勤向窗前读。

这是大宋第三位皇帝宋真宗赵恒写的一首《劝学诗》，意在鼓励天下士子，努力读书，以博取功名，报效国家。十年寒窗无人问，一举成名天下知。对于大多数读书人而言，最直接、最荣耀的晋身之阶，就是参加科举考试。

科举制度初具于汉，创始于隋，确立于唐，完备于宋，兴盛于明、清，废除于清末，绵延存在了1300年之久，一度成为中国历史上重要的人才选拔制度。宋代文化高度发达，人才辈出，这一局面的开创者，首推宋太祖赵匡胤。赵匡胤虽以武将出身，对科举制度却尤其重视，他对这一制度的改革与完善，给后世留下了深远的影响。

宋代之前的科举，有所谓的"行卷"之说，即举子在科举前奔走于"当世显人"之门，将自己所作诗文投赟给有关的官员（一般为主考官），求得他们的赏识，以期通过这种考前的人际交往和运作，影响知举官的阅卷取舍，以期得到他们的推荐。

唐代著名诗人王勃、贺知章、高适、李益、元稹、白居易、杜牧；名臣张说、张九龄、裴度、牛僧孺等都有寻求"公荐"的经历。他们称主考官为"座主"，而自称为"门生"，互相结为以提携与感恩为纽带的密切关系，并由此而形成一种向达官贵人自我推荐、请求关照的诗歌类型——干谒诗。其中最著名的，当是朱庆余在临考前给水部员外郎张籍写的一首《近试上张水部》，"妆罢低眉问夫婿，画眉深浅入时无?"因此成为流传至今的名句。

考试与推荐相结合，虽对选拔人才有一定积极作用，但也为那些达官贵人营私舞弊开了方便之门。而一旦被录取，双方就有了座主、门生的师生关系，为日后仕途中的攀附、结帮奠定了基础。这种关系的建立，对朝廷则是一种潜在的危险。"行卷"之风的盛行和知举官们的徇私舞弊、录取不公，同样也遭到大多数士子的不满和愤怒，群议沸腾，最终引起了朝廷的关注。

建隆三年（962年）九月，赵匡胤下诏废止了唐代以来的"公荐"制。诏文说："国家悬科取士，为官择人……今后及第举人不得辄拜知举官……如违，御史台弹奏……兼不得呼春官为恩门、师门，亦不得自称门生。"乾德元年（963年）九月，宋太祖又下诏："礼部贡举人，自今朝臣不得更发公荐，违者重置其罪。"开宝六年（973年），宋太祖又再次下诏，重申这项禁令。

废除"公荐"制，使得北宋的科举选拔人才更为公正合理。从宋代开始，凡是贡举及第者都变成了"天子门生"。虽然在一些书信与公文中还有恩师、门生之类的称呼，但其含义与唐代不同，仅作为自谦、客套的礼节性语言。

在科举考试中，殿试属于最高级别的考试。殿试，顾名思义就是在皇宫大殿举行，并且由皇帝亲自命题并主持考试，又称御试、廷试、廷对等。这种制度开始于武则天，宋太祖赵匡胤于开宝六年（973年）定为常规制度。

宋太祖创立殿试，源于一场科举舞弊案。

据《资治通鉴》记载，开宝六年，落第进士徐士廉等在朝堂外击鼓鸣冤，指控当时的主考官李昉徇私用情。赵匡胤得知情况后，立即在讲武殿重新复试新科及第的进士，结果"进士武济川（李昉同乡）、三传刘浚材质最陋，应对失次"。大怒之下，赵匡胤毫不留情地撤去二人的功名，将其退回原籍，同时将主考官、翰林学士李昉降级处分。李昉原录取的进士中，有10人因此落选，徐士廉经过皇帝亲自复试，才能卓越，成为进士。

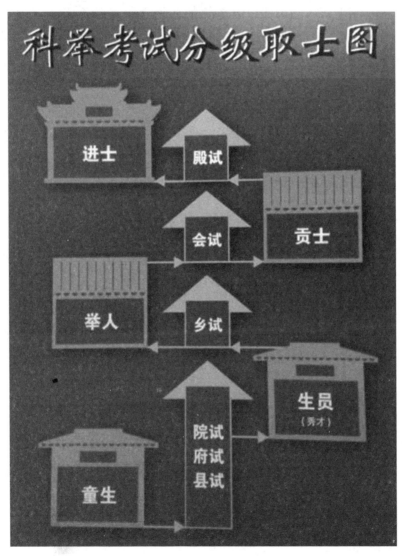

科举考试分级取士图

从此以后，殿试便成为科举考试的常态。这一举措可谓开殿试风气之先，保证科举考试的公平性，为那些无权无势的寒门学子提供更多的进仕机会。

和当今的高考一样，科举考试中第者自然是欣喜若狂，春风得意马蹄疾；而落第者则未免黯然伤神，屡试不第者甚至铤而走险，唐末的黄巢起义即因此而起。如果黄巢生在宋代，就没有这样的烦恼了，为了安抚年老落第的士人，赵匡胤特意创立了"特奏名"制度。只要是解试合格而省试或殿试落第的举人，积累到一定的举数和年龄，可以不经过解试和省试，由礼部报名，直接参加殿试，并赐出身或官衔。

据统计，有宋一代，通过"特奏名"制度获取功名的士人约有五万人，几乎占整个科举及第人数的一半！元丰年间，有一位70余岁老儒在特奏名殿试策问卷内只写上"臣老矣，不能为文也，伏愿陛下万岁、万岁、万万岁"几字，便"特给初品官，食俸终身"。

"特奏名"制度的设立，是为了优待老而无成的举子，每个科场失意的士子因此都有下一次成功的机会与希望。而通过这一制度，赵匡胤也将天下英才全部收入彀中，既获得了人才，又消除了某些不稳定因素，可谓一箭双雕。

科举考试中，为了防止考生与考官之间营私舞弊，赵匡胤还别出心裁地创立了弥封、誊录和锁院制度。

弥封，是指考生考试结束后，由专人将考生试卷上的姓名、籍贯等部分用纸糊起来，再交给考官评判。直到最后统计成绩时，才能拆封公布姓名，否则即为作弊。这也是现在考试中密封试卷制度的起源。

实行弥封制后，科场上又发生了考生在试卷上书写标记、暗语的问题，于是，"誊录"制度随之出现。誊录，即在考生交完试卷后，朝廷雇请一批抄写书手将考卷重新誊录一遍，再交给考官，其用意在于进一步杜绝"弥封"措施的纰漏。

锁院，是指"知贡举"（主考官）、"权知贡举"（副考官）等考官人选确定后，立即将他们锁于贡院之中，断绝他们与外界的联系，避免出现考官向亲朋好友泄露试题的现象。考生入考场后，也封锁院门，以防范舞弊。

为了彰显考试制度公正公平，赵匡胤还独具匠心地设立了别试制度。别试制度主要针对两类特殊群体：一类是考官的子弟，另一类是当朝大臣权贵的子弟。对于参加考试的考官子弟，要另派考官监考、阅卷，以防止徇私舞弊；对当朝大臣权贵的子弟则还要多复试一次，以甄别是否有人利用权势将无能子弟的成绩拔高。

公元 968 年的一天，赵匡胤审阅新科进士名单，发现名单上翰林学士陶毂的儿子陶邴名列第六，便问赵普这次考试主考官是谁。赵普答说："是陶毂。"赵匡胤问："儿子参加考试，老子为什么不回避？"赵普解释说："陶毂自己提出回避了，但实在没有合适的人替他。这父子俩都是规矩人，陶邴又有实力，所以我们就没深究。"赵匡胤因此大怒说："你们要动摇国本吗？"赵匡胤下令立即拟旨，对上了预备录取名单的官二代，由礼部牵头，额外增加一道复试，不通过不录取。

这是一道载入史册的旨令，在科举取士过程中，对官宦子弟严格设限，从此贯穿了整个宋代。

求贤若渴，为国遴才，赵匡胤把科举考试几乎做到了极致。严字当头，力求公平的同时，在赵匡胤主持的科举考试中，还出现了不少奇葩事，充分显示了他不拘一格用人才的风格。

例如，在殿试的时候，赵匡胤有时更加欣赏那种下手快的人，当时他就规定，参加殿试的考生，都要完成三个题目，谁最先交卷即为状元。这样的选士方法虽然前所未有，却也自有一定的道理，既然大家都过关斩将到殿试这一关了，估计学习成绩和写作水平都差不多，很难找出大的差距来；而且，交卷快至少说明此人才思敏捷、头脑灵活，以后在朝廷和地方为官，办事能力不会差到哪里去。既然如此，在如此重大的人生际遇面前，那就看各位交卷的速度了，谁先交卷，谁就是佼佼者，"每以先进卷子者赐第一人及第"。

如果说根据答题速度来选拔人才比较奇葩，那么还有一件更加奇葩的事情。

开宝八年（975 年）乙亥科的殿试中，赵匡胤同时遇到了两个"快枪手"，举子王嗣宗和陈识两人同时完成，同时交卷。赵匡胤因此犯了难，一场科考总不能出现两个状元吧？于是，赵匡胤就让两人在朝堂之上打了一架，谁赢谁为状元。结果，王嗣宗摔倒了陈识，中了状元，王嗣宗因而被人戏称"手搏状元"。

第九章　烛影斧声

对此惊心动魄的一幕，有人试着做了推测，演绎出佳话版和阴谋版两种说法。

佳话版认为：赵匡胤临死之前，想要把皇位传给弟弟赵光义，弟弟离席推辞，赵匡胤见弟弟不同意，就拿着柱斧投掷在地上，逼着他即位，对他说，你要好好干。

阴谋版认为：为取得皇位，赵光义毒死了自己的兄长。赵匡胤死前，与赵光义起了争执，赵匡胤很生气，于是拿着柱斧来砸赵光义，赵光义躲避开了。赵匡胤气愤地说，你要好自为之。

一、迁都风波

公元 976 年正月，赵匡胤颁布诏书，他将于四月起驾洛阳，去那里巡视参观。赵匡胤的理由非常合情合理：洛阳那里，有我父亲赵弘殷的永安陵，我要回乡祭祖。

殊不知，对于这么一个理由，文武百官却给出了一个统一的答案：不同意。他们不同意的原因是：赵匡胤此行还间接表达了迁都于此的强烈意愿。

对于赵匡胤的洛阳之行，在这些反对的人中，以起居郎李符的态度最为坚决，他一口气提出了八个困难，《续资治通鉴》记述如下：

> 京邑凋敝，一也；宫阙不备，二也；郊庙未修，三也；百司不具，四也；畿内民困，五也；军食不充，六也；壁垒未设，七也；千乘万骑盛暑扈行，八也。

历史上的李符，是一个非常善于拍马屁、迎合上意的大臣，否则，他也不会成为赵匡胤的贴身管家，负责记录皇帝所有的言行。面对李符这八个难题，赵匡胤的回答也是三个字：不同意。

赵匡胤思乡心切，根本不管西行难不难，于同年三月从开封出发，在众大臣和卫兵簇拥下，浩浩荡荡前往洛阳。四月，赵匡胤一行到达洛阳，在南郊举行合祭天地大典。

此前洛阳地区连续一个月大雨不止，赵匡胤到达后，雨就停了下来，举行合祭大典时晴空万里。大典结束后，当地父老说："我辈少经乱离，不图今日复见太平天子！"还有人激动得泪流满面。赵匡胤见天公作美，百姓归心，又见洛阳经过重建后宫室壮丽，心情非常愉快，当日下诏大赦，并当面奖励建设洛阳有功的河南府右武卫上将军焦继勋。

洛阳不仅是赵匡胤的出生地，也是他生活多年的地方，甚至还从旧居的某一个角落找出了儿时的玩具石马，欣喜之情溢于言表。两天后，赵匡胤大宴群臣，随意赏赐，君臣共欢。在言谈中，赵匡胤屡称洛阳为形胜之地，居天下之中，流露出欲留居洛阳之意，群臣见皇上兴致正浓，不敢扫他的兴，当时没有谁开口进谏。按照原定计划，在巩义祭拜了自己父亲后，赵匡胤终于说出了自己的真实目的："朕意已决，迁都洛阳城。"

赵匡胤西巡洛阳，但醉翁之意不在酒，此言一出，大多数人仍坚决表示了不同意。

赵匡胤也很任性，干脆在洛阳住下来，拒绝回到开封都城。

皇上不肯起驾东返，群臣大为惊骇，一时无人敢奏。迁都事关国家命运，几天之后，赵匡胤的心腹大臣，铁骑左右厢都指挥使李怀忠斗胆站了出来，劝谏说："东京有汴河漕运之利，每年有江淮数百万斛的漕米供给京城数十万兵马，如果陛下留居洛阳，粮米从何而出？况且，府库重兵皆在汴梁，根基深厚，安固已久，怎么可以轻易动摇根本呢？"李怀忠的意思是，洛阳要啥没啥，东京汴梁有粮有兵，是大宋朝安身立命的根据地，不可轻言迁都。

就当时形势而言，李怀忠这一番话的理由是很充足的，但即便如此，仍改变不了赵匡胤迁都的决心。

最终让赵匡胤打消迁都主意的，是晋王赵光义。

面见自己的哥哥后，赵光义委婉而坚决地告诉自己的哥哥："仓促迁都，不太可行。"

听到弟弟的反对意见，赵匡胤回答道："迁都洛阳，只是权宜之计，早晚有一天，我要迁都长安。"

相比之下，经过了五代十国的洗礼，长安比洛阳还要破旧不堪，因此更不可行。于是，赵光义马上撩袍跪倒叩首，希望皇帝哥哥收回这个成命。

看见弟弟这样拼死觐见（"叩头切谏"），赵匡胤马上解释道："我之所以要将都城西迁，没有别的目的，就是要凭借险峻的地形来阻挡敌人，借此裁掉大量的军队，仿效周朝、汉朝的办法，来治理天下罢了。"《续资治通鉴》如是记载道：

吾将西迁者无它，欲据山河之胜而去冗兵，循周、汉故事，以安天下也。

面对赵匡胤的颇有些自得的说辞，赵光义慢慢地说出了五个字："在德不在险！"此言一出，史称赵匡胤"不答"。

实际上，一个国家长治久安，在"德"亦在"险"，无德不立，无险不固，仅仅强调单方面的作用，是无效的。而从长远来看，赵匡胤的考虑是对的，比群臣和赵光义更有眼光。

开封府主要的优势是居"天下之要会"，汴水河渠连接江淮等地，经济富庶，但其缺点是军事上无险可守，四战之地，难以御外，必须常驻数十万大军以代替山河之险。在一个根本无险可守的地方安家，只能雇用大量的军队，这就产生了一个让宋朝一直苦不堪言的冗兵问题。而且，经过多年的经营开拓，此地虽然漕运发达，但所需大部分粮草皆从外地辗转运来，长此以往，势必人力物力耗费巨大，不堪重负。在基本平定南方诸国及地方割据势力后，赵匡胤考虑到开封"形势涣散，防维为难"，因此提出了迁都的想法，可谓高瞻远瞩。

无论如何，群臣的意见赵匡胤可以不听，晋王赵光义的意见，赵匡胤却不能不考虑。因为，不久的将来，赵光义很可能就是自己的皇位继承人。赵光义离开后，赵匡胤感慨万千，对左右说："晋王之言固善，然不出百年，天下民力殚矣。"

最终，赵匡胤还是放弃了迁都计划。

对于迁都之争，有一种看法认为，迁都并非赵匡胤本意，之所以如此大张声势，是因为赵匡胤想借此打压一下势力渐大的赵光义；而赵光义之所以执意不愿迁都，其中另有背景，那一句"在德不在险"，亦大有深意。

所有人都已经看到，除了皇帝赵匡胤，此际的赵光义，实际上已经成了整个大宋王朝最有分量的人。

晋王赵光义，时任开封府尹，相当于现代的开封市市长。在宋朝漫长的历史中，很多名人都当过这个官职，比如寇准、包拯、欧阳修、范仲淹、苏轼、司马光等。身为开封市市长的赵光义，他本身有两张面孔，两个不同的身份。赵匡胤在京城的时候，赵光义规规矩矩，他就是一个小市长，干市长该干的活；但是，一旦皇帝离开京城，赵光义立刻摇身一变，直接变成了这个国家的代理皇帝，甚至能够自主地发号施令。

当然，之所以出现这种情况，也是赵匡胤一手造成的结果。赵匡胤登基前后，赵光义出谋划策，鼎力相助，立下了汗马功劳，大宋立国后，赵匡胤当然不会亏待自己的这位皇弟。赵光义身为皇亲国戚，又借助首都市长的权力，苦心经营，不断地培养自己的势力，最后形成了一张属于自己的权力网，这张网无孔不入，大得吓人！

赵匡胤之所以执意迁都，除了出于国计民生的长远考虑，还因为他看到了赵光义的势力太大，已经足以威胁自己的皇位安全了。而赵光义之所以极力反对迁都，是因为开封就是自己的根据地，这里有自己一手培植起来的庞大势力，如果赵匡胤放弃了开封城，他将蒙受最大的损失。而群臣中大部分人之所以反对迁都，就是因为他们都是晋王的人。

无论如何，迁都之争终于偃旗息鼓。

令所有人想不到的是，仅仅六个月后，雄才大略的赵匡胤突然离奇死亡，死在了统一大业即将完成的前夜。

二、功亏一篑

迁都计划流产后，赵匡胤继续未竟的统一大业。按照既定"先南后北"的策略，南方各国业已顺利平定，赵匡胤再度把征伐目标指向了北汉。

北汉是十国中最后一个政权，此前两次出征，均功亏一篑。"卧榻之侧，岂容他人鼾睡？"这里，始终是赵匡胤的一块心病，北汉不除，赵匡胤将坐卧不安。当然，赵匡胤一直挂牵的，应该还有当年"儿皇帝"石敬瑭送给契丹人的燕云十六州，如果能趁势收复，赵匡胤的人生将堪称完美。

燕云十六州面积约为 12 万平方公里，囊括了当时中国东北部与北部地区最重要的险关要塞与天然屏障，这一地区的丧失，使本地区的长城及其要塞完全失去作用，致使华北大平原门户大开，全部裸露在北方游牧民族的铁蹄之下。作为一代开国君主，赵匡胤当然明白燕云十六州的重要地位。但是，出于现实的考虑，他必须先统一中原本土，然后才能积聚力量，考虑夺回燕云地区。为此，他专门设立了一个机构"封桩库"，其职能是在每年的财政收入中，划出一定比例的盈余存储起来，作为收复燕云十六州的专项资金，由皇帝本人亲自掌握。

如今，宋朝已经基本统一了中国，赵匡胤底气十足，跃跃欲试。

应该说，以大宋的军事实力，此时灭掉北汉，易如反掌。

而且，就在开宝六年（973年）的十一月，辽国君主派边境刺史主动联系大宋，希望与大宋建立和平友好的外交关系。辽方书信这样写道：我们两朝，本来就没有什么过节，之所以会战火不断，都是石敬瑭捣的鬼。如果派遣使者，息兵止战，重修旧好，睦邻友好，永远做好邻居，好伙伴，不是挺好吗？

面对辽国投过来的橄榄枝，赵匡胤给了积极的回应。赵匡胤派雄州知州孙全兴修书答复，同意修好。

在两国邦交正常化之前，辽国皇帝为表达和平诚意，派遣使者去北汉发布命令，现在时代变了，我们要与大宋和好，北汉不许再南下侵扰大宋。刘继元听到命令，失声痛哭，扬言要北上讨伐背信弃义的契丹人，后来在部下的劝说下，才没有以卵击石，自讨苦吃。

南北两个大国建立了新型友好外交关系，意味着北汉一直以来的靠山没有了，夹缝中生存的小国变成了无关紧要的棋子，其利益很难得到保证。大宋的崛起带来了时局的根本变化，不能让一个小国影响大国关系，辽国君主因此及时调整了外交策略。

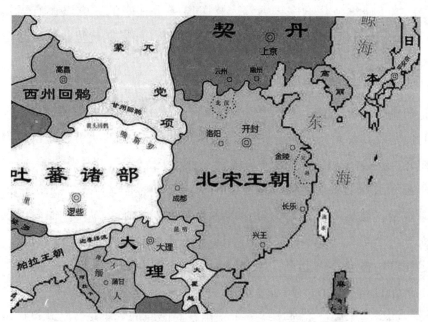

夹缝之中的北汉政权

辽国之所以与大宋重修旧好，根本原因在于，这些年来契丹看到了大宋军队的可怕；而大宋的可怕，则在前一年的遂城之战体现得淋漓尽致。

开宝五年（972年）十一月，辽国趁大宋用兵南汉之机，派六万铁骑入侵定州。赵匡胤得报后，命令判四方馆事田钦祚领兵三千御敌。出征前，赵匡胤对田钦祚说："敌众我寡，只需背城列战，敌军来了，立即攻击，敌军逃跑，不要追击。"

田钦祚和辽军在满城遭遇，宋军战力强悍，契丹军队招架不住，纷纷溃退，田钦祚乘胜追击到遂城，战马受伤倒地。田钦祚换马再战，军心大振。从早晨打到傍晚，宋军歼敌无数，田钦祚带领军队退守遂城，契丹六万大军围困数日，田钦祚因城中缺粮，从南门突围，抵达保塞军，整个过程无一伤亡。

六万大军，就看着田钦祚的三千大军，从自己的眼皮子底下逃跑了。契丹军队很窝囊，北部边境纷纷传言：三千打六万。

四方馆，官署名，以接待东西南北四方少数民族及外国使臣，分设使者四人，各自主管双方往来及贸易等事。田钦祚在名将辈出的大宋，实在算不上多有名，但就是用三千人，打败了契丹军队的六万大军。这场战役让契丹军队领教了大宋的可怕，捷报传来，赵匡胤非常高兴，对左右说：我对契丹兵一个首级的赏格是二十匹绢，契丹不过精兵十万，干掉他们，也就是耗费二百万匹绢的事儿。

宋军战斗力之所以如此强悍，跟赵匡胤的训练机制是密不可分的。举个简单的例子，每次发粮饷的时候，赵匡胤就让驻扎城东的士兵到城西仓库搬粮食，让城南的士兵到城北的仓库搬粮食，赵匡胤就站在开封的城楼上张望。按照赵匡胤的军令，粮食要自己扛回去，不能找枪手，更不能搞小推车来拉，只能自己到很远的仓库去搬运到自己所在军营，要不就别领。

赵匡胤几乎是利用任何时间和机会，训练禁军，终于把大宋禁军打造成一直战斗力惊人的虎狼之师。而对于大宋灭掉北汉的意图，辽国中央采取了默许的态度，赵匡胤因此没有了后顾之忧。

开宝九年（976 年）四月，赵匡胤回到开封，七月，任命党进为主帅，潘美为都监，兵分五路，进攻太原，展开对北汉的全面战争。

宋初将领之中，党进并非战功卓著的名将，党进的名气，源于当年和号称"杨无敌"（杨业）的一场以少胜多的战争。

公元 969 年，赵匡胤亲征北汉，兵临太原城下。宋军刚在城外扎下营寨，太原骁将杨业即领数百骑兵发动突然袭击，想通过突袭打宋军一个措手不及。关键时刻，党进率先反应过来，只带领寥寥数人，迅速挺身而出。党进的方法很简单，擒贼先擒王，这几个人跟着他专盯着杨业追着打，打得杨业逃到护城壕内。由于党进为大家争取了时间，其他宋军反应过来，纷纷赶来援助。由于宋军逼近城壕，不能开城门，慌乱之中，杨业被人用绳子拉上城头才避免被擒或被杀。党进就这样让威名赫赫的"杨无敌"狼狈出丑了一回，从此一战成名。

公元 976 年，赵匡胤三征北汉，目的很明确，举全军之力，灭掉北汉，一统中国。此次北伐，猛将党进再次一马当先，在太原城北大败汉军。宋军大军压境，刘继元自知不是宋军的对手，连忙向辽国求援。辽国背信弃义，单方面撕毁和约，派大将耶律沙率兵南下驰援。太原城下，大宋军队与汉辽联军展开激战，就在大战的关键时刻，赵匡胤突然驾崩，其弟赵光义即位，为宋太宗。

时为开宝九年（976 年）十月二十日深夜。赵匡胤年五十岁。

永昌陵

　　因国丧之故，赵光义遂于十二月召回北伐之师。翌年四月二十五日，赵匡胤葬于郑州巩义永昌陵。

　　至此，赵匡胤三征北汉，均功亏一篑，未能如愿。

　　又三年后，公元 979 年五月，宋太宗赵光义率军亲征，北汉灭亡，但燕云十六州未能成功收回。

　　除了未了的心愿，一生传奇的赵匡胤还留下了一桩千古谜案。

三、最后的谜局

　　这桩谜案，就是大宋历史上著名的"烛影斧声"。之所以称为谜案，是因为赵匡胤的离世太过于突然、蹊跷，其死因或语焉不详，或莫衷一是，令人疑惑重重。

　　关于赵匡胤的去世，《宋史·太祖本纪》仅仅记有以下寥寥数语：

　　癸丑夕，帝崩于万岁殿，年五十。

　　有关这一谜局的详细记载，有两本笔记的说法比较流行。

　　其一，是文莹的《湘山野录》。

　　文莹，北宋僧人。《湘山野录》是一部笔记体野史，因作于荆州金銮寺，故以湘山为名。《湘山野录》写成于神宗熙宁年间，主要内容是记载自北宋开国至神宗时期的历史，内容十分广泛，涉及朝章国典、宫闱秘事、将相逸闻、风俗风情。

　　根据本书记载：赵匡胤在称帝前，曾与一个道士交往，道士没有固定名字，有时叫真无，有时叫混沌。赵匡胤经常与他一起喝酒，有一次，道士喝醉了，唱了一首歌，寓意赵匡胤要当皇帝。赵匡胤践祚后，再也没有见过这个道士。依据北宋文人杨亿的《谈苑》，这个道士的名字叫作张守真，能通神灵，可以预言福祸。

开宝九年上巳节，赵匡胤与他再度不期而遇。久别重逢，赵匡胤大喜，将他接入宫中，一块喝酒。赵匡胤问道士："我一直很想见你，就想问问你我还有多少阳寿？"

道士说："如果今年十月二十日夜晚，天气晴朗，那么陛下的寿命还有一纪（12年）；如果不是，陛下就可以早点安排后事了。"

赵匡胤牢牢记住了道士的话，十月二十日夜里登楼观测，只见天朗气清，星光灿烂，内心大喜。但不久之后，风云突变，阴霾四起，大雪骤降，赵匡胤不由大惊，命人召晋王赵光义入宫。

赵光义赶到后，赵匡胤屏退了左右侍从，独自与赵光义酌酒对饮。守在殿外的宦官和宫女远远看见殿内烛火摇晃不定，赵光义的人影突然离席起身，摆手后退，似在躲避什么。不久，便听见赵匡胤手持柱斧戳地，"嚓嚓"斧声清晰可闻，同时大声喊道："好为之，好为之。"然后，赵匡胤回去睡觉，鼾声如雷，赵光义留宿宫中。五更时分，赵匡胤驾崩，次日，赵光义即位。

很权威的《宋史纪事本末》也提供了与《湘山野录》基本相同的内容：

冬十月，帝有疾。壬午夜，大雪。帝王召晋王光义，属以后事。左右皆不得闻，但遥烛影下晋王时或离席，若有逊避之状。既而上引柱斧戳地，大声谓晋王曰：好为之。俄而帝崩，时漏下四鼓矣。

其二，是司马光的《涑水纪闻》。

根据本书记载：四更时分，宋皇后发现太祖驾崩，急令宦官王继恩召太子赵德芳入宫，而王继恩认为赵匡胤素有传位给晋王之心，于是赶赴晋王府邸，却发现大臣程德玄坐在晋王府门口。

王继恩问他为什么大半夜在这里待着。程德玄说，我本来在睡觉，二更时分，突然听人说晋王召见，出门却又不见人影，起初还以为是我听错了，但如是三次，我怕晋王生病了，就赶紧到这里了。

王继恩很是诧异，就把皇帝驾崩的事儿说了，两个人遂一起敲门

见赵光义。赵光义听说之后，大为吃惊，犹豫不决地说，我要与家人商量一下。王继恩很着急，说，时间长了，天下就是别人的了。于是他们和赵光义一起冒雪赶到宫中。

到了直庐（旧时侍臣值宿之处），王继恩说，晋王请稍待片刻，我去通报一下。程德玄却说，应该直接进去，还等什么呢？

于是，他们一起走到了皇帝的寝殿。

听到脚步声，宋皇后问道，德芳来了吗？

王继恩说，晋王来了。

宋皇后看见赵光义，惊愕万分地说，我们母子的性命，全部托付给官家了。

赵光义见宋皇后承认了自己的帝位，哭着说道：共保富贵，不要担心。

如上两种记载，恰好是赵匡胤之死的完整记录，一段是上半场，一段是下半场，让后人仿佛看到了那一幕大宋最高权力交接的生动场景。或许，惊心动魄之下，我们更应该关心的是，如上两段记载，能否真正接近于真实的历史？赵匡胤的突然离世，是神秘的一语成谶，还是一切早有安排？

公元976年十月二十日夜究竟发生了什么？赵匡胤真正的死因是什么？

道士张守真的预言也许并不可信，但《湘山野录》中"烛影斧声"的有关记载应该属实，同样的记录，在《续资治通鉴》中也可以找得到。对此惊心动魄的一幕，有人试着做了推测，演绎出佳话版和阴谋版两种说法。

佳话版认为：赵匡胤临死之前，想要把皇位传给弟弟赵光义，弟弟离席推辞，赵匡胤见弟弟不同意，就拿着柱斧投掷在地上，逼着他即位，对他说，你要好好干。

阴谋版认为：为取得皇位，赵光义毒死了自己的兄长。赵匡胤死前，与赵光义起了争执，赵匡胤很生气，于是拿着柱斧来砸赵光义，赵光义躲避开了。赵匡胤气愤地说，你要好自为之。

佳话版显然是站不住脚的，如果赵光义真的对皇位没有兴趣，极力拒绝，在赵匡胤有两个成年儿子的情况下，他绝无可能登上宝座。

一种说法认为，赵匡胤死于家族遗传的躁狂忧郁症，当晚两人起了争执，赵匡胤生气之后，病症发作，在沉睡中死去。

有关赵匡胤的突然死亡，坊间的猜测可谓五花八门，有的说死于饮酒过度，有的说因腹下肿疮发作病亡。

还有人认为，赵光义趁哥哥熟睡之际，调戏其宠姬花蕊夫人，被发觉而怒斥。赵光义自知不会被轻饶，便下了毒手。如此一来，原本扑朔迷离的疑案，又加入了桃色新闻的性质。

疑云重重，众说纷纭。历史的真相究竟如何，或许只有那几个现场亲历者知道。

或许，我们最应该关心和追问的是，赵光义在其中担任了什么角色？因为，无论哪一个版本的记载里，晋王赵光义一直都在。

四、何去何从？

那一夜，大雪弥漫之下，究竟发生了什么？那一幕惊心动魄的场景，历史的真相究竟如何？

似乎，大宋初年那一次不太正常的帝位交接之后，世间所有猜疑指向了赵光义；越来越多的人经过种种分析认定，赵光义应该就是赵匡胤离奇死亡的幕后黑手。这些猜测试图推证：赵光义觊觎皇权，弑兄夺位。

可是，事实果真如此吗？

下面，对那些言之凿凿的推证，我们不妨再来一番条分缕析。

证据之一，赵光义老谋深算，素有野心。

是的，一直以来，赵光义谋略过人，并因此为大宋的开国立下了汗马之功，兵变陈桥驿，则是最好的例证。说赵光义早有野心，最好的证据，则是他在开封府担任府尹期间，利用自己特殊的皇弟身份，着力培养了大批党羽，在京城拥有了强悍的个人政治势力，沸沸扬扬的迁都之争，即是由此而起。仅仅半年之后，赵匡胤突然离世，坊间因此疑窦顿生，怀疑的目光盯上了赵光义。

可是，有野心，就一定下毒手吗？如此推论，虽有几分道理，却也难免主观臆断，让人难以信服。

证据之二，《太祖实录》忽然冒出了所谓的"金匮之盟"。

有关赵匡胤将皇位传之于赵光义，《宋史·太祖本纪》有一句简略的记载：

> 受命于杜太后，传位于太宗。

所谓"受命于杜太后"，即是指大宋历史上著名的"金匮之盟"。相关事件，《宋史》里有着极为详尽的描述：

> 建隆二年，太后不豫，太祖侍乐饵不离左右。疾亟，召赵普入受遗命。太后因问太祖曰："汝知所以得天下乎？"太祖呜噎不能对。太后固问之，太祖曰："臣所以得天下者，皆祖考及太后之积庆也。"太后曰："不然，正由周世宗使幼儿主天下耳。使周氏有长君，天下岂为汝有乎？汝百岁后当传位于汝弟。四海至广，万几至众，能立长君，社稷之福也。"太祖顿首泣曰："敢不如教。"太后顾谓赵普曰："尔同记吾言，不可违也。"命普于榻前为约誓书，普于纸尾书"臣普书"。藏之金匮，命谨密宫人掌之。

据《宋史》记载，杜太后是个通情达理的女人，病危前，她把赵匡胤和丞相赵普叫到床前，留下了匪夷所思的"遗嘱"。太后认为，赵宋之所以能获取后周的江山，就是因为周世宗任用了一个小孩子当皇帝，如果是一位壮年英武的君主，绝不会出现陈桥驿兵变。为了不让这种惨痛的历史重演，为了维护赵宋的万年社稷，太后责令赵匡胤必须选择一位"长君"做接班人，赵匡胤痛痛快快地答应了。太后自然非常满意，遂命赵普白纸黑字记录下来，并把这份政治遗嘱珍藏在黄金宝柜里。当然，杜太后委派的这位"长君"，就是赵光义。

鉴于对"烛影斧声"事件的猜测，后人对所谓"金匮之盟"的真伪也提出了质疑，使之成为宋初的第二大疑案。

有人认为，杜太后去世时，赵匡胤只有 35 岁，正值壮年，次子德昭 11 岁，四子德芳 3 岁。即使赵匡胤几年后去世，也不会出现后周柴世宗遗下 7 岁孤儿群龙无首的局面。杜太后一生贤明，怎能出此

下策？

"金匮之盟"是赵光义登基5年后，被赵普密奏公布出来的，赵普也因奏明此事，被赵光义再度任为宰相。但，既然有如此正大光明的盟约在先，为什么不在赵匡胤死时，堂堂正正公布出来呢？

"金匮之盟"一事，在初版的《太祖实录》里未见记载，在第二次编修的新录中才被提及，而该书的编撰，开始于公元978年，赵光义即位后，曾亲自主持并多次修改了其中一些内容。《宋史》中虽可以找得到相关记载，但《宋史》的编撰当又在《太祖实录》之后，因而是否确有其事，实在让人生疑。

还有，即使如史籍所载，真的有所谓"金匮之盟"的存在，但一直以来，却找不到盟约的原文，当又作何解释？

以上分析，自有其合理性，所谓"金匮之盟"，不过就是伪托之作，但如果因此断定赵光义早有预谋，并寻机害死了自己的哥哥，未免草率勉强，一厢情愿。赵光义此举，不过是为了证明自己继位的正义性，下没下毒手，证据不足。

证据之三，赵光义登基后迫不及待地更改了年号。

老皇帝去世，新君一般继续沿用旧有年号，直到第二年，才启用新纪元。可是，赵光义还没等到这一年结束，就换上了自己的年号，把仅剩两个月的"开宝九年"，改为"太平兴国元年"。赵光义这种打破常规，抢先为自己"正名"的做法当然值得怀疑，但如果据此认定赵光义就是杀人凶手，未免不合情理。

况且，从另一个角度说，天子一言九鼎，新帝即位，未免有些任性，更改年号虽有悖常规，却也无可厚非。

证据之四，赵光义剪除后患，大开杀戒。

即便确实存在所谓"金匮之盟"，这份文件的核心无非是提供了"兄终弟及"的合法根据。那么，有朝一日赵光义撒手人寰，身后怎么安排，皇帝大位会不会落到自己兄弟手里？或者转而回到赵匡胤的子嗣手里？为剪除后患，赵光义不惜对至亲骨肉大开杀戒，将亲弟弟赵廷美，亲侄子赵德昭、赵德芳一一逼上绝路。结果，赵廷美被贬房州，38 岁抑郁而终；赵德昭被逼自杀，年满 30 岁；赵德芳不明不白得暴病而死，年仅 23 岁。

赵光义此举虽然残忍无情，颇受后人诟病，但依然不足以作为赵光义谋害自己亲哥哥的有效证据。

如上分析所见，种种迹象表明，赵光义至多是一个不太光彩的篡位者，却不一定是赵匡胤突然死亡的真正凶手。我们只能说，赵光义阴谋篡位证据有余，蓄意毒杀赵匡胤难以坐实。

宋太宗赵光义

除了如上几处疑点，还有人指出，投毒是赵光义最喜欢的招数，赵匡胤离奇死亡，赵光义是否再次如法炮制？

是的，后蜀末帝孟昶暴病身亡，南唐李煜离奇去世，吴越国王钱俶突然死亡，据说都与赵光义的毒药脱不了干系。可见，为了清除这些绊脚石，投毒已经成为赵光义最喜欢的手段了，如果赵光义想毒死

赵匡胤，实现自己弑兄夺位的阴谋，也并非没有可能。

那么，假设赵匡胤是被毒死的，谁是下毒的人呢？

没有任何的证据显示，赵光义就是那个下毒的人。但是，如果司马光《涑水记闻》的记载可靠，我们就不应该放过两个最关键的人——王继恩和程德玄。或许，我们可以由此发现某些蛛丝马迹。

赵光义还是开封府尹时，王继恩是宦官，程德玄是医官。赵光义取得皇位后，《涑水记闻》卷一载："德玄后为班行，性贪，故官不甚达，然太宗亦优容之。"《续资治通鉴长编》卷三二说："程德玄攀附至近列，上颇信任之，众多趋其门。"一个医官会受到皇上的如此宠遇，很可能是其用有关医术帮助赵光义取得了帝位。或者说"烛影斧声"当晚的毒酒由他配制，所以他急于知晓结果，到开封府门口彻夜长坐，实是在等候宫中的消息。而太监王继恩居然敢冒死违抗皇后的旨令，不宣召赵德芳，径赴开封府找赵光义，也说明两人或早有约定。当赵光义犹豫不决时，王继恩更是直言不讳地提醒道："时间一长，将为他人所有。"都透露出赵光义早年培植的幕僚集团的事先默契。而当时赵匡胤之所以连声对赵光义大呼："你做的好事！"则说明兄弟二人相对饮酒时，赵匡胤很有可能发现了酒中有问题。

如果这一推想能够成立，则"烛影斧声"之谜轰然洞开。

可是，事实果真如此吗？

诸多难题，何去何从？

本是同根生，相煎何太急？或许，赵光义真的很无辜；或许，赵光义真的就是那个现场真凶。

或许，所有事情的症结在于赵匡胤死得太突然、离奇，史籍为何了无记载，我们也不得而知。于是，各种疑惑，各种猜测，各种推证，纷至沓来，越描越黑。

或许，所有的猜测都不过是在原地转圈子，所有的疑惑都永远走不出自以为是的结论，所有的推证早已经远离了事件本身的真实。还有，我们所能见到的文字，也许早已经湮没了历史本来的面目。

所有的猜测并非空穴来风，所有的推论皆有理有据，所有的疑窦却也最终难以尘埃落定。赵匡胤的死亡，俨然成为一个千古之谜。相信真相终将大白于天下，还历史一个公论，还赵匡胤一个安心。

如今，我们只是知道，天命之年，一个大雪弥漫的夜晚，赵匡胤离奇逝世了，他的弟弟继承了皇位，仅此而已。

而且，对于大宋王朝，赵光义也作出了不菲的贡献。

或许，如此，也就足够了。

附：赵匡胤生平大事记

公元 927 年（后唐天成二年）

二月十六日，出生于洛阳夹马营。

公元 932 年（后唐长兴三年），5 岁。

拜宿儒辛文悦为业师，习五经。

公元 938 年（后晋天福三年），11 岁。

后晋迁都汴梁（今河南省开封市），随全家离开洛阳，迁居汴梁。

公元 945 年（后晋开运二年），18 岁。

娶将军贺景思之女贺氏为妻。

公元 947 年（后汉天福元年），20 岁。

后汉建立。为寻求出路，出外游历，经陕西、甘肃、湖北等地。

公元 950 年（后汉乾祐三年），23 岁。

投奔到后汉枢密使、天雄军节度使、邺都留守郭威麾下，成为一名普通士兵。

公元 951 年（后周广顺元年），24 岁。

郭威代汉自立，建立后周。因拥戴有功，被提升为东西班行首，成为禁军军官。

公元 953 年（后周广顺三年），26 岁。

迁任滑州副指挥使，尚未到任已被皇子柴荣留任开封府直军使。

公元 954 年（后周显德元年），27 岁

郭威病逝，世宗柴荣继位。北汉与辽联兵南下，柴荣率兵亲征，激战高平。初战不利，赵匡胤挺身而出，转败为胜。因功升任殿前都虞候，领严州刺史。

同年，受命整顿禁军，颇见成效。

公元 955 年（后周显德二年），28 岁。

后周出兵后蜀秦、凤、成、阶四州，久攻不下。赵匡胤奉命前往视察，回报能够取胜，坚定了世宗信心，最终果然获胜。

公元 956 年（后周显德三年），29 岁。

随世宗进攻南唐。率兵在涡口击败南唐军，接着激战清流关，乘胜攻克滁州。在六合击败南堂李景达部。因功勋卓著，升迁同州节度使兼殿前都指挥使。

同年，父亲赵弘殷病逝。

公元 957 年（后周显德四年），30 岁。

随世宗再次南征，攻克寿州。大军还京，因功迁义成军节度使，检校太保。同年冬，担任前锋再伐南唐，屡战皆捷。

公元 958 年（后周显德五年），31 岁。

南唐屡战屡败，被迫献出江北十四州土地求和。后周班师，论功行赏，改领忠武军节度使。

同年，妻子贺氏病逝，留下两女一子，后续娶将军王饶之女为继室。

公元 959 年（后周显德六年），32 岁。

世宗亲征辽朝，因病回师，不久病逝。年仅七岁的儿子宗训继位，主少国疑，人心浮动。

升任殿前都点检，成为禁军最高统帅，为代周自立提供了条件。

公元 960 年（宋建隆元年），33 岁。

正月，以抵御辽汉（北汉）联军南下为名，率领士兵离京，在陈桥驿发动兵变，黄袍加身。回师开封称帝，改国号为宋，改元"建隆"。

　　四月，昭义节度使李筠联北汉军据潞州反叛，派石守信、高怀德率兵进讨。

　　五月，御驾亲征。

　　六月，克泽州，李筠赴火自焚而死，叛乱终告平定。

　　九月，淮南节度使李重进据扬州起兵反叛，命石守信等率兵南下。

　　十月，下诏御驾亲征。

　　十一月，宋兵围扬州，李重进兵败自焚。

　　公元961年（宋建隆二年），34岁。

　　六月，皇太后杜氏去世。

　　七月，杯酒释兵权，罢石守信、王审琦等典禁兵，废除殿前都点检官职。

　　公元962年（宋建隆三年），35岁。

　　九月，武平节度使（系一地方割据政权，在今湖南）周行逢病死，子周保权继立。

　　十月，武平所辖的衡州刺史张文表起兵，周保权遣使向宋廷求援。

　　公元963年（宋乾德元年），36岁。

　　正月，遣慕容延钊等率兵南下荆湖。

　　二月，灭南平。

　　三月，灭武平。

　　公元964年（宋乾德二年），37岁。

　　正月，罢范质、王溥、魏仁浦宰相职务，任赵普为宰相。

　　四月，设参知政事，作为宰相的副职。

　　十一月，命王全斌、曹彬等率兵，分两路进攻后蜀。

　　公元965年（宋乾德三年），38岁。

　　正月，后蜀主孟昶降，自出兵至后蜀灭亡，历时66天。后蜀46州、240县、53万余户归入宋版图。

　　八月，令各地选兵骁勇者送京师，选拔禁兵。

公元 966 年（宋乾德四年），39 岁。

五月，因改元选择年号而感叹："宰相须用读书人！"

公元 967 年（宋乾德五年），40 岁。

正月，令御史召集百官议王全斌等人罪。王全斌等人在平蜀后，贪赃枉法，克扣士兵粮饷，擅杀降卒，激起兵变，依法当斩，赵匡胤特予赦免。

公元 968 年（宋开宝元年），41 岁。

七月，雪夜访赵普，确定了先南后北、先易后难统一战略。

九月，群臣上尊号为"应天广运圣文神武明道至德"。

公元 969 年（宋开宝二年），42 岁。

二月，下诏亲征北汉。

三月，宋军四面围攻太原，久攻不下。

闰五月，由于久战无功，宋军士气低落。阴雨连绵，使宋军营中疾病流行，加上辽派兵增援北汉，宋军退兵，迁河东民万户安置于河南、山东。

公元 970 年（宋开宝三年），43 岁。

九月，命潘美、尹崇珂、王继勋等人率 10 州兵，进攻南汉。

公元 971 年（宋开宝四年），44 岁。

二月，潘美克广州，刘铱出降，南汉灭亡。所辖 61 州、214 县归入宋版图。

十一月，南唐后主李煜在宋的压力下，自动削去国号，自称江南国主。

公元 972 年（宋开宝五年），45 岁。

正月，禁止民间铸造佛像、浮屠。

闰二月，以离间计除掉南唐名将林仁肇。

公元 973 年（宋开宝六年），46 岁。

四月，以重修天下图经为名，派卢多逊出使江南，了解南唐虚实。

八月，赵普因以权谋私被罢免宰相职务。

九月，封皇弟开封府尹赵光义为晋王。

公元974年（宋开宝七年），47岁。

九月，令曹彬等人率兵赴荆南待命，准备进攻南唐。以李煜拒绝入朝为借口，令曹彬率兵10万发起进攻。

十一月，宋军在长江采石矶架设浮桥，跨过长江，包围金陵。

公元975年（宋开宝八年），48岁。

三月，辽遣使至宋。

十一月，曹彬在多次劝降无效后，发起总攻，攻入城内，李煜投降，南唐灭亡。

公元976年（宋开宝九年），49岁。

二月，吴越王钱俶入朝。

三月，西幸洛阳，欲迁都，因群臣反对作罢。

八月，命党进、潘美等人率兵攻北汉。

十月，太祖赵匡胤去世（"烛影斧声"之谜），皇弟赵光义继位，是为太宗。

十二月，翰林学士李昉上谥号为"英武圣文神德皇帝"，庙号"太祖"。

公元977年（太宗太平天国二年），50岁。

四月，葬于洛阳永昌陵。

公元1008年（真宗大中祥符元年）八月，加尊谥为"启运立极英武圣文神德玄功大孝皇帝"。